I0140714

LES

QUARANTE-CINQ

I

ÉVREUX, IMPRIMERIE DE CHARLES HÉRISSEY

LES
QUARANTE-CINQ

PAR

ALEXANDRE DUMAS

ILLUSTRÉS PAR J.-A. BEAUCÉ ET COPPIN

PREMIÈRE PARTIE

W.A.BEAUCÉ.

PARIS

CALMANN LÉVY, ÉDITEUR

ANCIENNE MAISON MICHEL LÉVY FRÈRES

3, RUE AUBER, 3

Droits de reproduction et de traduction réservés.

LES QUARANTE-CINQ

PAR

ALEXANDRE DUMAS

I

LA PORTE SAINT-ANTOINE

Etiamsi omnes !

L e 26 octobre de l'an 1585, les barrières de la porte Saint-Antoine se trouvaient encore, contre toutes les habitudes, fermées à dix heures et demie du matin.

A dix heures trois quarts, une garde de vingt Suisses, qu'on reconnaissait à leur uniforme pour être des Suisses des petits cantons, c'est-à-dire des meilleurs amis du roi Henri III, alors régnant, déboucha de la rue de la Mortellerie et s'avança vers la rue Saint-Antoine qui s'ouvrit devant eux et se referma derrière eux : une fois hors de cette porte, ils allèrent se ranger le long des haies qui, à l'extérieur de la barrière, bordaient les enclos épars de chaque côté de la route, et, par sa seule apparition, refoula bon nombre de paysans et de petits bourgeois venant de Montreuil, de Vincennes ou de Saint-Maur pour entrer en ville avant midi, entrée qu'ils n'avaient pu opérer la porte se trouvant fermée, comme nous l'avons dit.

S'il est vrai que la foule amène naturellement le désordre avec elle, on eût pu croire que, par l'envoi de cette garde, M. le prévôt voulait prévenir le désordre qui pouvait avoir lieu à la porte Saint-Antoine.

En effet, la foule était grande; il arrivait par les trois routes convergentes, et cela à chaque instant, des moines des couvents de la banlieue, des femmes assises de côté sur les bâts de leurs ânes, des paysans dans des charrettes, lesquelles venaient s'agglomérer à cette masse déjà considérable que la fermeture inaccoutumée des portes arrêtait à la barrière, et tous, par leurs questions plus ou moins pressantes, formaient une espèce de rumeur faisant basse continue, tandis que parfois quelques voix, sortant du diapason général, montaient jusqu'à l'octave de la menace ou de la plainte.

On pouvait encore remarquer, outre cette masse d'arrivants qui voulaient entrer dans la ville, quelques groupes particuliers qui semblaient en être sortis. Ceux-là, au lieu de plonger leur regard dans Paris par les interstices des barrières, ceux-là dévoraient l'horizon, borné par le couvent des Jacobins, le prieuré de Vincennes et la croix Faubin, comme si, par quelqu'une de ces trois routes formant éventail, il devait leur arriver quelque Messie.

Les derniers groupes ne ressemblaient pas mal aux tranquilles îlots qui s'élèvent au milieu de la Seine, tandis qu'autour d'eux, l'eau, en tourbillonnant et en se jouant, détache, soit une parcelle de gazon, soit quelque vieux tronc de saule qui finit par s'en aller en courant après avoir hésité quelque temps sur les remous.

Ces groupes, sur lesquels nous revenons avec insistance parce qu'ils méritent toute notre attention, étaient formés, pour la plupart, par des bourgeois de Paris fort hermétiquement calfeutrés dans leurs chausses et leurs pourpoints; car, nous avions oublié de le dire, le temps était froid, la bise agaçante, et de gros nuages, roulant près de terre, semblaient vouloir arracher aux arbres les dernières feuilles jaunissantes qui s'y balançaient encore tristement.

Trois de ces bourgeois causaient ensemble, ou plutôt deux causaient et le troisième écoutait.

Exprimons mieux notre pensée et disons : le troisième ne paraissait pas même écouter, tant était grande l'attention qu'il mettait à regarder vers Vincennes.

Occupons-nous d'abord de ce dernier.

C'était un homme qui devait être de haute taille lorsqu'il se tenait debout; mais en ce moment, ses longues jambes, dont il semblait ne savoir que faire lorsqu'il ne les employait pas à leur active destination, étaient repliées sous lui, tandis que ses bras, non moins longs proportionnellement que ses jambes, se croisaient sur son pourpoint. Adossé à la haie, convenablement étayé sur les buissons élastiques, il tenait, avec une obstination qui ressemblait à la prudence d'un homme qui désire n'être point reconnu, son visage, caché derrière sa large main, risquant seulement un œil dont le regard perçant dardait entre le médium et l'annulaire écartés à la distance strictement nécessaire pour le passage du rayon visuel.

A côté de ce singulier personnage, un petit homme, grimpé sur une butte, causait avec un gros homme qui trébuchait à la pente de cette même butte, et se raccrochait à chaque trébuchement aux boutons du pourpoint de son interlocuteur.

C'étaient les deux autres bourgeois, formant, avec ce personnage assis, le nombre cabalistique trois, que nous avons annoncé dans un des paragraphes précédents.

— Oui, maître Miton, disait le petit homme au gros; oui, je le dis et je le répète, qu'il y aura cent mille personnes autour de l'échafaud de Salcède, cent mille au moins. Voyez, sans compter ceux qui sont déjà sur la place de Grève, ou qui se rendent à cette place des différents quartiers de Paris, — voyez, que de gens ici, et ce n'est qu'une porte. — Jugez donc, puisqu'en comptant bien, nous en trouverions seize, des portes.

— Cent mille, c'est beaucoup, compère Friard, répondit le gros homme; beaucoup, croyez-moi, suivront mon exemple, et n'iront pas voir écarteler ce malheureux Salcède, dans la crainte d'un hourvari, et ils auront raison.

— Maître Miton, maître Miton, prenez garde, répondit le petit homme, vous parlez là comme un politique. Il n'y aura rien, absolument rien, je vous en réponds.

Puis, voyant que son interlocuteur secouait la tête d'un air de doute : ·

— N'est-ce pas, monsieur ? continua-t-il en se retournant vers l'homme aux longs bras et aux longues jambes, qui, au lieu de continuer à regarder du côté de Vincennes, venait, sans ôter sa main de dessus son visage, venait, disons-nous, de faire un quart de conversion et de choisir la barrière pour point de mire de son attention.

— Plaît-il ? demanda celui-ci, comme s'il n'eût entendu que l'interpellation qui lui était adressée et non les paroles précédant cette interpellation qui avaient été adressées au second bourgeois.

— Je dis qu'il n'y aura rien en Grève aujourd'hui.

— Je crois que vous vous trompez, et qu'il y aura l'écartèlement de Salcède, répondit tranquillement l'homme aux longs bras.

— Oui, sans doute; mais j'ajoute qu'il n'y aura aucun bruit à propos de cet écartèlement.

— Il y aura le bruit des coups de fouet que l'on donnera aux chevaux.

— Vous ne m'entendez pas. Par bruit j'entends émeute; or, je dis qu'il n'y aura aucune émeute en Grève : s'il avait dû y avoir émeute, le roi n'aurait pas fait décorer une loge à l'Hôtel-de-Ville pour assister au supplice avec les deux reines et une partie de la cour.

— Est-ce que les rois savent jamais quand il doit y avoir des émeutes ? dit en haussant les épaules, avec un air de souveraine pitié, l'homme aux longs bras et aux longues jambes.

— Oh ! oh ! fit maître Miton en se penchant à l'oreille de son interlocuteur, voilà un homme qui parle d'un singulier ton : le connaissez-vous, compère ?

— Non, répondit le petit homme.

— Eh bien, pourquoi lui parlez-vous donc alors ?

— Je lui parle pour lui parler.

— Et vous avez tort; vous voyez bien qu'il n'est point d'un naturel causeur.

— Il me semble cependant, reprit le compère Friard assez haut pour être entendu de l'homme aux longs bras, qu'un des grands bonheurs de la vie est d'échanger sa pensée.

— Avec ceux qu'on connaît, très bien, répondit maître Miton, mais non avec ceux que l'on ne connaît pas.

— Tous les hommes ne sont-ils pas frères ? comme dit le curé de Saint-Leu, ajouta le compère Friard d'un ton persuasif.

— C'est-à-dire qu'ils l'étaient primitivement; mais, dans des temps comme les nôtres, la parenté s'est singulièrement relâchée, compère Friard. Causez donc avec moi, si vous tenez absolument à causer, et laissez cet étranger à ses préoccupations.

— C'est que je vous connais depuis longtemps, vous, comme vous dites, et je sais d'avance ce que vous me répondrez, tandis qu'au contraire peut-être cet inconnu aurait-il quelque chose de nouveau à me dire.

— Chut ! il vous écoute.

— Tant mieux, s'il nous écoute; peut-être me répondra-t-il. Ainsi donc, monsieur, continua le compère Friard en se tournant vers l'inconnu, vous pensez qu'il y aura du bruit en Grève ?

— Moi, je n'ai pas dit un mot de cela.

— Je ne prétends pas que vous l'ayez dit, continua Friard d'un ton qu'il essayait de rendre fin; je prétends que vous le pensez, voilà tout.

— Et sur quoi appuyez-vous cette certitude ? seriez-vous sorcier, monsieur Friard ?

— Tiens ! il me connaît ! s'écria le bourgeois au comble de l'étonnement, et d'où me connaît-il ?

— Ne vous ai-je pas nommé deux ou trois fois, compère ? dit Miton en haussant les épaules comme un homme honteux devant un étranger du peu d'intelligence de son interlocuteur.

— Ah ! c'est vrai, reprit Friard, faisant un effort pour comprendre, et comprenant, grâce à cet effort; c'est, sur ma parole, vrai ; eh bien ! puisqu'il me connaît, il va me répondre. Eh bien ! monsieur, continua-t-il en se retournant vers l'inconnu, je pense que vous pensez qu'il y aura du bruit en Grève, attendu que si vous ne le pensiez pas vous y seriez, et qu'au contraire vous êtes ici... ha !

Ce ha ! prouvait que le compère Friard avait atteint, dans sa déduction, les bornes les plus éloignées de sa logique et de son esprit. .

— Mais vous, monsieur Friard, puisque vous pensez le contraire de ce que vous pensez que je pense, répondit l'inconnu, en appuyant sur mots prononcés déjà par son interrogateur et répétés par lui, pourquoi n'y êtes-vous pas, en Grève ? Il me semble cependant que le spectacle est assez réjouissant pour que les amis du roi s'y foulent. Après cela, peut-être me répondrez-vous que vous n'êtes pas des amis du roi, mais de ceux de M. de Guise, et que vous attendez ici les Lorrains qui, dit-on, doivent faire invasion dans Paris pour délivrer M. de Salcède.

— Non, monsieur, répondit vivement le petit homme, visiblement effrayé de ce que supposait l'inconnu; non, monsieur, j'attends ma femme, mademoiselle Nicole Friard, qui est allée reporter vingt-quatre nappes au prieuré des Jacobins, ayant l'honneur d'être blanchisseuse particulière de don Modeste Gorenflot, abbé dudit prieuré des Jacobins. Mais pour en revenir au hourvari dont parlait le compère Miton, et auquel je ne crois pas ni vous non plus, à ce que vous dites du moins...

— Compère, compère! s'écria Miton, regardez donc ce qui se passe.

Maître Friard suivit la direction indiquée par le doigt de son compagnon, et vit qu'outre les barrières dont la fermeture préoccupait déjà si sérieusement les esprits, on fermait encore la porte.

Cette porte fermée, une partie des Suisses vint s'établir en avant du fossé.

— Comment! comment! s'écria Friard pâlissant, ce n'est point assez de la barrière, et voilà qu'on ferme la porte, maintenant!

— Eh bien! que vous disais-je? répondit Miton, pâlissant à son tour.

— C'est drôle, n'est-ce pas? fit l'inconnu en riant.

Et, en riant, il découvrit, entre la barbe de ses moustaches et celle de son menton, une double rangée de dents blanches et aiguës qui paraissaient merveilleusement aiguisées par l'habitude de s'en servir au moins quatre fois par jour.

A la vue de cette nouvelle précaution prise, un long murmure d'étonnement et quelques cris d'effroi s'élevèrent de la foule compacte qui encombrait les abords de la barrière.

— Faites faire le cercle! cria la voix impérative d'un officier.

La manœuvre fut opérée à l'instant même, mais non sans encombre : les gens à cheval et les gens en charrette, forcés de rétrograder, écrasèrent çà et là quelques pieds et enfoncèrent à droite et à gauche quelques côtes dans la foule.

Les femmes criaient, les hommes juraient; ceux qui pouvaient fuir fuyaient en se renversant les uns sur les autres.

— Les Lorrains! les Lorrains! cria une voix au milieu de tout ce tumulte.

Le cri le plus terrible, emprunté au pâle vocabulaire de la peur, n'eût pas produit un effet plus prompt et plus décisif que ce cri :

— Les Lorrains!!!

— Eh bien! voyez-vous? voyez-vous? s'écria Miton tremblant, les Lorrains, les Lorrains, fuyons!

— Fuir, et où cela? demanda Friard.

— Dans cet enclos, s'écria Miton en se déchirant les mains pour saisir les épines de cette haie sur laquelle était moelleusement assis l'inconnu.

— Dans cet enclos, dit Friard; cela vous est plus aisé à dire qu'à faire, maître Miton. Je ne vois pas de trou pour entrer dans cet enclos, et vous n'avez pas la prétention de franchir cette haie qui est plus haute que moi.

— Je tâcherai, dit Miton, je tâcherai. Et il fit de nouveaux efforts.

— Ah! prenez donc garde, ma bonne femme! cria Friard du ton de détresse d'un homme qui commence à perdre la tête, votre âne me marche sur les talons. Ouf! monsieur le cavalier, faites donc attention, votre cheval va ruer. Tudieu! charretier, mon ami, vous me fourrez le brancard de votre charrette dans les côtes.

Pendant que maître Miton se cramponnait aux branches de la haie pour passer par-dessus, et que le compère Friard cherchait vainement une ouverture pour se glisser par-dessous, l'inconnu s'était levé, avait purement et simplement ouvert le compas de ses longues jambes, et d'un simple mouvement, pareil à celui que fait un cavalier pour se mettre en selle, il avait enjambé la haie sans qu'une seule branche effleurât son haut-de-chausse.

Maître Miton l'imita en déchirant le sien en trois endroits, mais il n'en fut point ainsi du compère Friard, qui, ne pouvant passer ni par-dessous ni par-dessus, et. de plus en plus menacé d'être écrasé par la foule, poussait des cris déchirants, lorsque l'inconnu allongea son grand bras, le saisit à la fois par sa fraise et par le collet de son pourpoint, et, l'enlevant, le transporta de l'autre côté de la haie avec la même facilité qu'il eût fait d'un enfant.

Risquant seulement un œil, le regard perçant dardait entre le medium et l'annulaire. — PAGE 2.

— Oh! oh! oh! s'écria maître Miton, réjoui de ce spectacle et suivant des yeux l'ascension et la descente de son ami maître Friard, vous avez l'air de l'enseigne du Grand-Absalon.

— Ouf! s'écria Friard en touchant le sol, que j'aie l'air de tout ce que vous voudrez, me voilà de l'autre côté de la haie, et grâce à monsieur. Puis, se redressant pour regarder l'inconnu à la poitrine duquel il atteignait à peine : Ah! monsieur, continua-t-il, que d'actions de grâces! Monsieur, vous êtes un véritable Hercule, parole d'honneur, foi de Jean Friard. Votre nom, mon-

sieur, le nom de mon sauveur, le nom de mon... ami?

Et le brave homme prononça en effet ce dernier mot avec l'effusion d'un cœur profondément reconnaissant.

— Je m'appelle Briquet, monsieur, répondit l'inconnu, Robert Briquet, pour vous servir.

— Et vous m'avez déjà considérablement servi, monsieur Robert Briquet, j'ose le dire; oh! ma femme vous bénira. Mais, à propos, ma pauvre femme! ô mon Dieu, mon Dieu! elle va être étouffée dans cette foule. Ah! maudits Suisses qui ne sont bons qu'à faire écraser les gens !

Le compère Friard achevait à peine cette apostrophe, qu'il sentit tomber sur son épaule une main lourde comme celle d'une statue de pierre.

Il se retourna pour voir quel était l'audacieux qui prenait avec lui une pareille liberté.

Cette main était celle d'un Suisse.

— Foulez-fous qu'on vous assomme, mon bedit ami? dit le robuste soldat.

— Ah! nous sommes cernés! s'écria Friard.

— Sauve qui peut! ajouta Miton.

Et tous deux, grâce à la haie franchie, ayant l'espace devant eux, gagnèrent le large, poursuivis par le regard railleur et le rire silencieux de l'homme aux longs bras et aux longues jambes qui, les ayant perdus de vue, s'approcha du Suisse qu'on venait de placer là en vedette.

— La main est bonne, compagnon, dit-il, à ce qu'il paraît?

— Mais foui, moussieu, pas mauvaise, pas mauvaise.

— Tant mieux, car c'est chose importante, surtout si les Lorrains venaient comme on le dit.

— Ils ne fiennent bas.

— Non?

— Bas di tout.

— D'où vient donc alors que l'on ferme cette porte! Je ne comprends pas.

— Fous bas besoin de gombrendre, répliqua le Suisse en riant aux éclats de sa plaisanterie.

— C'être chuste, mon gamarate, très chuste, dit Robert Briquet, merci.

Et Robert Briquet s'éloigna du Suisse pour se rapprocher d'un autre groupe, tandis que le digne Helvétien, cessant de rire, murmurait:

— Bei Gott!... Ich glaube er spottet meiner. — Was ist das für ein Mann, der sich erlaubt eicen Schweizer seiner kœniglichen Majestæt auszulachen?

Ce qui, traduit en français, voulait dire :

— Vrai Dieu! je crois que c'est lui qui se moque de moi. Qu'est-ce que c'est donc que cet homme qui ose se moquer d'un Suisse de Sa Majesté?

II

CE QUI SE PASSAIT À L'EXTÉRIEUR DE LA PORTE SAINT-ANTOINE

Un de ces groupes était formé d'un nombre considérable de citoyens surpris hors de la ville par cette fermeture inattendue des portes. Ces citadins entouraient quatre ou cinq cavaliers d'une tournure fort martiale et que la clôture de ces portes gênait fort, à ce qu'il paraît, car ils criaient de tous leurs poumons :

— La porte! la porte!

Lesquels cris, répétés par tous les assistants avec des recrudescences d'emportement, occasionnaient dans ces moments-là un bruit d'enfer.

Robert Briquet s'avança vers ce groupe, et se mit à crier plus haut qu'aucun de ceux qui le composaient :

— La porte ! la porte !

Il en résulta qu'un des cavaliers, charmé de cette puissance vocale, se retourna de son côté, le salua et lui dit :

— N'est-ce pas honteux, monsieur, qu'on ferme une porte de ville en plein jour, comme si les Espagnols ou les Anglais assiégeaient Paris ?

Robert Briquet regarda avec attention celui qui lui adressait la parole et qui était un homme de quarante à quarante-cinq ans.

Cet homme, en outre, paraissait être le chef de trois ou quatre autres cavaliers qui l'entouraient.

Cet examen donna sans doute confiance à Robert Briquet, car aussitôt il s'inclina à son tour et répondit :

— Ah ! monsieur, vous avez raison, dix fois raison, vingt fois raison ; mais, ajouta-t-il, sans être trop curieux, oserais-je vous demander quel motif vous soupçonnez à cette mesure ?

— Pardieu ! dit un assistant, la crainte qu'ils ont qu'on ne leur mange leur Salcède.

— Cap de Bious ! dit une voix, triste mangeaille.

Robert Briquet se retourna du côté où venait cette voix dont l'accent lui indiquait un Gascon renforcé, et il aperçut un jeune homme de vingt ou vingt-cinq ans, qui appuyait sa main sur la croupe du cheval de celui qui lui avait paru le chef des autres.

Le jeune homme était nu-tête ; sans doute il avait perdu son chapeau dans la bagarre.

Maître Briquet paraissait un observateur ; mais, en général, ses observations étaient courtes ; aussi détourna-t-il rapidement son regard du Gascon, qui sans doute lui parut sans importance, pour le ramener sur le cavalier.

— Mais, dit-il, puisqu'on annonce que ce Salcède appartient à M. de Guise, ce n'est déjà point un si mauvais ragoût.

— Bah ! on dit cela ? reprit le Gascon curieux ouvrant de grandes oreilles.

— Oui, sans doute, on dit cela, on dit cela, répondit le cavalier en haussant les épaules ; mais, par le temps qui court, on dit tant de sornettes.

— Ah ! ainsi, hasarda Briquet avec son œil interrogateur et son sourire narquois, ainsi, vous croyez, monsieur, que Salcède n'est point à M. de Guise ?

— Non-seulement je le crois, mais j'en suis sûr, répondit le cavalier. Puis comme il vit que Robert Briquet, en se rapprochant de lui, faisait un mouvement qui voulait dire : Ah bah ! et sur quoi appuyez-vous cette certitude ? il continua :

— Sans doute, si Salcède eût été au *duc*, le duc ne l'eût pas laissé prendre, ou tout au moins ne l'eût pas laissé amener ainsi de Bruxelles à Paris, pieds et poings liés, sans faire au moins en sa faveur une tentative d'enlèvement.

— Une tentative d'enlèvement, reprit Briquet, c'était bien hasardeux ; car enfin, qu'elle réussît ou qu'elle échouât, du moment où elle venait de la part de M. de Guise, M. de Guise avouait qu'il avait conspiré contre le duc d'Anjou.

— M. de Guise, reprit sèchement le cavalier, n'eût point été retenu par cette considération, j'en suis sûr, et, du moment où il n'a ni réclamé ni défendu Salcède, c'est que Salcède n'est point à lui.

— Cependant, excusez si j'insiste, continua Briquet ; mais ce n'est pas moi qui invente ; il paraît certain que Salcède a parlé.

— Où cela ? devant les juges ?

— Non, pas devant les juges, monsieur, à la torture.

— N'est-ce donc pas la même chose ? demanda maître Robert Briquet, d'un air qu'il essayait inutilement de rendre naïf.

— Non, certes, ce n'est pas la même chose, il s'en faut : d'ailleurs on prétend qu'il a parlé soit ; mais on ne répète point ce qu'il a dit.

— Vous m'excuserez encore, monsieur, reprit Robert Briquet : on le répète et très longuement même.

— Et qu'a-t-il dit ? voyons ! demanda avec impatience le cavalier ; parlez, vous qui êtes si bien instruit.

— Je ne me vante pas d'être bien instruit, monsieur, puisque je cherche au contraire à m'instruire près de vous, répondit Briquet.

— Voyons ! entendons-nous ! dit le cavalier avec impatience ; vous avez prétendu qu'on répétait les paroles de Salcède ; ses paroles, quelles sont-elles ? dites.

— Je ne puis répondre, monsieur, que ce soient ses propres paroles, dit Robert Briquet qui paraissait prendre plaisir à pousser le cavalier.

Le Gascon avait le regard clair et les cheveux jaunes et crépus. — PAGE 10.

— Mais enfin, quelles sont celles qu'on lui prête?

— On prétend qu'il a avoué qu'il conspirait pour M. de Guise.

— Contre le roi de France sans doute? toujours même chanson!

— Non pas contre Sa Majesté le roi de France, mais bien contre Son Altesse monseigneur le duc d'Anjou.

— S'il a avoué cela...

— Eh bien? demanda Robert Briquet.

— Eh bien! c'est un misérable, dit le cavalier en fronçant le sourcil.

— Oui, dit tout bas Robert Briquet; mais s'il a fait ce qu'il a avoué, c'est un brave homme. Ah! monsieur, les brodequins, l'estrapade et le coquemar font dire bien des choses aux honnêtes gens.

— Hélas! vous dites là une grande vérité, monsieur, dit le cavalier en se radoucissant et en poussant un soupir.

— Bah! interrompit le Gascon qui, en allongeant la tête dans la direction de chaque interlocuteur, avait tout entendu, bah! brodequins, estrapade, coquemar, belle misère que tout cela! Si ce Salcède a parlé, c'est un coquin, et son patron un autre.

— Oh! oh! fit le cavalier ne pouvant réprimer un soubresaut d'impatience, — vous chantez bien haut, monsieur le Gascon.

— Moi?

— Oui, vous.

— Je chante sur le ton qu'il me plaît, cap de Bious! tant pis pour ceux à qui mon chant ne plaît pas.

Le cavalier fit un mouvement de colère.

— Du calme! dit une voix douce en même temps qu'impérative, dont Robert Briquet chercha vainement à reconnaître le propriétaire.

Le cavalier parut faire un effort sur lui-même; cependant il n'eut pas la puissance de se contenir tout à fait.

— Et connaissez-vous bien ceux dont vous parlez, monsieur? demanda-t-il au Gascon.

— Si je connais Salcède?

— Oui.

— Pas le moins du monde.

— Et le duc de Guise?

— Pas davantage.

— Et le duc d'Alençon?

— Encore moins.

— Savez-vous que M. de Salcède est un brave?

— Tant mieux; il mourra bravement alors.

— Et que M. de Guise, quand il veut conspirer, conspire lui-même?

— Cap de Bious! que me fait cela?

— Et que M. le duc d'Anjou, autrefois M. d'Alençon, a fait tuer ou laissé tuer quiconque s'est intéressé à lui, — La Mole, — Coconas, — Bussy et le reste?

— Je m'en moque.

— Comment! vous vous en moquez?

— Mayneville! Mayneville! murmura la même voix.

— Sans doute, je m'en moque. Je ne sais qu'une chose, moi, sang-diou! j'ai affaire à Paris aujourd'hui même, ce matin, et à cause de cet enragé de Salcède, on me ferme les portes au nez. Cap de Bious! ce Salcède est un bélître, et encore tous ceux qui avec lui sont cause que les portes sont fermées au lieu d'être ouvertes.

— Oh! oh! voici un rude Gascon, murmura Robert Briquet, et nous allons voir sans doute quelque chose de curieux.

Mais cette chose curieuse à laquelle s'attendait le bourgeois n'arrivait aucunement. Le cavalier, à qui cette dernière apostrophe avait fait monter le sang au visage, baissa le nez, se tut et avala sa colère.

— Au fait, vous avez raison, dit-il, foin de tous ceux qui nous empêchent d'entrer à Paris!

— Oh! oh! se dit Robert Briquet, qui n'avait perdu ni les nuances du visage du cavalier, ni les deux appels qui avaient été faits à sa patience: ah! ah! il paraît que je verrai une chose plus curieuse encore que celle à laquelle je m'attendais.

Comme il faisait cette réflexion, un son de trompe retentit, et presque aussitôt les Suisses, fendant toute cette foule avec leurs hallebardes, comme s'ils découpaient un gigantesque pâté de mauviettes, séparèrent les groupes en deux morceaux compacts qui s'allèrent aligner de chaque côté du chemin, en laissant le milieu vide.

Dans ce milieu, l'officier dont nous avons parlé, et à la garde duquel la porte paraissait confiée, passa avec son cheval, allant et revenant; puis, après un moment d'examen qui ressemblait à un défi, il ordonna aux trompes de sonner.

Ce qui fut exécuté à l'instant même, et fit régner dans toutes les masses un silence qu'on eût cru impossible après tant d'agitation et de vacarme.

Alors le crieur, avec sa tunique fleurdelisée, portant sur sa poitrine un écusson aux armes de Paris, s'avança, un papier à la main, et lut de cette voix nasillarde toute particulière aux lecteurs:

« Savoir faisons à notre bon peuple de Paris
« et des environs que les portes seront closes
« d'ici à une heure de relevée, et que nul ne
« pénétrera dans la ville avant cette heure, et
« cela par la volonté du roi et par la vigilance
« de M. le prévôt de Paris. »

Le crieur s'arrêta pour reprendre haleine. Aussitôt l'assistance profita de cette pause pour témoigner son étonnement et son mécontentement par une longue huée, que le crieur, il faut lui rendre cette justice, soutint sans sourciller.

L'officier fit un signe impératif avec la main, et aussitôt le silence se rétablit.

Le crieur continua sans trouble et sans hésitation, comme si l'habitude l'avait cuirassé contre ces manifestations à l'une desquelles il venait d'être en butte.

« Seront exceptés de cette mesure ceux qui « se présenteront porteurs d'un signe de recon- « naissance, ou qui seront bien et dûment ap- « pelés par lettres et mandats.

« Donné en l'hôtel de la prévôté de Paris, sur « l'ordre exprès de Sa Majesté, le 26 octobre de « l'an de grâce 1585. »

— Trompes, sonnez!

Les trompes poussèrent aussitôt leurs rauques aboiements.

A peine le crieur eut-il cessé de parler que, derrière la haie des Suisses et des soldats, la foule se mit à onduler comme un serpent dont les anneaux se gonflent et se tordent.

— Que signifie cela? se demandait-on chez les plus paisibles; sans doute encore quelque complot!

— Oh! oh! c'est pour nous empêcher d'entrer à Paris, sans nul doute, que la chose a été combinée ainsi, dit en parlant à voix basse à ses compagnons le cavalier qui avait supporté avec une si étrange patience les rebuffades du Gascon : ces Suisses, ce crieur, ces verrous, ces troupes, c'est pour nous; sur mon âme j'en suis fier.

— Place! place! vous autres, cria l'officier qui commandait le détachement. Mille diables! vous voyez bien que vous empêchez de passer ceux qui ont le droit de se faire ouvrir les portes.

— Cap de Bious! j'en sais un qui passera quand tous les bourgeois de la terre seraient entre lui et la barrière, dit, en jouant des coudes, ce Gascon qui, par ses rudes répliques, s'était attiré l'admiration de maître Robert Briquet.

Et, en effet, il fut en un instant dans l'espace vide qui s'était formé, grâce aux Suisses, entre les deux haies des spectateurs.

Qu'on juge si les yeux se portèrent avec empressement et curiosité sur un homme, favorisé à ce point d'entrer quand il était enjoint de demeurer dehors.

Mais le Gascon s'inquiéta peu de tous ces regards d'envie; il se campa fièrement en faisant saillir à travers son maigre pourpoint vert tous les muscles de son corps, qui semblaient autant de cordes tendues par une manivelle intérieure. Ses poignets secs et osseux dépassaient de trois bons pouces ses manches râpées; il avait le regard clair, les cheveux jaunes et crépus, soit de nature, soit de hasard, car la poussière entrait pour un bon dixième dans leur couleur. Ses pieds, grands et souples, s'emmanchaient à des chevilles nerveuses et sèches comme celles d'un daim. A l'une de ses mains, à une seule, il avait passé un gant de peau brodé, tout surpris de se voir destiné à protéger cette autre peau plus rude que la sienne; de son autre main il agitait une baguette de coudrier.

Il regarda un instant autour de lui; puis, pensant que l'officier dont nous avons parlé était la personne la plus considérable de cette troupe, il marcha droit à lui.

Celui-ci le considéra quelque temps avant de lui parler.

Le Gascon sans se démonter le moins du monde en fit autant.

— Mais vous avez perdu votre chapeau, ce me semble? lui dit-il.

— Oui, monsieur.

— Est-ce dans la foule?

— Non, je venais de recevoir une lettre de ma maîtresse. Je la lisais, cap de Bious! près de la rivière, à un quart de lieue d'ici, quand tout à coup un coup de vent m'enlève lettre et chapeau. Je courus après la lettre, quoique le bouton de mon chapeau fût un seul diamant. Je rattrapai ma lettre; mais quand je revins au chapeau, le vent l'avait emporté dans la rivière, et la rivière dans Paris! — il fera la fortune de quelque pauvre diable; tant mieux!

— De sorte que vous êtes nu-tête?

— Ne trouve-t-on pas de chapeaux à Paris, cap de Bious! j'en achèterai un plus magnifique, et j'y mettrai un diamant deux fois gros comme le premier.

L'officier haussa imperceptiblement les épaules; mais, si imperceptible que fût ce mouvement, il n'échappa point au Gascon.

— S'il vous plaît? fit-il.

— Vous avez une carte? demanda l'officier.

— Certes que j'en ai une, et plutôt deux qu'une.

— Une seule suffira si elle est en règle.

— Mais je ne me trompe pas, continua le

Gascon en ouvrant des yeux énormes ; eh ! non, cap de Bious ! je ne me trompe pas ; j'ai le plaisir de parler à M. de Loignac ?

— C'est possible, monsieur, répondit sèchement l'officier, visiblement peu charmé de cette reconnaissance.

— A monsieur de Loignac, mon compatriote ?

— Je ne dis pas non.

— Mon cousin ?

— C'est bon, votre carte ?

— La voici.

Le Gascon tira de son gant la moitié d'une carte découpée avec art.

— Suivez-moi, dit Loignac sans regarder la carte, vous et vos compagnons, si vous en avez ; nous allons vérifier les laisser-passer.

Et il alla prendre poste près de la porte.

Le Gascon à tête nue le suivit.

Cinq autres individus suivirent le Gascon à tête nue.

Le premier était couvert d'une magnifique cuirasse si merveilleusement travaillée qu'on eût cru qu'elle sortait des mains de Benvenuto Cellini. Cependant, comme le patron sur lequel cette cuirasse avait été faite avait un peu passé de mode, cette magnificence éveilla plutôt le rire que l'admiration.

Il est vrai qu'aucune autre partie du costume de l'individu porteur de cette cuirasse ne répondait à la splendeur presque royale du prospectus.

Le second qui emboîta le pas était suivi d'un gros laquais grisonnant et maigre, et hâlé comme il l'était, semblait le précurseur de don Quichotte comme son serviteur pouvait passer pour le précurseur de Sancho.

Le troisième parut portant un enfant de dix mois entre ses bras, suivi d'une femme qui se cramponnait à sa ceinture de cuir, tandis que deux autres enfants, l'un de quatre ans, l'autre de cinq, se cramponnaient à la robe de la femme.

Le quatrième apparut boitant et attaché à une longue épée.

Enfin, pour clore la marche, un jeune homme d'une belle mine s'avança sur un cheval noir, poudreux, mais d'une belle race.

Celui-là, près des autres, avait l'air d'un roi.

Forcé de marcher assez doucement pour ne pas dépasser ses collègues, peut-être d'ailleurs intérieurement satisfait de ne point marcher

trop près d'eux, ce jeune homme demeura un instant sur les limites de la haie formée par le peuple.

En ce moment il se sentit tirer par le fourreau de son épée, et se pencha en arrière.

Celui qui attirait son attention par cet attouchement était un jeune homme aux cheveux noirs, à l'œil étincelant, petit, fluet, gracieux, et les mains gantées.

— Qu'y a-t-il pour votre service, monsieur ? demanda le cavalier.

— Monsieur, une grâce.

— Parlez, mais parlez vite, je vous prie : vous voyez que l'on m'attend.

— J'ai besoin d'entrer en ville, monsieur, besoin impérieux, comprenez-vous ? — De votre côté, vous êtes seul, et avez besoin d'un page qui fasse encore honneur à votre bonne mine.

— Eh bien ?

— Eh bien, donnant donnant : faites-moi entrer, je serai votre page.

— Merci, dit le cavalier ; mais je ne veux être servi par personne.

— Pas même par moi ? demanda le jeune homme avec un si étrange sourire que le cavalier sentit se fondre l'enveloppe de glace où il avait tenté d'enfermer son cœur.

— Je voulais dire que je ne pouvais pas être servi.

— Oui, je sais que vous n'êtes pas riche, monsieur Ernauton de Carmainges, dit le jeune page.

Le cavalier tressaillit ; mais, sans faire attention à ce tressaillement, l'enfant continua :

— Aussi ne parlerons-nous pas de gages, et c'est vous au contraire, si vous m'accordez ce que je vous demande, qui serez payé, et cela au centuple des services que vous m'aurez rendus ; laissez-moi donc vous servir, je vous prie en songeant que celui qui vous prie, a ordonné quelquefois.

Le jeune homme lui serra la main, ce qui était bien familier pour un page ; puis se retournant vers le groupe de cavaliers que nous connaissons déjà :

— Je passe, moi, dit-il, c'est le plus important ; vous Mayneville, tâchez d'en faire autant par quelque moyen que ce soit.

— Ce n'est pas tout que vous passiez, répondit le gentilhomme ; il faut qu'il vous voie.

— Oh ! soyez tranquille, du moment où j'aurai franchi cette porte, il me verra.

— N'oubliez pas le signe convenu.

— Deux doigts sur la bouche, n'est-ce pas?

— Oui, maintenant que Dieu vous aide.

— Eh bien, fit le maître du cheval noir, — mons le page, nous décidons-nous?

— Me voici, maître, répondit le jeune homme, et il sauta légèrement en croupe derrière son compagnon qui alla rejoindre les cinq autres élus occupés à exhiber leurs cartes et à justifier de leurs droits.

— Ventre de biche! dit Robert Briquet qui les avait suivis des yeux, — voilà tout un arrivage de Gascons, ou le diable m'emporte!

III

LA REVUE

et examen que devaient passer nos six privilégiés que nous avons vus sortir des rangs du populaire pour se rapprocher de la porte, n'était ni bien long, ni bien compliqué.

Il s'agissait de tirer une moitié de carte de sa poche et de la présenter à l'officier, lequel la comparait à une autre moitié, et si, en la rapprochant, ces deux moitiés s'emboîtaient en faisant un tout, les droits du porteur de la carte étaient établis.

Le Gascon à tête nue s'était approché le premier. Ce fut en conséquence par lui que la revue commença.

— Votre nom? demanda l'officier.

— Mon nom, monsieur l'officier? il est écrit sur cette carte sur laquelle vous verrez encore autre chose.

— N'importe! votre nom? répéta l'officier avec impatience; ne savez-vous pas votre nom?

— Si fait, je le sais; cap de Bious! et je l'aurais oublié que vous pourriez me le dire, puisque nous sommes compatriotes et même cousins.

— Votre nom? mille diables! Croyez-vous que j'aie du temps à perdre en reconnaissances?

— C'est bon. Je me nomme Perducas de Pincornay.

— Perducas de Pincornay? reprit M. de Loignac, à qui nous donnerons désormais le nom dont l'avait salué son compatriote. Puis jetant les yeux sur la carte:

— Perducas de Pincornay, 26 octobre 1585, à midi précis.

— Porte Saint-Antoine, ajouta le Gascon en allongeant son doigt noir et sec sur la carte:

— Très bien! en règle: entrez, fit M. de Loignac pour couper court à tout dialogue ultérieur entre lui et son compatriote; à vous maintenant, dit-il au second.

L'homme à la cuirasse s'approcha.

— Votre carte? demanda Loignac.

— Eh quoi? monsieur de Loignac, s'écria celui-ci, ne reconnaissez-vous pas le fils de l'un de vos amis d'enfance que vous avez fait sauter vingt fois sur vos genoux ?

— Non.

— Pertinax de Montcrabeau, reprit le jeune homme avec étonnement ; vous ne le reconnaissez pas ?

— Quand je suis de service, je ne reconnais personne, monsieur. Votre carte.

Le jeune homme à la cuirasse tendit sa carte.

— Pertinax de Montcrabeau, 26 octobre, midi précis, porte Saint-Antoine. Passez.

Le jeune homme passa, et, un peu étourdi de la réception, alla rejoindre Perducas, qui attendait l'ouverture de la porte.

Le troisième Gascon s'approcha ; c'était le Gascon à la femme et aux enfants.

— Votre carte ? demanda Loignac.

Sa main obéissante plonge aussitôt dans une petite gibecière de peau de chèvre qu'il portait au côté droit.

Mais ce fut inutilement : embarrassé qu'il était par l'enfant qu'il portait dans ses bras, il ne trouvait point le papier qu'on lui demandait.

— Que diable faites-vous de cet enfant, monsieur ? vous voyez bien qu'il vous gêne.

— C'est mon fils, monsieur de Loignac.

— Eh bien ! déposez votre fils à terre.

Le Gascon obéit ; l'enfant se mit à hurler.

— Ah çà ! vous êtes donc marié ? demanda Loignac.

— Oui, monsieur l'officier,

— A vingt ans ?

— On se marie jeune chez nous, vous le savez bien, monsieur de Loignac, vous qui vous êtes marié à dix-huit.

— Bon ! fit Loignac, en voilà encore un qui me connaît.

La femme s'était approchée pendant ce temps, et les enfants, pendus à sa robe, l'avaient suivie.

— Et pourquoi ne serait-il point marié ? demanda-t-elle en se redressant et en écartant de son front hâlé ses cheveux noirs que la poussière du chemin y fixait comme une pâte ; est-ce que c'est passé de mode de se marier à Paris ? Oui, monsieur, il est marié, et voici encore deux autres enfants qui l'appellent leur père.

— Oui, mais qui ne sont que les fils de ma femme, monsieur de Loignac, comme aussi ce grand garçon qui   tient derrière ; avancez,

Militor, et saluez monsieur de Loignac, notre compatriote.

Un garçon de seize à dix-sept ans, vigoureux, agile et ressemblant à un faucon par son œil rond et son nez crochu, s'approcha les deux mains passées dans sa ceinture de buffle ; il était vêtu d'une bonne casaque de laine tricotée, portait sur ses jambes musculeuses un haut-de-chausse en peau de chamois, et une moustache naissante ombrageait sa lèvre à la fois insolente et sensuelle.

— C'est Militor, mon beau-fils, monsieur de Loignac, le fils aîné de ma femme, qui est une Chavantrade, parente des Loignac, Militor de Chavantrade, pour vous servir. Saluez donc, Militor.

Puis se baissant vers l'enfant qui se roulait en criant sur la route :

— Tais-toi, Scipion, tais-toi, petit, ajouta-t-il tout en cherchant sa carte dans toutes ses poches.

Pendant ce temps, Militor, pour obéir à l'injonction de son père, s'inclinait légèrement et sans sortir ses mains de sa ceinture.

— Pour l'amour de Dieu, monsieur, votre carte ! s'écria Loignac, impatienté.

— Venez çà et m'aidez, Lardille, dit à sa femme le Gascon tout rougissant.

Lardille détacha l'une après l'autre les deux mains cramponnées à sa robe, et fouilla elle-même dans la gibecière et dans les poches de son mari.

— Rien ! dit-elle, il faut que nous l'ayons perdue.

— Alors, je vous fais arrêter, dit Loignac.

Le Gascon devint pâle.

— Je m'appelle Eustache de Miradoux, dit-il, et je me recommanderai de M. de Sainte-Maline, mon parent.

— Ah ! vous êtes parent de Sainte-Maline, dit Loignac un peu radouci. Il est vrai que, si on les écoutait, ils sont parents de tout le monde ! eh bien, cherchez encore, et surtout cherchez fructueusement.

— Voyez, Lardille, voyez dans les hardes de vos enfants, dit Eustache, tremblant de dépit et d'inquiétude.

Lardille s'agenouilla devant un petit paquet de modestes effets, qu'elle retourna en murmurant.

Le jeune Scipion continuait de s'égosiller ; il

est vrai que ses frères de mère, voyant qu'on ne s'occupait pas d'eux, s'amusaient à lui entonner du sable dans la bouche.

Militor ne bougeait pas; on eût dit que les misères de la vie de famille passaient au-dessous ou au-dessus de ce grand garçon sans l'atteindre.

— Eh! fit tout à coup monsieur de Loignac; que vois-je là-bas, sur la manche de ce dadais, dans une enveloppe de peau?

— Oui, oui, c'est cela! s'écria Eustache triomphant; c'est une idée de Lardille, je me le rappelle maintenant; elle a cousu cette carte sur Militor.

— Pour qu'il portât quelque chose, dit ironiquement de Loignac. Fi! le grand veau! qui ne tient même pas ses bras ballants, dans la crainte de porter ses bras.

Les lèvres de Militor blêmirent de colère, tandis que son visage se marbrait de rouge sur le nez, le menton et les sourcils.

— Un veau n'a pas de bras, grommela-t-il avec de méchants yeux, il a des pattes comme certaines gens de ma connaissance.

— La paix! dit Eustache; vous voyez bien, Militor, que monsieur de Loignac nous fait l'honneur de plaisanter avec nous.

— Non, pardioux! je ne plaisante pas, répliqua Loignac, et je veux au contraire que ce grand drôle prenne mes paroles comme je les dis. S'il était mon beau-fils, je lui ferais porter mère, frère, paquet, et, corbleu! je monterais dessus le tout, quitte à lui allonger les oreilles pour lui prouver qu'il n'est qu'un âne.

Militor perdit toute contenance, Eustache parut inquiet; mais sous cette inquiétude perçait je ne sais quelle joie de cette humiliation infligée à son beau-fils.

Lardille, pour trancher toute difficulté et sauver son premier-né des sarcasmes de M. de Loignac, offrit à l'officier la carte, débarrassée de son enveloppe de peau.

M. de Loignac la prit et lut.

— Eustache de Miradoux, 26 octobre, midi précis, porte Saint-Antoine.

— Allez donc, dit-il, et voyez si vous n'oubliez pas quelqu'un de vos marmots, beaux ou laids.

Eustache de Miradoux reprit le jeune Scipion entre ses bras, Lardille s'empoigna de nouveau à sa ceinture, les deux enfants saisirent derechef la robe de leur mère, et cette grappe de famille, suivie du silencieux Militor, alla se ranger près de ceux qui attendaient après l'examen subi.

— La peste! murmura Loignac entre ses dents, en regardant Eustache de Miradoux et les siens faire leur évolution, la peste de soldats que M. d'Épernon aura là.

Puis se retournant:

— Allons, à vous! dit-il.

Ces paroles s'adressaient au quatrième postulant.

Il était seul et fort raide, réunissant le pouce et le médium pour donner des chiquenaudes à son pourpoint gris de fer et en chasser la poussière; sa moustache, qui paraissait faite de poils de chat, ses yeux verts et étincelants, ses sourcils dont l'arcade formait un demi-cercle saillant au-dessus de deux pommettes saillantes, ses lèvres minces enfin imprimaient à sa physionomie ce type de défiance et de parcimonieuse réserve auquel on reconnaît l'homme qui cache aussi bien le fond de sa bourse que le fond de son cœur.

— Chalabre, 26 octobre, midi précis, porte Saint-Antoine. C'est bon, allez! dit Loignac.

— Il y aura des frais de route alloués au voyage, je présume, fit observer doucement le Gascon.

— Je ne suis pas trésorier, monsieur, dit sèchement Loignac, je ne suis encore que portier, passez.

Chalabre passa.

Derrière Chalabre venait un cavalier jeune et blond, qui, en tirant sa carte, laissa tomber de sa poche un dé et plusieurs tarots.

Il déclara s'appeler Saint-Capautel, et sa déclaration étant confirmée par sa carte qui se trouva être en règle, il suivit Chalabre.

Restait le sixième qui, sur l'injonction du page improvisé, était descendu de cheval et qui exhiba à M. de Loignac une carte sur laquelle on lisait:

« Ernauton de Carmainges, 26 octobre, midi précis, porte Saint-Antoine. »

Tandis que M. de Loignac lisait, le page, descendu de son côté, s'occupait à cacher sa tête en rattachant la gourmette parfaitement attachée du cheval de son faux maître.

— Le page est à vous, monsieur? demanda Loignac à Ernauton en lui désignant du doigt le jeune homme.

— Vous voyez, monsieur le capitaine, dit Ernauton qui ne voulait mentir ni trahir, vous voyez qu'il bride mon cheval.

— Passez, fit Loignac en examinant avec attention M. de Carmainges dont la figure et la tournure paraissaient lui mieux convenir que celles de tous les autres.

— En voilà un supportable au moins, murmura-t-il.

Ernauton remonta à cheval; le page, sans affectation, mais sans lenteur, l'avait précédé et se trouvait déjà mêlé au groupe de ses devanciers.

— Ouvrez la porte, dit Loignac, et laissez passer ces six personnes et les gens de leur suite.

— Allons, vite, vite, mon maître, dit le page, en selle, et partons.

Ernauton céda encore une fois à l'ascendant qu'exerçait sur lui cette bizarre créature, et la porte étant ouverte, il piqua son cheval et s'enfonça, guidé par les indications du page, jusque dans le cœur du faubourg Saint-Antoine.

Loignac fit derrière les six élus refermer la porte, au grand mécontentement de la foule qui, la formalité remplie, croyait qu'elle allait passer à son tour, et qui, voyant son attente trompée, témoigna bruyamment son improbation.

Maître Miton qui avait, après une course effrénée à travers champs, repris peu à peu courage et qui, tout en sondant le terrain à chaque pas, avait fini par revenir à la place d'où il était parti, maître Miton hasarda quelques plaintes sur la façon arbitraire dont la soldatesque interceptait les communications.

Le compère Friard, qui avait réussi à retrouver sa femme et qui, protégé par elle, paraissait ne plus rien craindre, le compère Friard contait à son auguste moitié les nouvelles du jour, enrichies de commentaires de sa façon.

Enfin les cavaliers, dont l'un avait été nommé Mayneville par le petit page, tenaient conseil pour savoir s'ils ne devaient pas tourner le mur d'enceinte, dans l'espérance assez bien fondée d'y trouver une brèche, d'entrer dans Paris sans avoir besoin de se présenter plus longtemps à la porte Saint-Antoine ou à aucune autre.

Robert Briquet, en philosophe qui analyse, et en savant qui extrait la quintessence, Robert Briquet, disons-nous, s'aperçut que tout ce dénoûment de la scène que nous venons de raconter allait se faire près de la porte, et que les conversations particulières des cavaliers, des bourgeois et des paysans ne lui apprendraient plus rien.

Il s'approcha donc le plus qu'il put d'une petite baraque qui servait de loge au portier et qui était éclairée par deux fenêtres, l'une s'ouvrant sur Paris, l'autre sur la campagne.

A peine était-il installé à ce nouveau poste qu'un homme, accourant de l'intérieur de Paris au grand galop de son cheval, sauta à bas de sa monture, et, entrant dans la loge, apparut à la fenêtre.

— Ah! ah! fit Loignac.

— Me voici, monsieur de Loignac, dit cet homme.

— Bien, d'où venez-vous?

— De la porte Saint-Victor.

— Votre bordereau?

— Cinq.

— Les cartes?

— Les voici.

Loignac prit les cartes, les vérifia, et écrivit sur une ardoise qui paraissait avoir été préparée à cet effet, le chiffre 5.

Le messager partit.

Cinq minutes ne s'étaient point écoulées que deux autres messagers arrivaient.

Loignac les interrogea successivement; et toujours à travers son guichet.

L'un venait de la porte Bourdelle, et apportait le chiffre 4.

L'autre de la porte du Temple, et annonçait le chiffre 6.

Loignac écrivit avec soin ces chiffres sur son ardoise.

Ces messagers disparurent comme les premiers et furent successivement remplacés par quatre autres, lesquels arrivaient :

Le premier, de la porte Saint-Denis, avec le chiffre 5;

Le second, de la porte Saint-Jacques, avec le chiffre 3;

Le troisième, de la porte Saint-Honoré, avec le chiffre 8;

Le quatrième, de la porte Montmartre, avec le chiffre 4.

Un dernier apparut enfin, venant de la porte Bussy, et apportant le chiffre 4.

Alors Loignac aligna avec attention, et tout bas, les lieux et les chiffres suivants :

Porte Saint-Victor.	5
Porte Bourdelle.	4
Porte du Temple.	6
Porte Saint-Denis.	5
Porte Saint-Jacques.	3
Porte Saint-Honoré.	8
Porte Montmartre.	4
Porte Bussy.	4
Enfin porte Saint-Antoine.	6
Total, quarante-cinq, ci.	45

— C'est bien.

— Maintenant, cria Loignac d'une voix forte, ouvrez les portes, et entre qui veut !

Les portes s'ouvrirent.

Aussitôt chevaux, mules, femmes, enfants, charrettes, se ruèrent dans Paris, au risque de s'étouffer dans l'étranglement des deux piliers du pont-levis.

En un quart d'heure s'écoula, par cette vaste artère qu'on appelait la rue Saint-Antoine, tout l'amas du flot populaire qui, depuis le matin, séjournait autour de cette digue momentanée.

Les bruits s'éloignèrent peu à peu.

M. de Loignac remonta à cheval avec ses gens. Robert Briquet, demeuré le dernier, après avoir été le premier, enjamba flegmatiquement la chaîne du pont en disant : ·

— Tous ces gens-là voulaient voir quelque chose, et ils n'ont rien vu; même dans leurs affaires; moi je ne voulais rien voir, et je suis le seul qui ait vu quelque chose. C'est engageant, continuons; mais à quoi bon continuer? j'en sais, pardieu! bien assez. Cela me sera-t-il bien avantageux de voir déchirer M. de Salcède en quatre morceaux? Non, pardieu! D'ailleurs j'ai renoncé à la politique.

Allons dîner; le soleil marquerait midi s'il y avait du soleil; il est temps.

Il dit, et rentra dans Paris avec son tranquille et malicieux sourire.

IV

LA LOGE EN GRÈVE DE S. M. LE ROI HENRI III

S i nous suivions maintenant jusqu'à la place de Grève, où elle aboutit, cette voie populeuse du quartier Saint-Antoine, nous retrouverions dans la foule beaucoup de nos connaissances; mais tandis que tous ces pauvres citadins, moins sages que Robert Briquet, s'en vont, heurtés, coudoyés, meurtris, les uns derrière les autres, nous préférons, grâce au privilége que nous donnent nos ailes d'historien, nous transporter sur la place elle-même, et quand nous aurons embrassé tout le spectacle d'un coup d'œil, nous retourner un instant vers le passé, afin d'approfondir la cause après avoir contemplé l'effet.

Sous un auvent de la place, quatre vigoureux chevaux du Perche, aux crins blancs, aux pieds chevelus, battaient le pavé et se mordaient les uns les autres. — PAGE 18.

On peut dire que maître Friard avait raison en portant à cent mille hommes au moins le hiffre des spectateurs qui devaient s'entasser sur la place de Grève et aux environs pour jouir du spectacle qui s'y préparait. Paris tout entier s'était donné rendez-vous à l'Hôtel-de-Ville, et Paris est fort exact; Paris ne manque pas une fête, et c'est une fête, et même une fête extraordinaire, que la mort d'un homme, lorsqu'il a su soulever tant de passions, que les uns le maudissent et que les autres le louent, tandis que le plus grand nombre le plaint.

Le spectateur qui réussissait à déboucher sur la place soit par le quai, près du cabaret de l'Image Notre Dame, soit par le porche même de la place Beaudoyer, apercevait tout d'abord, au milieu de la Grève, les archers du lieutenant de robe courte, Tanchon, et bon nombre de Suisses et de cheveau-légers entourant un petit échafaud élevé de quatre pieds environ.

Cet échafaud, si bas qu'il n'était visible que pour ceux qui l'entouraient, ou pour ceux qui avaient le bonheur d'avoir place à quelque fenêtre, attendait le patient dont les moines s'étaient emparés depuis le matin, et que, suivant l'énergique expression du peuple, ses chevaux attendaient pour lui faire faire le grand voyage.

En effet, sous un auvent de la première maison après la rue du Mouton, sur la place, quatre vigoureux chevaux du Perche, aux crins blancs, aux pieds chevelus, battaient le pavé avec impatience et se mordaient les uns les autres, en hennissant, au grand effroi des femmes qui avaient choisi cette place de leur bonne volonté, ou qui avaient été poussées de ce côté par la foule.

Ces chevaux étaient neufs ; à peine quelquefois, par hasard, avaient-ils, dans les plaines herbeuses de leur pays natal, supporté sur leur large échine l'enfant joufflu de quelque paysan attardé au retour des champs, lorsque le soleil se couche.

Mais après l'échafaud vide, après les chevaux hennissants, ce qui attirait d'une façon plus constante les regards de la foule, c'était la principale fenêtre de l'Hôtel-de-Ville, tendue de velours rouge et or, et au balcon de laquelle pendait un tapis de velours, orné de l'écusson royal.

C'est qu'en effet cette fenêtre était la loge du roi.

Une heure et demie sonnait à Saint-Jean en Grève, lorsque cette fenêtre, pareille à la bordure d'un tableau, s'emplit de personnages qui venaient poser dans leur cadre.

Ce fut d'abord le roi Henri III, pâle, presque chauve, quoiqu'il n'eût à cette époque que trente-quatre à trente-cinq ans ; l'œil enfoncé dans son orbite bistrée, et la bouche toute frémissante de contractions nerveuses.

Il entra, morne, le regard fixe, à la fois majestueux et chancelant, étrange dans sa tenue, étrange dans sa démarche, ombre plutôt que vivant, spectre plutôt que roi ; mystère toujours incompréhensible et toujours incompris pour ses sujets, qui, en le voyant paraître, ne savaient jamais s'ils devaient crier : Vive le roi ! ou prier pour son âme.

Henri était vêtu d'un pourpoint noir passementé de noir ; il n'avait ni ordre ni pierreries ; un seul diamant brillait à son toquet, servant d'agrafe à trois plumes courtes et frisées. Il portait dans sa main gauche un petit chien noir que sa belle-sœur, Marie Stuart, lui avait envoyé de sa prison, et sur la robe soyeuse duquel

brillaient ses doigts fins et blancs comme des doigts d'albâtre.

Derrière lui venait Catherine de Médicis, déjà voûtée par l'âge, car la reine-mère pouvait avoir à cette époque de soixante-six à soixante-sept ans, mais pourtant encore la tête ferme et droite, lançant sous son sourcil froncé par l'habitude un regard acéré, et, malgré ce regard, toujours mate et froide comme une statue de cire sous ses habits de deuil éternel.

Sur la même ligne apparaissait la figure mélancolique et douce de la reine Louise de Lorraine, femme de Henri III, compagne insignifiante en apparence, mais fidèle en réalité, de sa vie bruyante et infortunée.

La reine Catherine de Médicis marchait à un triomphe.

La reine Louise assistait à un supplice.

Le roi Henri traitait là une affaire.

Triple nuance qui se lisait sur le front hautain de la première, sur le front résigné de la seconde, et sur le front nuageux et ennuyé du troisième.

Derrière les illustres personnages que le peuple admirait, si pâles et si muets, venaient deux beaux jeunes gens : l'un de vingt ans à peine, l'autre de vingt-cinq ans au plus.

Ils se tenaient par le bras, malgré l'étiquette qui défend devant les rois, — comme à l'église devant Dieu, — que les hommes paraissent s'attacher à quelque chose.

Ils souriaient :

Le plus jeune avec une tristesse ineffable, l'aîné avec une grâce enchanteresse : ils étaient beaux, ils étaient grands, ils étaient frères.

Le plus jeune s'appelait Henri de Joyeuse, comte de Bouchage ; l'autre, le duc Anne de Joyeuse. Récemment encore il n'était connu que sous le nom d'Arques ; mais le roi Henri, qui l'aimait par-dessus toutes choses, l'avait fait, depuis un an, pair de France, en érigeant en duché-pairie la vicomté de Joyeuse.

Le peuple n'avait pas pour ce favori la haine qu'il portait autrefois à Maugiron, à Quélus et à Schomberg, haine dont d'Épernon seul avait hérité.

Le peuple accueillit donc le prince et les deux frères par de discrètes, mais flatteuses acclamations.

Henri salua la foule gravement et sans sourire, puis il baisa son chien sur la tête.

Alors, se retournant vers les jeunes gens :

— Adossez-vous à la tapisserie, Anne, dit-il à l'aîné ; ne vous fatiguez pas à demeurer debout : ce sera long peut-être.

— Je l'espère bien, interrompit Catherine, — long et bon, sire.

— Vous croyez donc que Salcède parlera, ma mère ? demanda Henri.

— Dieu donnera, je l'espère, cette confusion à nos ennemis. Je dis nos ennemis, car ce sont vos ennemis aussi, ma fille, ajouta-t-elle en se tournant vers la reine, qui pâlit et baissa son doux regard.

Le roi hocha la tête en signe de doute.

Puis, se retournant une seconde fois vers Joyeuse, et voyant que celui-ci se tenait debout malgré son invitation :

— Voyons, Anne, dit-il, faites ce que j'ai dit ; adossez-vous au mur, ou accoudez-vous sur mon fauteuil.

— Votre Majesté est en vérité trop bonne, dit le jeune duc, et je ne profiterai de la permission que quand je serai véritablement fatigué.

— En nous n'attendrons pas que vous le soyez, n'est-ce pas, mon frère ? dit tout bas Henri.

— Sois tranquille, répondit Anne des yeux plutôt que de la voix.

— Mon fils, dit Catherine, ne vois-je pas du tumulte là-bas, au coin du quai ?

— Quelle vue perçante ! ma mère ; — oui, en effet, je crois que vous avez raison. Oh ! les mauvais yeux que j'ai, moi, qui ne suis pas vieux pourtant !

— Sire, interrompit librement Joyeuse, ce tumulte vient du refoulement du peuple sur la place par la compagnie des archers. C'est le condamné qui arrive, bien certainement.

— Comme c'est flatteur pour des rois, dit Catherine, de voir écarteler un homme qui a dans les veines une goutte de sang royal !

Et en disant ces paroles, son regard pesait sur Louise.

— Oh ! Madame, pardonnez-moi, épargnez-moi, dit la jeune reine avec un désespoir qu'elle essayait en vain de dissimuler ; non, ce monstre n'est point de ma famille, et vous n'avez point voulu dire qu'il en était.

— Certes, non, dit le roi ; — et je suis bien certain que ma mère n'a point voulu dire cela.

— Eh ! mais, fit aigrement Catherine, il tient aux Lorrains, et les Lorrains sont vôtres, ma-

dame ; je le pense, du moins. Ce Salcède vous touche donc, et même d'assez près.

— C'est-à-dire, interrompit Joyeuse avec une honnête indignation qui était le trait distinctif de son caractère, et qui se faisait jour en toute circonstance contre celui qui l'avait excitée, quel qu'il fût, c'est-à-dire qu'il touche à M. de Guise peut-être, mais point à la reine de France.

— Ah ! vous êtes là, monsieur de Joyeuse, dit Catherine avec une hauteur indéfinissable, et rendant une humiliation pour une contrariété. Ah ! vous êtes là ? Je ne vous avais point vu.

— J'y suis, non-seulement de l'aveu, mais encore par l'ordre du roi, madame, répondit Joyeuse en interrogeant Henri du regard. Ce n'est pas une chose si récréative que de voir écarteler un homme, pour que je vienne à un pareil spectacle si je n'y étais forcé.

— Joyeuse a raison, madame, dit Henri ; il ne s'agit ici ni de Lorrains, ni de Guise, ni surtout de la reine ; il s'agit de voir séparer en quatre morceaux M. de Salcède, c'est-à-dire un assassin qui voulait tuer mon frère.

— Je suis mal en fortune aujourd'hui, dit Catherine en pliant tout à coup, ce qui était sa tactique la plus habile, je fais pleurer ma fille, et, Dieu me pardonne ! je crois que je fais rire M. de Joyeuse.

— Ah ! madame, s'écria Louise en saisissant les mains de Catherine, est-il possible que Votre Majesté se méprenne à ma douleur ?

— Et à mon respect profond, ajouta Anne de Joyeuse, en s'inclinant sur le bras du fauteuil royal.

— C'est vrai, c'est vrai, répliqua Catherine, enfonçant un dernier trait dans le cœur de sa belle-fille. Je devrais savoir combien il vous est pénible, ma chère enfant, de voir dévoiler les complots de vos alliés de Lorraine ; et, bien que vous n'y puissiez mais, vous ne souffrez pas moins de cette parenté.

— Ah ! quant à cela, ma mère, c'est un peu vrai, dit le roi, cherchant à mettre tout le monde d'accord ; car enfin, cette fois, nous savons à quoi nous en tenir sur la participation de MM. de Guise à ce complot.

— Mais, sire, interrompit plus hardiment qu'elle n'avait fait encore Louise de Lorraine,

— Votre Majesté sait bien qu'en devenant reine de France, j'ai laissé mes parents tout en bas du trône.

— Oh! s'écria Anne de Joyeuse, vous voyez que je ne me trompais pas, sire; voici le patient qui paraît sur la place. Corbleu! la vilaine figure!

— Il a peur, dit Catherine; il parlera.

— S'il en a la force, dit le roi. Voyez donc, ma mère, sa tête vacille comme celle d'un cadavre.

— Je ne m'en dédis pas, sire, dit Joyeuse, il est affreux.

— Comment voudriez-vous que ce fût beau, un homme dont la pensée est si laide? Ne vous ai-je point expliqué, Anne, les rapports secrets du physique et du moral, comme Hippocrate et Galenus les comprenaient et les ont expliqués eux-mêmes?

— Je ne dis pas non, sire; mais je ne suis pas un élève de votre force, moi, et j'ai vu quelquefois de fort laids hommes être de très braves soldats. N'est-ce pas, Henri?

Joyeuse se retourna vers son frère, comme pour appeler son approbation à son aide; mais Henri regardait sans voir, écoutait sans entendre; il était plongé dans une profonde rêverie; ce fut donc le roi qui répondit pour lui.

— Eh! mon Dieu! mon cher Anne, s'écria-t-il, qui vous dit que celui-là ne soit pas brave? Il l'est pardieu! comme un ours, comme un loup, comme un serpent. Ne vous rappelez-vous pas ses façons? Il a brûlé, dans sa maison, un gentilhomme normand, son ennemi. Il s'est battu dix fois, et a tué trois de ses adversaires; il a été surpris faisant de la fausse monnaie, et condamné à mort pour ce fait.

— A telles enseignes, dit Catherine de Médicis, qu'il a été gracié par l'intercession de M. le duc de Guise, votre cousin, ma fille.

Cette fois, Louise était à bout de ses forces; elle se contenta de pousser un soupir.

— Allons, dit Joyeuse, voilà une existence bien remplie, et qui va finir bien vite.

— J'espère, monsieur de Joyeuse, dit Catherine, qu'elle va, au contraire, finir le plus lentement possible.

— Madame, dit Joyeuse en secouant la tête, je vois là-bas sous cet auvent de si bons chevaux et qui me paraissent si impatients d'être obligés de demeurer là à ne rien faire, que je ne crois pas à une bien longue résistance des muscles, tendons et cartilages de M. de Salcède.

— Oui, si l'on ne prévoyait point le cas; mais mon fils est miséricordieux, ajouta la reine avec un de ces sourires qui n'appartenaient qu'à elle; il fera dire aux aides de tirer mollement.

— Cependant, madame, objecta timidement la reine, je vous ai entendu dire ce matin à madame de Mercœur, il me semble cela du moins, que ce malheureux ne subirait que deux tirades.

— Oui-dà, s'il se conduit bien, dit Catherine; en ce cas, il sera expédié le plus couramment possible; mais vous entendez, ma fille, et je voudrais, puisque vous vous intéressez à lui, que vous puissiez le lui faire dire: qu'il se conduise bien, cela le regarde.

— C'est que, madame, dit la reine, Dieu ne m'ayant point, comme à vous, donné la force, je n'ai pas grand cœur à voir souffrir.

— Eh bien! vous ne regarderez point, ma fille.

Louise se tut.

Le roi n'avait rien entendu; il était tout yeux, car on s'occupait d'enlever le patient de la charrette qui l'avait apporté, pour le déposer sur le petit échafaud.

Pendant ce temps, les hallebardiers, les archers et les Suisses avaient fait élargir considérablement l'espace, en sorte que, tout autour de l'échafaud, il régnait un vide assez grand pour que tous les regards distinguassent Salcède, malgré le peu d'élévation de son piédestal funèbre.

Salcède pouvait avoir trente-quatre à trente-cinq ans: il était fort et vigoureux; les traits pâles de son visage, sur lequel perlaient quelques gouttes de sueur et de sang, s'animaient quand il regardait autour de lui d'une indéfinissable expression, tantôt d'espoir, tantôt d'angoisse.

Il avait tout d'abord jeté les yeux sur la loge royale; mais comme s'il eût compris qu'au lieu du salut c'était la mort qui lui venait de là, son regard ne s'y était point arrêté.

C'était à la foule qu'il en voulait, c'était dans le sein de cette orageuse mer qu'il fouillait avec ses yeux ardents et avec son âme frémissante au bord de ses lèvres.

La foule se taisait.

Salcède n'était point un assassin vulgaire: Salcède était d'abord de bonne naissance, puisque Catherine de Médicis, qui se connaissait d'autant mieux en généalogie qu'elle paraissait

Salcède. — PAGE 20

en faire fi, avait découvert une goutte de sang royal dans ses veines; en outre, Salcède avait été un capitaine de renom. Cette main, liée par une corde honteuse, avait vaillamment porté l'épée; cette tête livide sur laquelle se peignaient les terreurs de la mort, terreurs que le patient eût renfermées sans doute au plus profond de son âme, si l'espoir n'y avait tenu trop de place, cette tête livide avait abrité de grands desseins.

Il résultait de ce que nous venons de dire que, pour beaucoup de spectateurs, Salcède était un héros; pour beaucoup d'autres une victime; quelques-uns le regardaient bien comme un assassin, mais la foule a grand'peine d'admettre dans ses mépris, au rang des criminels ordinaires, ceux-là qui ont tenté ces grands assassinats qu'enregistre le livre de l'histoire en même temps que celui de la justice.

Aussi racontait-on dans la foule que Salcède était né d'une race de guerriers, que son père avait combattu rudement M. le cardinal de Lorraine, ce qui lui avait valu une mort glorieuse au milieu du massacre de la Saint-Barthélemi, mais que plus tard le fils, oublieux de cette mort, ou plutôt sacrifiant sa haine à une certaine ambition pour laquelle les populations ont toujours quelque sympathie, que ce fils, disons-nous, avait pactisé avec l'Espagne et avec les Guises pour anéantir, dans les Flandres, la souveraineté naissante du duc d'Anjou, si fort haï des Français.

On citait ses relations avec Baza et Balouin, auteurs présumés du complot qui avait failli coûter la vie au duc François, frère de Henri III; on citait l'adresse qu'avait déployée Salcède dans toute cette procédure pour échapper à la roue, au gibet et au bûcher sur lesquels fumait encore le sang de ses complices; seul il avait, par des révélations fausses et pleines d'artifice, disaient les Lorrains, alléchés ses juges, à tel point que, pour en savoir plus, le duc d'Anjou, l'épargnant momentanément, l'avait fait conduire en France, au lieu de le faire décapiter à Anvers ou à Bruxelles; il est vrai qu'il avait fini par en arriver au même résultat; mais dans le voyage qui était le but de ses révélations, Salcède espérait être enlevé par ses partisans; malheureusement pour lui il avait compté sans M. de Bellièvre, lequel, chargé de ce dépôt précieux, avait fait si bonne garde que ni Espagnols, ni Lorrains, ni ligueurs n'en avaient approché d'une lieue.

A la prison, Salcède avait espéré; Salcède avait espéré à la torture; sur la charrette, il avait espéré encore; sur l'échafaud, il espérait toujours. Ce n'est point qu'il manquât de courage ou de résignation; mais il était de ces créatures vivaces qui se défendent jusqu'à leur dernier souffle avec cette ténacité et cette vigueur que la force humaine n'atteint pas toujours chez les esprits d'une valeur secondaire.

Le roi ne perdait pas plus que le peuple cette pensée incessante de Salcède.

Catherine, de son côté, étudiait avec anxiété jusqu'au moindre mouvement du malheureux jeune homme; mais elle était trop éloignée pour suivre la direction de ses regards et remarquer leur jeu continuel.

A l'arrivée du patient, il s'était élevé comme par enchantement, dans la foule, des étages d'hommes, de femmes et d'enfants; chaque fois qu'il apparaissait une tête nouvelle au-dessus de ce niveau mouvant, mais déjà toisé par l'œil vigilant de Salcède, il l'analysait tout entière

dans un examen d'une seconde qui suffisait comme un examen d'une heure à cette organisation surexcitée, en qui le temps, devenu si précieux, décuplait ou plutôt centuplait toutes les facultés.

Puis ce coup d'œil, cet éclair lancé sur le visage inconnu et nouveau, Salcède redevenait morne et tournait autre part son attention.

Cependant le bourreau avait commencé à s'emparer de lui, et il l'attachait par le milieu du corps au centre de l'échafaud.

Déjà même, sur un signe de maître Tanchon, lieutenant de robe courte et commandant l'exécution, deux archers, perçant la foule, étaient allés chercher les chevaux.

Dans une autre circonstance ou dans une autre intention, les archers n'eussent pu faire un pas au milieu de cette masse compacte; mais la foule savait ce qu'allaient faire les archers, et elle se serrait et elle faisait passage, comme, sur un théâtre encombré, on fait toujours place aux acteurs chargés de rôles importants.

En ce moment, il se fit quelque bruit à la porte de la loge royale, et l'huissier, soulevant la tapisserie, prévint LL. MM. que le président Brisson et quatre conseillers, dont l'un était le rapporteur du procès, désiraient avoir l'honneur de converser un instant avec le roi au sujet de l'exécution.

— C'est à merveille, dit le roi.

Puis se retournant vers Catherine:

— Eh bien! ma mère, continua-t-il, vous allez être satisfaite?

Catherine fit un léger signe de tête en témoignage d'approbation.

— Faites entrer ces messieurs, reprit le roi.

— Sire, une grâce, demanda Joyeuse.

— Parle, Joyeuse, fit le roi, et pourvu que ce ne soit pas celle du condamné...

— Rassurez-vous, sire.

— J'écoute.

— Sire, il y a une chose qui blesse particulièrement la vue de mon frère et surtout la mienne, ce sont les robes rouges et les robes noires; que Votre Majesté soit donc assez bonne pour nous permettre de nous retirer.

— Comment! vous vous intéressez si peu à mes affaires, monsieur de Joyeuse, que vous demandez à vous retirer dans un pareil moment! s'écria Henri.

— N'en croyez rien, sire, tout ce qui touche

Votre Majesté est d'un profond intérêt pour moi; mais je suis d'une misérable organisation, et la femme la plus faible est, sur ce point, plus forte que moi. Je ne puis voir une exécution que je n'en sois malade huit jours. Or, comme il n'y a plus guère que moi qui rie à la cour depuis que mon frère, je ne sais pas pourquoi, ne rit plus, jugez ce que va devenir ce pauvre Louvre, déjà si triste, si je m'avise, moi, de le rendre plus triste encore. Ainsi, par grâce, sire...

— Tu veux me quitter, Anne? dit Henri avec un accent d'indéfinissable tristesse.

— Peste, sire! vous êtes exigeant : une exécution en Grève, c'est la vengeance et le spectacle à la fois, et quel spectacle! celui dont, tout au contraire de moi, vous êtes le plus curieux; la vengeance et le spectacle ne vous suffisent pas, et il faut encore que vous jouissiez en même temps de la faiblesse de vos amis.

— Reste, Joyeuse, reste; tu verras que c'est intéressant.

— Je n'en doute pas; je crains même, comme je l'ai dit à Votre Majesté, que l'intérêt ne soit porté à un point où je ne puisse plus le soutenir; ainsi vous permettez, n'est-ce pas, sire?

— Allons, dit Henri III en soupirant, fais donc à ta fantaisie; ma destinée est de vivre seul.

Et le roi se retourna, le front plissé, vers sa mère, craignant qu'elle n'eût entendu le colloque qui venait d'avoir lieu entre lui et son favori.

Catherine avait l'ouïe aussi fine que la vue; mais lorsqu'elle ne voulait pas entendre, nulle oreille n'était plus dure que la sienne.

Pendant ce temps, Joyeuse s'était penché à l'oreille de son frère et lui avait dit :

— Alerte, alerte, du Bouchage! tandis que ces conseillers vont entrer, glisse-toi derrière leurs grandes robes, et esquivons-nous; le roi dit oui maintenant, dans cinq minutes il dira non.

— Merci, merci, mon frère, répondit le jeune homme; j'étais comme vous, j'avais hâte de partir.

— Allons, allons, voici les corbeaux qui paraissent, disparais, tendre rossignol.

En effet, derrière MM. les conseillers, on vit fuir, comme deux ombres rapides, les deux jeunes gens.

Sur eux retomba la tapisserie aux pans lourds.

Quand le roi tourna la tête, ils avaient déjà disparu.

Henri poussa un soupir et baisa son petit chien.

V

LE SUPPLICE

L es conseillers se tenaient au fond de la loge du roi, debout et silencieux, attendant que le roi leur adressât la parole.

Le roi se laissa attendre un instant, puis, se retournant de leur côté:

— Eh bien! messieurs, — quoi de nouveau? demanda-t-il. Bonjour, monsieur le président Brisson.

— Sire, répondit le président avec sa dignité facile que l'on appelait à la cour sa courtoisie de huguenot, — nous venons supplier Votre Majesté, ainsi que l'a désiré M. de Thou, de ménager la vie du coupable. — Il a sans doute quelques révélations à faire, et en lui promettant la vie on les obtiendrait.

Quatre coups de fouet retentirent, et les quatre chevaux s'élancèrent dans des directions opposées. — PAGE 27.

— Mais, dit le roi, ne les a-t-on pas obtenues, monsieur le président?

— Oui, sire, — en partie : — est-ce suffisant pour Votre Majesté?

— Je sais ce que je sais, messire.

— Votre Majesté sait alors à quoi s'en tenir sur la participation de l'Espagne dans cette affaire?

— De l'Espagne? oui, monsieur le président, et même de plusieurs autres puissances.

— Il serait important de constater cette participation, sire.

— Aussi, interrompit Catherine, le roi a-t-il l'intention, monsieur le président, de surseoir à l'exécution, si le coupable signe une confession analogue à ses dépositions devant le juge qui lui a fait infliger la question.

Brisson interrogea le roi des yeux et du geste.

— C'est mon intention, dit Henri, et je ne le cache pas plus longtemps ; vous pouvez vous en assurer, monsieur Brisson, en faisant parler au patient par votre lieutenant de robe.

— Votre Majesté n'a rien de plus à recommander?

— Rien. Mais pas de variation dans les aveux, ou je retire ma parole. — Ils sont publics, ils doivent être complets.

— Oui, sire. — Avec les noms des personnages compromis?

— Avec les noms, tous les noms!

— Même lorsque ces noms seraient entachés, par l'aveu du patient, de haute trahison et révolte au premier chef?

— Même lorsque ces noms seraient ceux de mes plus proches parents! dit le roi.

— Il sera fait comme Votre Majesté l'ordonne.

— Je m'explique, monsieur Brisson; ainsi donc, pas de malentendu. On apportera au condamné du papier et des plumes; il écrira sa confession, montrant par là publiquement qu'il s'en réfère à notre miséricorde et se met à notre merci. Après, nous verrons.

— Mais je puis promettre?

— Eh oui! promettez toujours.

— Allez, messieurs, dit le président en congédiant les conseillers.

Et ayant salué respectueusement le roi, il sortit derrière eux.

— Il parlera, sire, dit Louise de Lorraine toute tremblante; il parlera, et Votre Majesté fera grâce. Voyez comme l'écume nage sur ses lèvres.

— Non, non, il cherche, dit Catherine; il cherche et pas autre chose. Que cherche-t-il donc?

— Parbleu! dit Henri III, ce n'est pas difficile à deviner; il cherche M. le duc de Parme, M. le duc de Guise; il cherche monsieur mon frère, le roi très catholique. Oui, cherche! cherche! attends! crois-tu que la place de Grève soit lieu plus commode pour les embuscades que la route des Flandres? crois-tu que je n'aie pas ici cent Bellièvre pour t'empêcher de descendre de l'échafaud où un seul t'a conduit?

Salcède avait vu les archers partir pour aller chercher les chevaux. Il avait aperçu le président et les conseillers dans la loge du roi, — puis il les avait vus disparaître: il comprit que le roi venait de donner l'ordre du supplice.

Ce fut alors que parut sur sa bouche livide cette sanglante écume remarquée par la jeune reine: le malheureux, dans la mortelle impatience qui le dévorait, se mordait les lèvres jusqu'au sang.

— Personne! personne! murmurait-il, pas un de ceux qui m'avaient promis secours! Lâches! lâches! lâches!...

Le lieutenant Tanchon s'approcha de l'échafaud, et s'adressant au bourreau:

— Préparez-vous, maître, dit-il.

L'exécuteur fit un signe à l'autre bout de la place, et l'on vit les chevaux, fendant la foule, laisser derrière eux un tumultueux sillage qui, pareil à celui de la mer, se referma sur eux.

Ce sillage était produit par les spectateurs que refoulait ou renversait le passage rapide des chevaux; mais le mur démoli se refermait aussitôt, et parfois les premiers devenaient les derniers, et réciproquement, — car les forts se lançaient dans l'espace vide.

On put voir alors au coin de la rue de la Vannerie, lorsque les chevaux y passèrent, un beau jeune homme de notre connaissance sauter au bas de la borne sur laquelle il était monté, poussé par un enfant qui paraissait quinze à seize ans à peine, et qui paraissait fort ardent à ce terrible spectacle.

C'était le page mystérieux et le vicomte Ernauton de Carmainges.

— Eh! vite, vite, glissa le page à l'oreille de son compagnon, jetez-vous dans la trouée, il n'y a pas un instant à perdre.

— Mais nous serons étouffés, répondit Ernauton, — vous êtes fou, mon petit ami.

— Je veux voir, — voir de près, dit le page d'un ton si impérieux qu'il était facile de voir que cet ordre partait d'une bouche qui avait l'habitude du commandement.

Ernauton obéit.

— Serrez les chevaux, serrez les chevaux, dit le page; ne les quittez pas d'une semelle, ou nous n'arriverons pas.

— Mais avant que nous arrivions, vous serez mis en morceaux.

— Ne vous inquiétez pas de moi. — En avant! en avant!

— Les chevaux vont ruer.

— Empoignez la queue du dernier; jamais un cheval ne rue quand on le tient de la sorte.

Ernauton subissait malgré lui l'influence étrange de cet enfant; il obéit, s'accrocha aux crins du cheval, tandis que de son côté le page s'attachait à sa ceinture.

Et au milieu de cette foule onduleuse comme une mer, épineuse comme un buisson, laissant ici un pan de leur manteau, là un fragment de

leur pourpoint, plus loin la fraise de leur chemise, ils arrivèrent en même temps que l'at-
telage à trois pas de l'échafaud sur lequel
se tordait Salcède, dans les convulsions du désespoir.

— Sommes-nous arrivés? murmura le jeune
homme suffoquant et hors d'haleine, quand il
sentit Ernauton s'arrêter.

— Oui, répondit le vicomte, — heureusement,
— car j'étais au bout de mes forces.

— Je ne vois pas.

— Passez devant moi.

— Non, non, pas encore... Que fait-on?

— Des nœuds coulants à l'extrémité des cordes.

— Et lui, que fait-il?

— Qui, lui?

— Le patient.

— Ses yeux tournent autour de lui comme
ceux de l'autour qui guette.

Les chevaux étaient assez près de l'échafaud
pour que les valets de l'exécuteur attachassent
aux pieds et aux poings de Salcède les traits
fixés à leurs colliers.

Salcède poussa un rugissement quand il sentit autour de ses chevilles le rugueux contact
des cordes, qu'un nœud coulant serrait autour
de sa chair.

Il adressa alors un suprême, un indéfinissable regard à toute cette immense place dont il
embrassa les cent mille spectateurs dans le cercle de son rayon visuel.

— Monsieur, lui dit poliment le lieutenant
Tanchon, vous plaît-il de parler au peuple avant
que nous ne procédions?

Et il s'approcha de l'oreille du patient pour
ajouter tout bas :

— Un bon aveu... pour la vie sauve.

Salcède le regarda jusqu'au fond de l'âme.

Ce regard était si éloquent qu'il sembla arracher la vérité du cœur de Tanchon et la fit remonter jusque dans ses yeux, où elle éclata.

Salcède ne s'y trompa point; il comprit que
le lieutenant était sincère et tiendrait ce qu'il
promettait.

— Vous voyez, continua Tanchon, on vous
abandonne; plus d'autre espoir en ce monde
que celui que je vous offre.

— Eh bien! dit Salcède avec un rauque soupir, faites faire silence, je suis prêt à parler.

— C'est une confession écrite et signée que le
roi exige.

— Alors déliez-moi les mains et donnez-moi
une plume, je vais écrire.

— Votre confession?

— Ma confession, soit.

Tanchon, transporté de joie, n'eut qu'un signe
à faire; le cas était prévu. Un archer tenait toutes choses prêtes : il lui passa l'écritoire, les
plumes, le papier, que Tanchon déposa sur le
bois même de l'échafaud.

En même temps on lâchait de trois pieds environ la corde qui tenait le poignet droit de Salcède, et on le soulevait sur l'estrade pour qu'il
pût écrire.

Salcède, assis enfin, commença par respirer
avec force et par faire usage de sa main pour
essuyer ses lèvres et relever ses cheveux qui
tombaient humides de sueur sur ses genoux.

— Allons, allons, dit Tanchon, mettez-vous à
votre aise, et écrivez bien tout.

— Oh! n'ayez pas peur, répondit Salcède en
allongeant sa main vers la plume; soyez tranquille, je n'oublierai pas ceux qui m'oublient,
moi.

Et sur ce mot il hasarda un dernier coup d'œil.

Sans doute le moment était venu pour le page
de se montrer; car, saisissant la main d'Ernauton :

— Monsieur, lui dit-il, par grâce, prenez-moi
dans vos bras et soulevez-moi au-dessus des
têtes qui m'empêchent de voir.

— Ah çà! mais vous êtes insatiable, jeune
homme, en vérité.

— Encore ce service, monsieur.

— Vous abusez.

— Il faut que je voie le condamné, entendez-
vous? il faut que je le voie.

Puis, comme Ernauton ne répondait pas assez
vivement sans doute à l'injonction :

— Par pitié, monsieur, par grâce! dit-il, je
vous en supplie!

L'enfant n'était plus un tyran fantasque,
mais un suppliant irrésistible.

Ernauton le souleva dans ses bras, non sans
quelque étonnement de la délicatesse de ce corps
qu'il serrait entre ses mains.

La tête du page domina donc les autres têtes.

Justement Salcède venait de saisir la plume
en achevant sa revue circulaire.

Il vit cette figure du jeune homme et demeura
stupéfait.

En ce moment les deux doigts du page s'ap-
puyèrent sur ses lèvres. Une joie indicible épa-

nouit aussitôt le visage du patient; on eût dit l'ivresse du mauvais riche quand Lazare laisse tomber une goutte d'eau sur sa langue aride.

Il venait de reconnaître le signal qu'il attendait avec impatience et qui lui annonçait du secours.

Salcède, après une contemplation de plusieurs secondes, s'empara du papier que lui offrait Tanchon, inquiet de son hésitation, et il se mit à écrire avec une fébrile activité.

— Il écrit! il écrit! murmura la foule.

— Il écrit! répéta la reine-mère avec une joie manifeste.

— Il écrit! dit le roi; par la mordieu! je lui ferai grâce.

Tout à coup Salcède s'interrompit pour regarder encore le jeune homme.

Le jeune homme répéta le même signe, et Salcède se remit à écrire.

Puis, après un intervalle plus court, il s'interrompit encore pour regarder de nouveau.

Cette fois le page fit signe des doigts et de la tête.

— Avez-vous fini? dit Tanchon qui ne perdait pas de vue son papier.

— Oui, fit machinalement Salcède.

— Signez, alors.

Salcède signa sans jeter sur le papier ses yeux qui restaient rivés sur le jeune homme.

Tanchon avança la main vers la confession.

— Au roi, au roi seul! dit Salcède.

Et il remit le papier au lieutenant de robe courte, mais avec hésitation, et comme un soldat vaincu qui rend sa dernière arme.

— Si vous avez bien avoué tout, dit le lieutenant, vous êtes sauf, monsieur de Salcède.

Un sourire mélangé d'ironie et d'inquiétude se fit jour sur les lèvres du patient, qui semblait interroger impatiemment son interlocuteur mystérieux.

Enfin Ernauton, fatigué, voulut déposer son gênant fardeau; il ouvrit les bras : le page glissa jusqu'à terre.

Avec lui disparut la vision qui avait soutenu le condamné.

Lorsque Salcède ne le vit plus, il le chercha des yeux; puis, comme égaré :

— Eh bien! cria-t-il, eh bien!

Personne ne lui répondit.

— Eh! vite, vite, hâtez-vous! dit-il; le roi tient le papier, il va lire!

Nul ne bougea.

Le roi dépliait vivement la confession.

— Oh! mille démons! cria Salcède, se serait-on joué de moi? Je l'ai cependant bien reconnue. C'était elle, c'était elle!

A peine le roi eut-il parcouru les premières lignes qu'il parut saisi d'indignation.

Puis il pâlit et s'écria :

— Oh! le misérable! — oh! le méchant homme!

— Qu'y a-t-il, mon fils? demanda Catherine.

— Il y a qu'il se rétracte, ma mère; — il y a qu'il prétend n'avoir jamais rien avoué.

— Et ensuite?

— Ensuite il déclare innocents et étrangers à tous complots MM. de Guise.

— Au fait, balbutia Catherine, si c'est vrai?

— Il ment! s'écria le roi; il ment comme un païen!

— Qu'en savez-vous, mon fils? M. de Guise sont peut-être calomniés. — Les juges ont peut-être, dans leur trop grand zèle, interprété faussement les dépositions.

— Eh! madame, s'écria Henri ne pouvant se maîtriser plus longtemps, — j'ai tout entendu.

— Vous, mon fils?

— Oui, moi.

— Et quand cela, s'il vous plaît?

— Quand le coupable a subi la gêne, — j'étais derrière un rideau; je n'ai pas perdu une seule de ses paroles, et chacune de ses paroles m'entrait dans la tête comme un clou sous le marteau.

— Eh bien! faites-le parler avec la torture, puisque la torture il lui faut; ordonnez que les chevaux tirent.

Henri, emporté par la colère, leva la main.

Le lieutenant Tanchon répéta ce signe.

Déjà les cordes avaient été rattachées aux quatre membres du patient : quatre hommes sautèrent sur les quatre chevaux; quatre coups de fouet retentirent, et les quatre chevaux s'élancèrent dans des directions opposées.

Un horrible craquement et un horrible cri jaillirent à la fois du plancher de l'échafaud. On vit les membres du malheureux Salcède bleuir, s'allonger et s'injecter de sang; sa face n'était plus celle d'une créature humaine, c'était le masque d'un démon.

— Ah! trahison! trahison! cria-t-il. Eh bien!

je vais parler, je veux parler, je veux tout dire !
Ah! maudite duch...

La voix dominait les hennissements des chevaux et les rumeurs de la foule ; mais tout à
coup elle s'éteignit.

— Arrêtez! arrêtez! cria Catherine.

Il était trop tard. La tête de Salcède, naguère
raidie par la souffrance et la fureur, retomba
tout à coup sur le plancher de l'échafaud.

— Laissez-le parler, vociféra la reine-mère.
Arrêtez, mais arrêtez donc !

L'œil de Salcède était démesurément dilaté,
fixe, et plongeant obstinément dans le groupe
où était apparu le page.

Tanchon en suivait habilement la direction.

Mais Salcède ne pouvait plus parler, il était
mort.

Tanchon donna tout bas quelques ordres à ses
archers, qui se mirent à fouiller la foule dans
la direction indiquée par les regards dénoncia-
teurs de Salcède.

— Je suis découverte, dit le jeune page à l'o-
reille d'Ernauton ; par pitié, aidez-moi, secourez-
moi, monsieur ; ils viennent! ils viennent !

— Mais que voulez-vous donc encore?

— Fuir : ne voyez-vous point que c'est moi
qu'ils cherchent?

— Mais qui êtes-vous donc?

— Une femme... sauvez-moi ! protégez-moi !

Ernauton pâlit ; mais la générosité l'emporta
sur l'étonnement et la crainte.

Il plaça devant lui sa protégée, lui fraya un
chemin à grands coups de pommeau de dague
et la poussa jusqu'au coin de la rue du Mouton,
vers une porte ouverte.

Le jeune page s'élança et disparut dans cette
porte qui semblait l'attendre et qui se referma
derrière lui.

Il n'avait pas même eu le temps de lui demander son nom ni où il le retrouverait.

Mais en disparaissant, le jeune page, comme
s'il eût deviné sa pensée, lui avait fait un signe
plein de promesses.

Libre alors, Ernauton se retourna vers le
centre de la place, et embrassa d'un même coup
d'œil l'échafaud et la loge royale.

Salcède était étendu raide et livide sur l'échafaud.

Catherine était debout, livide et frémissante
dans la loge.

— Mon fils, dit-elle enfin en essuyant la sueur
de son front, mon fils, vous ferez bien de changer votre maître des hautes œuvres, c'est un
ligueur !

— Et à quoi donc voyez-vous cela, ma mère ?
demanda Henri.

— Regardez, regardez!

— Eh bien ! je regarde.

— Salcède n'a souffert qu'une tirade, et il est
mort.

— Parce qu'il était trop sensible à la douleur.

— Non pas ! non pas! fit Catherine avec un
sourire de mépris arraché par le peu de perspi-
cacité de son fils, mais parce qu'il a été étranglé
par dessous l'échafaud avec une corde fine, au
moment où il allait accuser ceux qui le laissent
mourir. Faites visiter le cadavre par un savant
docteur, et vous trouverez, j'en suis sûre, autour
de son cou le cercle que la corde y aura laissé.

— Vous avez raison, dit Henri, dont les yeux
étincelèrent un instant, mon cousin de Guise
est mieux servi que moi.

— Chut ! chut ! mon fils, dit Catherine, pas
d'éclat, on se moquerait de nous ; car cette fois
encore c'est partie perdue.

— Joyeuse a bien fait d'aller s'amuser autre
part, dit le roi ; on ne peut plus compter sur
rien en ce monde, même sur les supplices. Partons, mesdames, partons !

VI

LES DEUX JOYEUSE

essieurs de Joyeuse, comme nous l'avons vu, s'étaient dérobés pendant toute cette scène par les derrières de l'Hôtel-de-Ville, et laissant aux équipages du roi leurs laquais qui les attendaient avec des chevaux, ils marchaient côte à côte dans les rues de ce quartier populeux, qui ce jour-là étaient désertes, tant la place de Grève avait été vorace de spectateurs.

Une fois dehors ils avaient marché se tenant par le bras, mais sans s'adresser la parole.

Henri, si joyeux naguère, était préoccupé et presque sombre.

Anne semblait inquiet et comme embarrassé de ce silence de son frère.

Ce fut lui qui rompit le premier le silence.

— Eh bien! Henri, demanda-t-il, où me conduis-tu?

— Je ne vous conduis pas, mon frère, je marche devant moi, répondit Henri comme s'il se réveillait en sursaut.

— Désirez-vous aller quelque part, mon frère?

— Et toi?

Henri sourit tristement.

— Oh! moi, dit-il, peu m'importe où je vais.

— Tu vas cependant quelque part chaque soir, dit Anne, car chaque soir tu sors à la même heure pour ne rentrer qu'assez avant dans la nuit, et parfois pour ne pas rentrer du tout.

— Me questionnez-vous, mon frère? demanda Henri avec une charmante douceur mêlée d'un certain respect pour son aîné.

— Moi te questionner? dit Anne, Dieu m'en préserve; les secrets sont à ceux qui les gardent.

— Quand vous le désirerez, mon frère, répli-

qua Henri, je n'aurai pas de secrets pour vous; vous le savez bien.

— Tu n'auras pas de secrets pour moi, Henri?

— Jamais, mon frère; n'êtes-vous pas à la fois mon seigneur et mon ami?

— Dame! je pensais que tu en avais avec moi, qui ne suis qu'un pauvre laïque; je pensais que tu avais notre savant frère, ce pilier de la théologie, ce flambeau de la religion, ce docte architecte de cas de conscience de la cour, qui sera cardinal un jour, que tu te confiais à lui, et que tu trouvais en lui à la fois confession, absolution, et qui sait?... et conseil; car, dans notre famille, ajouta Anne en riant, on est bon à tout, tu le sais: témoin notre très cher père.

Henri du Bouchage saisit la main de son frère et la lui serra affectueusement.

— Vous êtes pour moi plus que directeur, plus que confesseur, plus que père, mon cher Anne, dit-il, je vous répète que vous êtes mon ami.

— Alors, mon ami, pourquoi de gai que tu étais, t'ai-je vu peu à peu devenir triste, et pourquoi, au lieu de sortir le jour, ne sors-tu plus maintenant que la nuit?

— Mon frère, je ne suis pas triste, répondit Henri en souriant.

— Qu'es-tu donc?

— Je suis amoureux.

— Bon! et cette préoccupation?

— Vient de ce que je pense sans cesse à mon amour.

— Et tu soupires en me disant cela?

— Oui.

— Tu soupires, toi, Henri, comte du Bouchage, toi le frère de Joyeuse, toi que les mauvaises langues appellent le troisième roi de France. Tu sais que M. de Guise est le second, si toutefois ce n'est pas le premier; toi qui es riche, toi qui es beau, toi qui seras pair de France, comme moi, et duc, comme moi, à la première occasion que j'en trouverai; tu es amoureux, tu penses et tu soupires ; tu soupires, toi qui as pris pour devise : *Hilariter* (joyeusement).

— Mon cher Anne, tous ces dons du passé ou toutes ces promesses de l'avenir n'ont jamais compté pour moi au rang des choses qui devaient faire mon bonheur. Je n'ai point d'ambition.

— C'est-à-dire que tu n'en as plus.

— Ou du moins que je ne poursuis pas les choses dont vous parlez.

— En ce moment peut-être ; mais plus tard tu y reviendras.

— Jamais, mon frère. Je ne désire rien. Je ne veux rien.

— Et tu as tort, mon frère. Quand on s'appelle Joyeuse, c'est-à-dire un des plus beaux noms de France ; quand on a son frère favori du roi, on désire tout, on veut tout, et l'on a tout.

Henri baissa mélancoliquement et secoua sa tête blonde.

— Voyons, dit Anne, nous voici bien seuls, bien perdus. Le diable m'emporte, nous avons passé l'eau, si bien que nous voilà sur le pont de la Tournelle, et cela, sans nous en être aperçus. Je ne crois pas que sur cette grève isolée, par cette bise froide, près de cette eau verte, personne vienne nous écouter. As-tu quelque chose de sérieux à me dire, Henri?

— Rien, rien, sinon que je suis amoureux, et vous le savez déjà, mon frère, puisque tout à l'heure je vous l'ai avoué.

— Mais, que diable! ce n'est point sérieux cela, dit Anne en frappant du pied. Moi aussi, par le pape! je suis amoureux.

— Pas comme moi, mon frère.

— Moi aussi, je pense quelquefois à ma maîtresse.

— Oui, mais pas toujours.

— Moi aussi, j'ai des contrariétés, des chagrins même.

— Oui, mais vous avez aussi des joies, car on vous aime.

— Oh! j'ai de grands obstacles aussi; on exige de moi de grands mystères.

— On exige? vous avez dit : On exige, mon frère. Si votre maîtresse exige, elle est à vous.

— Sans doute qu'elle est à moi, c'est-à-dire à moi et à M. de Mayenne; car, confidence pour confidence, Henri, j'ai justement la maîtresse de ce paillard de Mayenne, une fille folle de moi, qui quitterait Mayenne à l'instant même, si elle n'avait peur que Mayenne ne la tuât : c'est son habitude de tuer les femmes, tu sais. Puis je déteste ces Guises, et cela m'amuse... de m'amuser aux dépens de l'un d'eux. Eh bien! je te le dis, je te le répète, j'ai parfois des contraintes, des querelles, mais je n'en deviens pas sombre comme un chartreux pour cela ; je n'en ai pas les yeux gros. Je continue de rire, sinon toujours, au moins de temps en temps. Voyons, dis-moi qui tu aimes, Henri; ta maîtresse est-elle belle au moins?

— Hélas! mon frère, ce n'est point ma maîtresse.

— Est-elle belle?

— Trop belle,

— Son nom ?

— Je ne le sais pas.

— Allons donc!

— Sur l'honneur.

— Mon ami, je commence à croire que c'est plus dangereux encore que je ne le pensais. — Ce n'est point de la tristesse, par le pape! c'est de la folie.

— Elle ne m'a parlé qu'une seule fois, ou plutôt elle n'a parlé qu'une fois devant moi, et depuis ce temps je n'ai pas même entendu le son de sa voix.

— Et tu ne t'es pas informé?

— A qui?

— Comment! à qui? aux voisins.

— Elle habite une maison à elle seule et personne ne la connaît.

— Ah çà! mais est-ce une ombre?

— C'est une femme, grande et belle comme une nymphe, sérieuse et grave comme l'ange Gabriel.

— Comment l'as-tu connue? où l'as-tu rencontrée?

— Un jour je poursuivais une jeune fille au carrefour de la Gypecienne ; j'entrai dans le petit jardin qui attient à l'église, il y a là un banc sous les arbres. Êtes-vous jamais entré dans ce jardin, mon frère?

— Jamais ; n'importe, continue ; il y a là un banc sous des arbres, après?

— L'ombre commençait à s'épaissir ; je perdis de vue la jeune fille, et, en la cherchant, j'arrivai à ce banc.

— Va, va, j'écoute.

— Je venais d'entrevoir un vêtement de femme de ce côté, j'étendis les mains.

— Pardon, monsieur, me dit tout à coup la voix d'un homme que je n'avais pas aperçu, pardon.

Et la main de cet homme m'écarta doucement, mais avec fermeté.

— Il osa te toucher, Joyeuse.

— Écoute, cet homme avait le visage caché dans une sorte de froc; je le pris pour un religieux, puis il m'imposa par le ton affectueux et poli de son avertissement, car en même temps qu'il me parlait, il me désignait du doigt, à dix pas, cette femme dont le vêtement blanc m'avait attiré de ce côté, et qui venait de s'agenouiller devant ce banc de pierre, comme si c'eût été un autel.

Je m'arrêtai, mon frère. C'est vers le commencement de septembre que cette aventure m'arriva : l'air était tiède; les violettes et les roses que font pousser les fidèles sur les tombes de l'enclos m'envoyaient leurs délicats parfums; la lune déchirait un nuage blanchâtre derrière le clocheton de l'église, et les vitraux commençaient à s'argenter à leur faîte, tandis qu'ils se doraient en bas du reflet des cierges allumés. Mon ami, soit majesté du lieu, soit dignité personnelle, cette femme à genoux resplendissait pour moi dans les ténèbres comme une statue de marbre et comme si elle eût été de marbre réellement. Elle m'imprima je ne sais quel respect qui me fit froid au cœur.

Je la regardais avidement.

Elle se courba sur le banc, l'enveloppa de ses deux bras, y colla les lèvres, et aussitôt je vis ses épaules onduler sous l'effort de ses soupirs et de ses sanglots; jamais vous n'avez ouï de pareils accents, mon frère; jamais fer acéré n'a déchiré si douloureusement un cœur!

Tout en pleurant, elle baisait la pierre avec une ivresse qui m'a perdu; ses larmes m'ont attendri, ses baisers m'ont rendu fou.

— Mais c'est elle, par le pape! qui était folle, dit Joyeuse; est-ce que l'on baise une pierre ainsi, est-ce que l'on sanglote ainsi pour rien?

— Oh! c'était une grande douleur qui la faisait sangloter, c'était un profond amour qui lui faisait baiser cette pierre; seulement, qui ai-

mait-elle? qui pleurait-elle? pour qui priait-elle? je ne sais.

— Mais cet homme, tu ne l'as pas questionné?

— Si fait.

— Et que t'a-t-il répondu?

— Qu'elle avait perdu son mari.

— Est-ce qu'on pleure un mari de cette façon-là? dit Joyeuse; voilà, pardieu! une belle réponse; et tu t'en es contenté?

— Il l'a bien fallu, puisqu'il n'a pas voulu m'en faire d'autre.

— Mais cet homme lui-même, quel est-il?

— Une sorte de serviteur qui habite avec elle.

— Son nom?

— Il a refusé de me le dire.

— Jeune? vieux?

— Il peut avoir de vingt-huit à trente ans...

— Voyons, après?... Elle n'est pas restée toute la nuit à prier et à pleurer, n'est-ce pas?

— Non : quand elle eut fini de pleurer, c'est-à-dire quand elle eut épuisé ses larmes, quand elle eut usé ses lèvres sur le banc, elle se leva, mon frère; il y avait dans cette femme un tel mystère de tristesse qu'au lieu de m'avancer vers elle, comme j'eusse fait pour toute autre femme, je me reculai; ce fut elle alors qui vint à moi ou plutôt de mon côté, car, moi, elle ne me voyait même pas; alors un rayon de la lune frappa son visage, et son visage m'apparut illuminé, splendide : il avait repris sa morne sévérité; plus une contraction, plus un tressaillement, plus de pleurs, seulement, le sillon humide qu'ils avaient tracé. Ses yeux seuls brillaient encore; sa bouche s'entr'ouvrait doucement pour respirer la vie qui, un instant, avait paru prête à l'abandonner; elle fit quelques pas avec une molle langueur, et pareille à ceux qui marchent en rêve; l'homme alors courut à elle et la guida, car elle semblait avoir oublié qu'elle marchait sur la terre. Oh! mon frère, quelle effrayante beauté, quelle surhumaine puissance! je n'ai jamais rien vu qui lui ressemblât sur la terre; quelquefois seulement dans mes rêves, quand le ciel s'ouvrait, il en était descendu des visions pareilles à cette réalité.

— Après, Henri, après? demanda Anne, prenant malgré lui intérêt à ce récit dont il avait d'abord eu l'intention de rire.

— Oh! voilà qui est bientôt fini, mon frère; son serviteur lui dit quelques mots tout bas, et alors elle baissa son voile. Il lui disait que j'étais là sans doute; mais elle ne regarda même pas de mon côté, elle baissa son voile, et je ne la vis plus, mon frère; il me sembla que le ciel venait de s'obscurcir, et que ce n'était plus une créature vivante, mais une ombre échappée à ces tombeaux, qui, parmi les hautes herbes, glissait silencieusement devant moi.

Elle sortit de l'enclos; je la suivis.

De temps en temps l'homme se retournait et pouvait me voir, car je ne me cachais pas, tout étourdi que je fusse : que veux-tu? j'avais encore les anciennes habitudes vulgaires dans l'esprit, l'ancien levain grossier dans le cœur.

— Que veux-tu dire, Henri? demanda Anne; je ne comprends pas.

Le jeune homme sour ,

— Je veux dire, mon frère, reprit-il, que ma jeunesse a été bruyante, que j'ai cru aimer souvent, et que toutes les femmes, pour moi jusqu'à ce moment, ont été des femmes à qui je pouvais offrir mon amour.

— Oh! oh! qu'est donc celle-là? fit Joyeuse en essayant de reprendre sa gaîté quelque peu altérée, malgré lui, par la confidence de son frère. Prends garde, Henri, tu divagues, ce n'est donc pas une femme de chair et d'os, celle-là?

— Mon frère, dit le jeune homme en enfermant la main de Joyeuse dans une fiévreuse étreinte, mon frère, dit-il si bas que son souffle arrivait à peine à l'oreille de son aîné, aussi vrai que Dieu m'entend, je ne sais pas si c'est une créature de ce monde.

— Par le pape! dit-il, tu me ferais peur, si un Joyeuse pouvait jamais avoir peur.

Puis, essayant de reprendre sa gaîté :

— Mais enfin, dit-il, toujours est-il qu'elle marche, qu'elle pleure et qu'elle donne très bien des baisers; toi-même me l'as dit, et c'est, ce me semble, d'un assez bon augure cela, cher ami. Mais ce n'est pas tout : voyons, après, après?

— Après, il y a peu de chose. Je la suivis donc, elle n'essaya point de se dérober à moi, de changer de chemin, de faire fausse route; elle ne semblait même point songer à cela.

— Eh bien! où demeurait-elle?

— Du côté de la Bastille, dans la rue de Lesdiguières; à sa porte, son compagnon se retourna et me vit.

— Tu lui fis alors quelque signe pour lui donner à entendre que tu désirais lui parler?

— Je n'osai pas; c'est ridicule ce que je vais

te dire, mais le serviteur m'imposait presque autant que la maîtresse.

— N'importe, tu entras dans la maison?

— Non, mon frère.

— En vérité, Henri, j'ai bien envie de te renier pour un Joyeuse; mais au moins tu revins le lendemain?

— Oui, mais inutilement, inutilement à la Gypecienne, inutilement à la rue de Lesdiguières.

— Elle avait disparu?

— Comme une ombre qui se serait envolée.

— Mais enfin tu t'informas?

— La rue a peu d'habitants, nul ne put me satisfaire; je guettais l'homme pour le questionner, il ne reparut pas plus que la femme; cependant une lumière, que je voyais briller le soir à travers les jalousies, me consolait en m'indiquant qu'elle était toujours là. J'usai de cent moyens pour pénétrer dans la maison : lettres, messages, fleurs, présents, tout échoua. Un soir la lumière disparut à son tour et ne reparut plus; la dame, fatiguée de mes poursuites sans doute, avait quitté la rue de Lesdiguières; nul ne savait sa nouvelle demeure.

— Cependant tu l'as retrouvée, cette belle sauvage?

— Le hasard l'a permis; je suis injuste, mon frère, c'est la Providence qui ne veut pas que l'on traîne la vie. Écoutez : en vérité, c'est étrange. Je passais dans la rue de Bussy, il y a quinze jours, à minuit; vous savez, mon frère, que les ordonnances pour le feu sont sévèrement exécutées; eh bien! non-seulement je vis du feu aux vitres d'une maison, mais encore un incendie véritable qui éclatait au deuxième étage.

Je frappai vigoureusement à la porte, un homme parut à la fenêtre.

— Vous avez le feu chez vous! lui criai-je.

— Silence, par pitié! me dit-il, silence, je suis occupé à l'éteindre.

— Voulez-vous que j'appelle le guet?

— Non, non au nom du ciel, n'appelez personne!

— Mais cependant si l'on peut vous aider.

— Le voulez-vous? alors venez, et vous me rendrez un service dont je vous serai reconnaissant toute ma vie.

— Et comment voulez-vous que je vienne?

— Voici la clef de la porte.

Et il me jeta la clef par la fenêtre.

Je montai rapidement les escaliers et j'entrai dans la chambre théâtre de l'incendie.

C'était le plancher qui brûlait : j'étais dans le laboratoire d'un chimiste. En faisant je ne sais quelle expérience, une liqueur inflammable s'était répandue à terre : de là l'incendie.

Quand j'entrai, il était déjà maître du feu, ce qui fit que je pus le regarder.

C'était un homme de vingt-huit à trente ans; du moins il me parut avoir cet âge : une effroyable cicatrice lui labourait la moitié de la joue, une autre lui sillonnait le crâne; sa barbe touffue cachait le reste de son visage.

— Je vous remercie; mais, vous le voyez, tout est fini maintenant; si vous êtes aussi galant homme que vous en avez l'air, ayez la bonté de vous retirer, car ma maîtresse pourrait entrer d'un moment à l'autre, et elle s'irriterait en voyant à cette heure un étranger chez moi, ou plutôt chez elle.

Le son de cette voix me frappa d'inertie et presque d'épouvante. J'ouvris la bouche pour lui crier : Vous êtes l'homme de la Gypecienne, l'homme de la rue de Lesdiguières, l'homme de la dame inconnue; car vous vous rappelez, mon frère, qu'il était couvert d'un froc, que je n'avais pas vu son visage, que j'avais entendu sa voix seulement. J'allais lui dire cela, l'interroger, le supplier, quand tout à coup une porte s'ouvrit et une femme entra.

— Qu'y a-t-il donc, Rémy? demanda-t-elle en s'arrêtant majestueusement sur le seuil de la porte, et pourquoi ce bruit?

Oh! mon frère, c'était elle, plus belle encore au feu mourant de l'incendie qu'elle ne m'avait apparu aux rayons de la lune! c'était elle, c'était cette femme dont le souvenir incessant me rongeait le cœur!

Au cri que je poussai, le serviteur me regarda plus attentivement à son tour.

— Merci, monsieur, me dit-il encore une fois, merci; mais, vous le voyez, le feu est éteint. Sortez, je vous en supplie, sortez.

— Mon ami, lui dis-je, vous me congédiez bien durement.

— Madame, dit le serviteur, c'est lui.

— Qui, lui? demanda-t-elle.

— Ce jeune cavalier que nous avons rencontré dans le jardin de la Gypecienne, et qui nous a suivis rue de Lesdiguières.

Elle arrêta alors son regard sur moi, et à ce regard je compris qu'elle me voyait pour la première fois.

— Monsieur, dit-elle, par grâce, éloignez-vous!

J'hésitais, je voulais parler, prier; mais les paroles manquaient à mes lèvres; je restais immobile et muet, occupé à la regarder.

— Prenez garde, monsieur, dit le serviteur avec plus de tristesse que de sévérité, prenez garde, vous forceriez madame à fuir une seconde fois.

— Oh! qu'à Dieu ne plaise! répondis-je en m'inclinant; mais, madame, je ne vous offense point cependant.

Elle ne me répondit point. Aussi insensible, aussi muette, aussi glacée que si elle ne m'eût point entendu, elle se retourna, et je la vis disparaître graduellement dans l'ombre, descendant les marches d'un escalier sur lequel son pas ne retentissait pas plus que ne l'eût fait le pas d'un fantôme.

— Et voilà tout? demanda Joyeuse.

— Voilà tout. Alors le serviteur me conduisit jusqu'à la porte, en me disant:

— Oubliez, monsieur, au nom de Jésus et de la Vierge Marie, je vous en supplie, oubliez!

Je m'enfuis, éperdu, égaré, stupide, serrant ma tête entre mes deux mains, et me demandant si je ne devenais pas fou.

Depuis, je vais chaque soir dans cette rue, et voilà pourquoi, en sortant de l'Hôtel-de-Ville, mes pas se sont dirigés tout naturellement de ce côté; chaque soir, disais-je, je vais dans cette rue, je me cache à l'angle d'une maison qui est en face de la sienne, sous un petit balcon dont l'ombre m'enveloppe entièrement; une fois sur dix, je vois passer de la lumière dans la chambre qu'elle habite : c'est là ma vie, c'est là mon bonheur.

— Quel bonheur! s'écria Joyeuse.

— Hélas! je le perds si j'en désire un autre.

— Mais si tu te perds toi-même avec cette résignation?

— Mon frère, dit Henri avec un triste sourire, que voulez-vous, je me trouve heureux ainsi.

— C'est impossible.

— Que veux-tu, le bonheur est relatif; je sais qu'elle est là, qu'elle vit là, qu'elle respire là; je la vois à travers la muraille, ou plutôt il me semble la voir; si elle quittait cette maison, si je passais encore quinze jours comme ceux que je passai quand je l'eus perdue, mon frère, je deviendrais fou ou je me ferais moine.

— Non pas, mordieu ! il y a déjà bien assez d'un fou et d'un moine dans la famille ; restons-en là maintenant, mon cher ami.

— Pas d'observations, Anne, pas de railleries ; les observations seraient inutiles, les railleries ne feraient rien.

— Et qui te parle d'observations et de railleries ?

— A la bonne heure. Mais...

— Laisse-moi seulement te dire une chose.

— Laquelle ?

— C'est que tu t'y es pris comme un franc écolier.

— Je n'ai fait ni combinaisons ni calculs, je ne m'y suis pas pris, je me suis abandonné à quelque chose de plus fort que moi. Quand un courant vous emporte, mieux vaut suivre le courant que de lutter contre lui.

— Et s'il conduit à quelque abîme ?

— Il faut s'y engloutir, mon frère.

— C'est ton avis ?

— Oui.

— Ce n'est pas le mien, et à ta place...

— Qu'eussiez-vous fait, Anne ?

— Assez, certainement, pour savoir son nom, son âge ; à ta place...

— Anne, Anne, vous ne la connaissez pas.

— Non, mais je te connais. Comment, Henri, vous aviez cinquante mille écus que je vous ai donnés sur les cent mille dont le roi m'a fait cadeau à sa fête...

— Ils sont encore dans mon coffre, Anne : pas un ne manque.

— Mordieu ! tant pis ; s'ils n'étaient pas dans votre coffre, la femme serait dans votre alcôve.

— Oh ! mon frère.

— Il n'y a pas de : oh ! mon frère ; un serviteur ordinaire se vend pour dix écus, un bon pour cent, un excellent pour mille, un merveilleux pour trois mille. Voyons maintenant, supposons le phénix des serviteurs ; rêvons le dieu de la fidélité, et moyennant vingt mille écus, par le pape, il sera à vous ! Donc il vous restait cent trente mille livres pour payer le phénix des serviteurs. Henri, mon ami, vous êtes un niais.

— Anne, dit Henri en soupirant, il y a des gens qui ne se vendent pas ; il y a des cœurs qu'un roi même n'est pas assez riche pour acheter.

Joyeuse se calma.

— Eh bien, je l'admets, dit-il ; mais il n'en est pas qui ne se donnent.

— A la bonne heure.

— Eh bien ! qu'avez-vous fait pour que le cœur de cette belle insensible se donnât à vous ?

— J'ai la conviction, Anne, d'avoir fait tout ce que je pouvais faire.

— Allons donc, comte du Bouchage, vous voyez une femme triste, enfermée, gémissante, et vous vous faites plus triste, plus reclus, plus gémissant, c'est-à-dire plus assommant qu'elle-même ! En vérité, vous parliez des façons vulgaires de l'amour, et vous êtes banal comme un quartenier. Elle est seule, faites-lui compagnie ; elle est triste, soyez gai ; elle regrette, consolez-la, et remplacez.

— Impossible, mon frère.

— As-tu essayé ?

— Pourquoi faire ?

— Dame ! ne fût-ce que pour essayer. Tu es amoureux, dis-tu ?

— Je ne connais pas de mot pour exprimer mon amour.

— Eh bien ! dans quinze jours, tu auras ta maîtresse.

— Mon frère !

— Foi de Joyeuse. Tu n'as pas désespéré, je pense ?

— Non, car je n'ai jamais espéré.

— A quelle heure la vois-tu ?

— A quelle heure je la vois ?

— Sans doute.

— Mais je vous ai dit que je ne la voyais pas, mon frère.

— Jamais ?

— Jamais.

— Pas même à sa fenêtre ?

— Pas même son ombre, vous dis-je.

— Il faut que cela finisse. Voyons, a-t-elle un amant ?

— Je n'ai jamais vu un homme entrer dans sa maison, excepté ce Remy dont je vous ai parlé.

— Comment est la maison ?

— Deux étages, petite porte sur un degré, terrasse au-dessus de la deuxième fenêtre.

— Mais par cette terrasse, ne peut-on entrer ?

— Elle est isolée des autres maisons.

— Et en face, qu'y a-t-il ?

— Une autre maison à peu près pareille, quoique plus élevée, ce me semble.

— Par qui est habitée cette maison.?

— Par une espèce de bourgeois.

— De méchante ou de bonne humeur ?

— De bonne humeur, car parfois je l'entends rire tout seul.

— Achète-lui sa maison.

— Qui vous dit qu'elle soit à vendre ?

— Offre-lui-en le double de ce qu'elle vaut.

— Et si la dame m'y voit?

— Eh bien ?

— Elle disparaîtra encore, tandis qu'en dissimulant ma présence, j'espère qu'un jour ou l'autre je la reverrai.

— Tu la reverras ce soir.

— Moi ?

— Va te camper sous son balcon à huit heures.

— J'y serai comme j'y suis chaque jour, mais sans plus d'espoir que les autres jours.

— A propos ! l'adresse au juste ?

— Entre la porte Bussy et l'hôtel Saint-Denis, presque au coin de la rue des Augustins, à vingt pas d'une grande hôtellerie ayant enseigne : *A l'Epée du fier Chevalier.*

— Très bien, à huit heures, ce soir.

— Mais que ferez-vous ?

— Tu le verras, tu l'entendras. En attendant, retourne chez toi, endosse tes plus beaux habits, prends tes plus riches joyaux, verse sur tes cheveux tes plus fines essences ; ce soir tu entres dans la place.

— Dieu vous entende, mon frère !

— Henri, quand Dieu est sourd, le diable ne l'est pas. Je te quitte, ma maîtresse m'attend ; non, je veux dire la maîtresse de M. de Mayenne. Par le pape ! celle-là n'est point une bégueule.

— Mon frère !

— Pardon, beau servant d'amour ; je ne fais aucune comparaison entre ces deux dames, sois-en bien persuadé, quoique, d'après ce que tu me dis, j'aime mieux la mienne, ou plutôt la nôtre. Mais elle m'attend, et je ne veux pas la faire attendre. Adieu, Henri, à ce soir.

— A ce soir, Anne.

Les deux frères se serrèrent la main et se séparèrent.

L'un, au bout de deux cents pas, souleva hardiment et laissa retomber avec bruit le heurtoir d'une belle maison gothique sise au parvis Notre-Dame.

L'autre s'enfonça silencieusement dans une des rues tortueuses qui aboutissent au Palais.

VII

EN QUOI L'ÉPÉE DU FIER CHEVALIER EUT RAISON SUR LE ROSIER D'AMOUR.

Pendant la conversation que nous venons de rapporter, la nuit était venue, enveloppant de son humide manteau de brumes la ville si bruyante deux heures auparavant.

En outre, Salcède mort, les spectateurs avaient songé à regagner leurs gîtes, et l'on ne voyait plus que des pelotons éparpillés dans les rues, au lieu de cette chaîne non interrompue de curieux qui dans la journée étaient descendus ensemble vers un même point.

Jusqu'aux quartiers les plus éloignés de la Grève, il y avait des restes de tressaillements bien faciles à comprendre après la longue agitation du centre.

Ainsi du côté de la porte Bussy, par exemple, où nous devons nous transporter à cette heure pour suivre quelques-uns des personnages que nous avons mis en scène au commencement de cette histoire, et pour faire connaissance avec des personnages nouveaux ; à cette extrémité, disons-nous, on entendait bruire, comme une ruche au coucher du soleil, certaine maison teintée en rose et relevée de peintures bleues et blanches, qui s'appelait *la Maison de l'Epée du fier Chevalier*, et qui cependant n'était qu'une hôtellerie de proportions gigantesques, récemment installée dans ce quartier neuf.

En ce temps-là Paris ne comptait pas une seule bonne hôtellerie qui n'eût sa triomphante enseigne. *L'Epée du fier Chevalier* était une de ces magnifiques exhibitions destinées à rallier tous les goûts, à résumer toutes les sympathies.

On voyait peint sur l'entablement le combat d'un archange ou d'un saint contre un dragon, lançant, comme le monstre d'Hippolyte, des torrents de flamme et de fumée. Le peintre, animé d'un sentiment héroïque et pieux tout à la fois, avait mis dans les mains du fier chevalier, armé de toutes pièces, non pas une épée, mais une immense croix avec laquelle il tranchait en deux, mieux qu'avec la lame la mieux acérée, le malheureux dragon dont les morceaux saignaient sur la terre.

On voyait au fond de l'enseigne, ou plutôt du tableau, car l'enseigne méritait bien certainement ce nom, on voyait des quantités de spectateurs levant leurs bras en l'air, tandis que, dans le ciel , des anges étendaient sur le casque du fier chevalier des lauriers et des palmes.

Enfin au premier plan, l'artiste, jaloux de prouver qu'il peignait tous les genres, avait groupé des citrouilles, des raisins, des scarabées, des lézards, un escargot sur une rose ; enfin deux lapins, l'un blanc, l'autre gris, lesquels, malgré la différence des couleurs, ce qui eût pu indiquer une différence d'opinions, se grattaient tous les deux le nez, en réjouissance probablement de la mémorable victoire remportée par le fier chevalier sur le dragon parabolique qui n'était autre que Satan.

Assurément, ou le propriétaire de l'enseigne était d'un caractère bien difficile, ou il devait être satisfait de la conscience du peintre. En effet, son artiste n'avait pas perdu une ligne de l'espace, et s'il eût fallu ajouter un ciron au tableau, la place eût manqué.

Maintenant avouons une chose, et cet aveu, quoique pénible, est imposé à notre conscience d'historien : il ne résultait pas de cette belle enseigne que le cabaret s'emplît comme elle aux bons jours ; au contraire, par des raisons que nous allons expliquer tout à l'heure et que le public comprendra, nous l'espérons, il y avait, nous ne dirons pas même parfois, mais presque toujours, de grands vides à l'hôtellerie du *Fier Chevalier*.

Cependant, comme on dirait de nos jours, la maison était grande et confortable ; bâtie carrément, cramponnée au sol par de larges bases, elle étendait superbement, au-dessus de son enseigne, quatre tourelles contenant chacune sa chambre octogone ; le tout bâti, il est vrai, en pans de bois ; mais coquet et mystérieux comme doit l'être toute maison qui veut plaire aux hommes et surtout aux femmes ; mais là gisait le mal.

On ne peut pas plaire à tout le monde.

Telle n'était pas cependant la conviction de dame Fournichon, hôtesse du *Fier Chevalier*. En conséquence de cette conviction, elle avait engagé son époux à quitter une maison de bains dans laquelle ils végétaient, rue Saint-Honoré, pour faire tourner la broche et mettre le vin en perce au profit des amoureux du carrefour Bussy, et même des autres quartiers de Paris. Malheureusement pour les prétentions de dame Fournichon, son hôtellerie était située un peu bien voisinement du Pré-aux-Clercs, de sorte qu'il venait, attirés à la fois par le voisinage et l'enseigne, à l'*Epée du fier Chevalier*, tant de couples prêts à se battre, que les autres couples moins belliqueux fuyaient comme peste la pauvre hôtellerie, dans la crainte du bruit et des estocades. Ce sont gens paisibles et qui n'aiment point à être dérangés que les amoureux, de sorte que, dans ces petites tourelles si galantes, force était de ne loger que des soudards, et que tous les Cupidons, peints intérieurement sur les panneaux de bois par le peintre de l'enseigne, avaient été ornés de moustaches et d'autres appendices plus ou moins décents par le charbon des habitués.

Aussi, dame Fournichon prétendait-elle, non sans raison jusque-là, il faut bien le dire, que l'enseigne avait porté malheur à la maison, et elle affirmait que si on avait voulu s'en rapporter à son expérience, et peindre au-dessus de la porte, et au lieu de ce fier chevalier et de ce hideux dragon qui repoussaient tout le monde, quelque chose de galant, comme par exemple, le *Rosier d'Amour*, avec des cœurs enflammés au lieu de roses, toutes les âmes tendres eussent élu domicile dans son hôtellerie.

Malheureusement, maître Fournichon, incapable d'avouer qu'il se repentait de son idée et de l'influence que cette idée avait eue sur son enseigne, ne tenait aucun compte des observations de sa ménagère, et répondait en haussant les épaules que lui, ancien porte-hocqueton de M. Danville, devait naturellement rechercher la clientèle des gens de guerre; il ajoutait qu'un reître, qui n'a à penser qu'à boire, boit comme six amoureux et que ne payât-il que la moitié de l'écot, on y gagne encore, puisque les amoureux les plus prodigues ne paient jamais comme trois reîtres.

D'ailleurs, concluait-il, le vin est plus moral que l'amour.

A ces paroles, dame Fournichon haussait à son tour des épaules assez dodues pour qu'on interprétât malignement ses idées en matière de moralité.

Les choses en étaient dans le ménage Fournichon à cet état de schisme, et les deux époux végétaient au carrefour Bussy, comme ils avaient végété rue Saint-Honoré, quand une circonstance imprévue vint changer la face des choses et faire triompher les opinions de maître Fournichon, à la plus grande gloire de cette digne enseigne, où chaque règne de la nature avait son représentant.

Un mois avant le supplice de Salcède, à la suite de quelques exercices militaires qui avaient eu lieu dans le Pré-aux-Clercs, dame Fournichon et son époux étaient installés, selon leur habitude, chacun à une tourelle angulaire de leur établissement, oisifs, rêveurs et froids, parce que toutes les tables et toutes les chambres de l'hôtellerie du *Fier Chevalier* étaient complétement vides.

Ce jour-là le *Rosier d'Amour* n'avait pas donné de roses.

Ce jour-là, l'*Epée du fier Chevalier* avait frappé dans l'eau.

Les deux époux regardaient donc tristement la plaine d'où disparaissaient, s'embarquant dans le bac de la tour de Nesle pour retourner au Louvre, les soldats qu'un capitaine venait de faire manœuvrer, et tout en les regardant et en gémissant sur le despotisme militaire qui forçait de rentrer à leur corps de garde des soldats qui devaient naturellement être si altérés, ils virent ce capitaine mettre son cheval au trot et s'avancer, avec un seul homme d'ordonnance, dans la direction de la porte Bussy.

Cet officier tout emplumé, tout fier sur son cheval blanc, et dont l'épée au fourreau doré relevait un beau manteau de drap de Flandre, fut en dix minutes en face de l'hôtellerie.

Mais comme ce n'était pas à l'hôtellerie qu'il se rendait, il allait passer outre, sans avoir même admiré l'enseigne, car il paraissait soucieux et préoccupé, ce capitaine, quand maître Fournichon, dont le cœur défaillait à l'idée de ne pas étrenner ce jour-là, se pencha hors de sa tourelle en disant :

— Vois donc, femme, le beau cheval!

Ce à quoi madame Fournichon, saisissant la réplique en hôtelière accorte, ajouta :

— Et le beau cavalier donc!

Le capitaine, qui ne paraissait pas insensible aux éloges, de quelque part qu'ils lui vinssent, leva la tête comme s'il se réveillait en sursaut. Il vit l'hôte, l'hôtesse et l'hôtellerie, arrêta son cheval et appela son ordonnance.

Puis, toujours en selle, il regarda fort attentivement la maison et le quartier.

Fournichon avait dégringolé quatre à quatre les marches de son escalier et se tenait à la porte, son bonnet roulé entre ses deux mains.

Le capitaine, ayant réfléchi quelques instants, descendit de cheval.

— N'y a-t-il personne ici? demanda-t-il.

— Pour le moment, non, monsieur, répondit l'hôte humilié.

Et il s'apprêtait à ajouter :

— Ce n'est cependant pas l'habitude de la maison.

Mais dame Fournichon, comme presque toutes les femmes, était plus perspicace que son mari; elle se hâta, en conséquence, de crier du haut de sa fenêtre :

— Si monsieur cherche la solitude, il sera parfaitement chez nous.

Le cavalier leva la tête, et voyant cette bonne figure, après avoir entendu cette bonne réponse, il répliqua :

— Pour le moment, oui ; c'est justement ce que je cherche, ma bonne femme.

Dame Fournichon se précipita aussitôt à la rencontre du voyageur, en se disant :

— Pour cette fois, c'est le *Rosier d'Amour* qui étrenne, et non l'*Epée du fier Chevalier*.

Le capitaine qui, à cette heure, attirait l'attention des deux époux, et qui mérite d'attirer en même temps celle du lecteur, ce capitaine était un homme de trente à trente-cinq ans, qui paraissait en avoir vingt-huit, tant il avait soin de sa personne. Il était grand, bien fait, d'une physionomie expressive et fine ; peut-être, en l'examinant bien, eût-on trouvé quelque affectation dans son grand air ; affecté ou non, son air était grand.

Il jeta aux mains de son compagnon la bride d'un magnifique cheval qui battait d'un pied la terre, et lui dit :

— Attends-moi ici, en promenant les chevaux.

Le soldat reçut la bride et obéit.

Une fois entré dans la grande salle de l'hôtellerie, il s'arrêta, et jetant un regard de satisfaction autour de lui.

— Oh ! oh ! dit-il, une si grande salle et pas un buveur ! très bien !

Maître Fournichon le regardait avec étonnement, tandis que madame Fournichon lui souriait avec intelligence.

— Mais, continua le capitaine, il y a donc quelque chose dans votre conduite ou dans votre maison qui éloigne de chez vous les consommateurs ?

— Ni l'un ni l'autre, monsieur, Dieu merci, répliqua madame Fournichon ; seulement le quartier est neuf, et, quant aux clients, nous choisissons.

— Ah ! fort bien, dit le capitaine.

Maître Fournichon daignait pendant ce temps approuver de la tête les réponses de sa femme.

— Par exemple, ajouta-t-elle avec un certain clignement d'yeux, qui révélait l'auteur du projet du *Rosier d'Amour*, par exemple, pour un client comme Votre Seigneurie, on en laisserait volontiers aller douze.

— C'est poli, ma belle hôtesse, merci.

— Monsieur veut-il goûter le vin ? dit Fournichon de sa moins rauque voix.

— Monsieur veut-il visiter les logis ? dit madame Fournichon de sa voix la plus douce.

— L'un et l'autre, s'il vous plaît, répondit le capitaine.

Fournichon descendit au cellier, tandis que sa femme indiquait à son hôte l'escalier conduisant aux tourelles, sur lequel déjà, retroussant son jupon coquet, elle le précédait, en faisant craquer à chaque marche un vrai soulier de Parisienne.

— Combien pouvez-vous loger de personnes ici ? demanda le capitaine lorsqu'il fut arrivé au premier.

— Trente personnes, dont dix maîtres.

— Ce n'est point assez, belle hôtesse, répondit le capitaine.

— Pourquoi cela, monsieur ?

— J'avais un projet, n'en parlons plus.

— Ah ! monsieur, vous ne trouverez certainement pas mieux que l'hôtellerie du *Rosier d'Amour*.

— Comment ! du *Rosier d'Amour* ?

— Du *Fier Chevalier*, je veux dire, et à moins d'avoir le Louvre et ses dépendances...

L'étranger attacha sur elle un singulier regard.

— Vous avez raison, dit-il, et à moins d'avoir le Louvre...

Puis à part :

— Pourquoi pas, continua-t-il ; ce serait plus commode et moins cher.

Vous dites donc, ma bonne dame, reprit-il tout haut, que vous pourriez à demeure recevoir ici trente personnes ?

— Oui, sans doute.

— Mais pour un jour ?

— Oh ! pour un jour, quarante et même quarante-cinq.

— Quarante-cinq ? parfandious ! c'est juste mon compte.

— Vraiment ! voyez donc comme c'est heureux !

— Et sans que cela fasse esclandre au dehors ?

— Quelquefois, le dimanche, nous avons ici quatre-vingts soldats.

— Et pas de foule devant la maison, pas d'espion parmi les voisins ?

— Oh ! mon Dieu, non ; nous n'avons pour voisin qu'un digne bourgeois qui ne se mêle des affaires de personne, et pour voisine qu'une dame qui vit si retirée que depuis trois semaines qu'elle habite le quartier, je ne l'ai pas encore vue ; tous les autres sont de petites gens.

— Voilà qui me convient à merveille.

— Oh! tant mieux, fit madame Fournichon.

— Et d'ici en un mois, continua le capitaine, retenez bien ceci, madame, d'ici en un mois...

— Le 26 octobre alors?

— Précisément, le 26 octobre.

— Eh bien?

— Eh bien, le 26 octobre, je loue votre hôtellerie.

— Tout entière?

— Tout entière. Je veux faire une surprise à quelques compatriotes, officiers, ou tout au moins gens d'épée pour la plupart, qui viennent à Paris chercher fortune; d'ici là ils auront reçu avis de descendre chez vous.

— Et comment auront-ils reçu cet avis, si c'est une surprise que vous leur faites? demanda imprudemment madame Fournichon.

— Ah! répondit le capitaine, visiblement contrarié par la question; ah! si vous êtes curieuse ou indiscrète, parfandious!...

— Non, non, monsieur, se hâta de dire madame Fournichon effrayée.

Fournichon avait entendu; aux mots: officiers ou gens d'épée, son cœur avait battu d'aise. Il accourut.

— Monsieur, s'écria-t-il, vous serez le maître ici, le despote de la maison, et sans questions, mon Dieu! Tous vos amis seront les bien-venus.

— Je n'ai pas dit mes amis, mon brave, dit le capitaine avec hauteur; j'ai dit mes compatriotes.

— Oui, oui, les compatriotes de Sa Seigneurie; c'est moi que me trompais.

Dame Fournichon tourna le dos avec humeur: les roses d'amour venaient de se changer en buissons de hallebardes.

— Vous leur donnerez à souper, continua le capitaine.

— Très bien.

— Vous les ferez même coucher au besoin, si je n'avais pu encore préparer leurs logements.

— A merveille.

— En un mot, vous vous mettrez à leur en-

tière discrétion, sans le moindre interrogatoire.

— C'est dit.

— Voilà trente livres d'arrhes.

— C'est marché fait, monseigneur; vos compatriotes seront traités en rois, et si vous voulez vous en assurer en goûtant le vin...

— Je ne bois jamais; merci.

Le capitaine s'approcha de la fenêtre et appela le gardien des chevaux.

Maître Fournichon pendant ce temps avait fait une réflexion.

— Monseigneur, dit-il (depuis la réception des trois pistoles si généreusement payées à l'avance, maître Fournichon appelait l'étranger monseigneur), monseigneur, comment reconnaître-je ces messieurs?

— C'est vrai, parfandious! j'oubliais; donnez-moi de la cire, du papier et de la lumière.

Dame Fournichon apporta tout.

Le capitaine appuya sur la cire bouillante le chaton d'une bague qu'il portait à la main gauche.

— Tenez, dit-il, vous voyez cette figure?

— Une belle femme, ma foi.

— Oui, c'est une Cléopâtre; eh bien! chacun de mes compatriotes vous apportera une empreinte pareille; vous hébergerez donc le porteur de cette empreinte; c'est entendu, n'est-ce pas?

— Combien de temps?

— Je ne sais point encore; vous recevrez mes ordres à ce sujet.

— Nous les attendrons.

Le beau capitaine descendit l'escalier, se remit en selle et partit au trot de son cheval.

En attendant son retour, les époux Fournichon empochèrent leurs trente livres d'arrhes, à la grande joie de l'hôte qui ne cessait de répéter:

— Des gens d'épée! allons, décidément l'enseigne n'a pas tort, et c'est par l'épée que nous ferons fortune.

Et il se mit à fourbir toutes ses casseroles, en attendant le fameux 26 octobre.

VIII

SILHOUETTE DE GASCON

Dire que dame Fourni-
chon fut absolument
aussi discrète que le lui
avait recommandé l'é-
tranger, nous ne l'ose-
rions pas. D'ailleurs elle
se croyait sans doute
dégagée de toute obliga-
tion envers lui, par l'avantage qu'il avait donné
à maître Fournichon à l'endroit de l'*Epée du
fier Chevalier ;* mais comme il lui restait encore
plus à deviner qu'on ne lui en avait dit, elle
commença, pour établir ses suppositions sur
une base solide, par chercher quel était le cavalier inconnu qui payait si généreusement l'hospitalité à ses compatriotes. Aussi ne manqua-t-
elle point d'interroger le premier soldat qu'elle
vit passer sur le nom du capitaine qui avait
passé la revue.

Le soldat, qui probablement était d'un caractère plus discret que son interlocutrice, lui demanda d'abord, avant de répondre, à quel propos elle faisait cette question.

— Parce qu'il sort d'ici, répondit madame
Fournichon, qu'il a causé avec nous, et qu'on
est bien aise de savoir à qui l'on parle.

Le soldat se mit à rire.

— Le capitaine qui commandait la revue ne
serait pas entré à l'*Epée du fier Chevalier,* madame
Fournichon, dit-il.

— Et pourquoi cela? demanda l'hôtesse; il
est donc trop grand seigneur pour cela?

— Peut-être.

— Eh bien, si je vous disais que ce n'est pas
pour lui qu'il est entré à l'hôtellerie du *Fier
Chevalier ?*

— Et pour qui donc?

— Pour ses amis.

— Le capitaine qui commandait la revue ne
logerait pas ses amis à l'*Epée du fier Chevalier,*
j'en réponds.

— Peste! comme vous y allez, mon brave
homme! Et quel est donc ce monsieur qui est
trop grand seigneur pour loger ses amis au
meilleur hôtel de Paris?

— Vous voulez parler de celui qui commandait la revue, n'est-ce pas?

— Sans doute.

— Eh bien! ma bonne femme, celui qui commandait la revue est purement et simplement
M. le duc Nogaret de Lavalette d'Epernon,
pair de France, colonel général de l'infanterie du roi, et un peu plus roi que Sa Majesté
elle-même. Eh bien! qu'en dites-vous, de celui-
là?

— Que si c'est lui qui est venu, il m'a fait
honneur.

— L'avez-vous entendu dire parfandious?

— Eh! eh! fit la dame Fournichon, qui avait
vu bien des choses extraordinaires dans sa vie,
et à qui le mot parfandious n'était pas tout à fait
inconnu.

Maintenant on peut juger si le 26 octobre
était attendu avec impatience.

Le 25 au soir, un homme entra, portant un
sac assez lourd, qu'il déposa sur le buffet de
Fournichon.

— C'est le prix du repas commandé pour
demain, dit-il.

— A combien par tête? demandèrent ensemble les deux époux.

— A six livres.

— Les compatriotes du capitaine ne feront-ils
donc ici qu'un seul repas?

— Un seul.

— Le capitaine leur a donc trouvé un logement?

— Il paraît.

Un homme entra portant un sac assez lourd. — l'âge 40.

Et le messager sortit malgré les questions du *Rosier* et de l'*Epée*, et sans vouloir davantage répondre à aucune d'elles.

Enfin le jour tant désiré se leva sur les cuisines du *Fier Chevalier*.

Midi et demi venait de sonner aux Augustins, quand des cavaliers s'arrêtèrent à la porte de l'hôtellerie, descendirent de cheval et entrèrent.

Ceux-là étaient venus par la porte Bussy et se trouvaient naturellement les premiers arrivés, d'abord parce qu'ils avaient des chevaux, en-

suite parce que l'hôtellerie de l'*Epée* était à cent pas à peine de la porte Bussy.

Un d'eux même, qui paraissait leur chef, tant par sa bonne mine que par son luxe, était venu avec deux laquais bien montés.

Chacun d'eux exhiba son cachet à l'image de Cléopâtre et fut reçu par les deux époux avec toutes sortes de prévenances, surtout le jeune homme aux deux laquais.

Cependant, à l'exception de ce dernier, les nouveaux arrivants ne s'installèrent que timidement et avec une certaine inquiétude; on voyait que quelque chose de grave les préoccupait, surtout lorsque machinalement ils portaient leur main à leur poche.

Les uns demandèrent à se reposer, les autres à parcourir la ville avant le souper; le jeune homme aux deux laquais s'informa s'il n'y avait rien de nouveau à voir dans Paris.

— Ma foi, dit dame Fournichon, sensible à la bonne mine du cavalier, si vous ne craignez pas la foule et si vous ne vous effrayez pas de demeurer sur vos jambes quatre heures de suite, vous pouvez vous distraire en allant voir M. de Salcède, un Espagnol, qui a conspiré.

— Tiens, dit le jeune homme, c'est vrai; j'ai entendu parler de cette affaire; j'y vais, pardioux!

Et il sortit avec ses deux laquais.

Vers deux heures arrivèrent par groupes de quatre et cinq une douzaine de voyageurs nouveaux.

Quelques-uns d'entre eux arrivèrent isolés.

Il y en eut même un qui entra en voisin, sans chapeau, une badine à la main; il jurait contre Paris, où les voleurs sont si audacieux que son chapeau lui avait été pris du côté de la Grève, en traversant un groupe, et si adroits qu'il n'avait jamais pu voir qui le lui avait pris.

Au reste, c'était sa faute; il n'aurait pas dû entrer dans Paris avec un chapeau orné d'une si magnifique agrafe.

Vers quatre heures il y avait déjà quarante compatriotes du capitaine installés dans l'hôtellerie des Fournichon.

— Est-ce étrange? dit l'hôte à sa femme, ils sont tous Gascons.

— Que trouves-tu d'étrange à cela? répondit la dame; le capitaine n'a-t-il pas dit que c'étaient des compatriotes qu'il recevait?

— Eh bien?

— Puisqu'il est Gascon lui-même, ses compatriotes doivent être Gascons.

— Tiens, c'est vrai, dit l'hôte.

— Est-ce que M. d'Epernon n'est pas de Toulouse?

— C'est vrai, c'est vrai; tu tiens donc toujours pour M. d'Epernon?

— Est-ce qu'il n'a pas lâché trois fois le fameux parfandious?

— Il a lâché le fameux parfandious? demanda Fournichon inquiet; qu'est-ce que cet animal-là?

— Imbécile! c'est son juron favori.

— Ah! c'est juste.

— Ne vous étonnez donc que d'une chose, c'est de n'avoir que quarante Gascons, quand vous devriez en avoir quarante-cinq.

Mais, vers cinq heures, les cinq autres Gascons arrivèrent, et les convives de l'Epée se trouvèrent au grand complet.

Jamais surprise pareille n'avait épanoui des visages de Gascons: ce furent pendant une heure des sandioux, des mordioux, des cap de Bious, des élans enfin de joie si bruyante, qu'il sembla aux époux Fournichon que toute la Saintonge, que tout le Poitou, tout l'Aunis et tout le Languedoc avaient fait irruption dans leur grande salle.

Quelques-uns se connaissaient: ainsi Eustache de Miradoux vint embrasser le cavalier aux deux laquais, et lui présenta Lardille, Militor et Scipion.

— Et par quel hasard es-tu à Paris? demanda celui-ci.

— Mais toi-même, mon cher Sainte-Maline?

— J'ai une charge dans l'armée, et toi?

— Moi, je viens pour affaire de succession.

— Ah! ah! tu traînes donc toujours après toi la vieille Lardille?

— Elle a voulu me suivre.

— Ne pouvais-tu partir secrètement, au lieu de t'embarrasser de tout ce monde qu'elle traîne après ses jupes?

— Impossible, c'est elle qui a ouvert la lettre du procureur.

— Ah! tu as reçu la nouvelle de cette succession par une lettre? demanda Sainte-Maline.

— Oui, répondit Miradoux.

Puis se hâtant de changer la conversation:

— N'est-ce pas singulier, dit-il, que cette hôtellerie soit pleine, et ne soit pleine que de compatriotes?

— Non, ce n'est point singulier; l'enseigne est appétissante pour des gens d'honneur, interrompit notre ancienne connaissance Perducas de Pincorney, en se mêlant à la conversation.

— Ah! ah! c'est vous, compagnon, dit Sainte-Maline, vous ne m'avez toujours pas expliqué ce que vous alliez me raconter vers la place de Grève, lorsque cette grande foule nous a séparés?

— Et qu'allais-je vous expliquer? demanda Pincorney en rougissant quelque peu.

— Comment, entre Angoulême et Angers, je vous ai rencontré sur la route, comme je vous vois aujourd'hui, à pied, une badine à la main et sans chapeau.

— Cela vous préoccupe, monsieur?

— Ma foi, oui, dit Sainte-Maline; il y a loin de Poitiers ici, et vous venez de plus loin que de Poitiers.

— Je venais de Saint-André de Cubsac.

— Voyez-vous; et comme cela, sans chapeau?

— C'est bien simple.

— Je ne trouve pas.

— Si fait, et vous allez comprendre. Mon père a deux chevaux magnifiques, auxquels il tient de telle façon qu'il est capable de me déshériter après le malheur qui m'est arrivé.

— Et quel malheur vous est-il arrivé?

— Je promenais l'un des deux, le plus beau, quand tout à coup un coup d'arquebuse part à dix pas de moi, mon cheval s'effarouche, s'emporte et prend la route de la Dordogne.

— Où il s'élance?

— Parfaitement.

— Avec vous?

— Non; par bonheur j'avais eu le temps de me glisser à terre; sans cela je me noyais avec lui.

— Ah! ah! la pauvre bête s'est donc noyée?

— Pardioux! vous connaissez la Dordogne, une demi-lieue de large.

— Et alors?

— Alors, je résolus de ne pas rentrer à la maison, et de me soustraire le plus loin possible à la colère paternelle.

— Mais votre chapeau?

— Attendez donc, que diable! mon chapeau, il était tombé.

— Comme vous?

— Moi, je n'étais pas tombé; je m'étais laissé glisser à terre; un Pincorney ne tombe pas de cheval : les Pincorney sont écuyers au maillot.

— C'est connu, dit Sainte-Maline; mais votre chapeau?

— Ah! voilà, mon chapeau?

— Oui.

— Mon chapeau était donc tombé; je me mis à sa recherche, car c'était ma seule ressource, étant sorti sans argent.

— Et comment votre chapeau pouvait-il vous être une ressource? insista Sainte-Maline, décidé à pousser Pincorney à bout.

— Sandioux! et une grande! Il faut vous dire que la plume de ce chapeau était retenue par une agrafe en diamant que S. M. l'empereur Charles V donna à mon grand-père, lorsqu'en se rendant d'Espagne en Flandre il s'arrêta dans notre château.

— Ah! ah! et vous avez vendu l'agrafe et le chapeau avec. Alors, mon cher ami, vous devez être le plus riche de nous tous, et vous auriez bien dû, avec l'argent de votre agrafe, acheter un second gant; vous avez des mains dépareillées : l'une est blanche comme une main de femme, l'autre est noire comme une main de nègre.

— Attendez donc : au moment où je me retournais pour chercher mon chapeau, je vois un corbeau énorme qui fond dessus.

— Sur votre chapeau?

— Ou plutôt sur mon diamant; vous savez que cet animal dérobe tout ce qui brille : il fond donc sur mon diamant et me le dérobe.

— Votre diamant?

— Oui, monsieur. Je le suis des yeux d'abord; puis ensuite, en courant, je crie : Arrêtez! arrêtez! au voleur! La peste! au bout de cinq minutes il était disparu, et jamais plus je n'en ai entendu parler.

— De sorte qu'accablé par cette double perte...

— Je n'ai plus osé rentrer dans la maison paternelle, et je me suis décidé à venir chercher fortune à Paris.

— Bon! dit un troisième, le vent s'est donc changé en corbeau? Je vous ai entendu, ce me semble, raconter à M. de Loignac qu'occupé à lire une lettre de votre maîtresse, le vent vous avait emporté lettre et chapeau, et qu'en véritable Amadis, vous aviez couru après la lettre, laissant aller le chapeau où bon lui semblait?

— Monsieur, dit Sainte-Maline, j'ai l'honneur de connaître M. d'Aubigné, qui, quoique fort brave soldat, manie assez bien la plume; narrez-lui, quand vous le rencontrerez, l'histoire de votre chapeau, et il fera un charmant conte là-dessus.

Quelques rires à demi étouffés se firent entendre.

— Eh! eh! messieurs, dit le Gascon irritable, rirait-on de moi par hasard?

Chacun se retourna pour rire plus à l'aise.

Perducas jeta un regard inquisiteur autour de lui et vit près de la cheminée un jeune homme qui cachait sa tête dans ses mains; il crut que celui-là n'en agissait ainsi que pour se mieux cacher.

Il alla à lui.

— Eh! monsieur, dit-il, si vous riez, riez au moins en face, que l'on voie votre visage.

Et il frappa sur l'épaule du jeune homme, qui releva un front grave et sévère.

Le jeune homme n'était autre que notre ami Ernauton de Carmainges, encore tout étourdi de son aventure de la Grève.

— Je vous prie de me laisser tranquille, monsieur, lui dit-il, et surtout, si vous me touchez encore, de ne me toucher que de la main où vous avez un gant; vous voyez bien que je ne m'occupe pas de vous.

— A la bonne heure, grommela Pincorney, si vous ne vous occupez pas de moi, je n'ai rien à dire.

— Ah! monsieur, fit Eustache de Miradoux à Carmainges, avec les plus conciliantes intentions, vous n'êtes pas gracieux pour notre compatriote.

— Et de quoi diable vous mêlez-vous, monsieur? reprit Ernauton de plus en plus contrarié.

— Vous avez raison, monsieur, dit Miradoux en saluant, cela ne me regarde point.

Et il tourna les talons pour aller rejoindre Lardille, assise dans un coin de la grande cheminée; mais quelqu'un lui barra le passage.

C'était Militor, avec ses deux mains dans sa ceinture et son rire narquois sur les lèvres.

— Dites donc, beau-papa? fit le vaurien.

— Après?

— Qu'en dites-vous?

— De quoi?

— De la façon dont ce gentilhomme vous a rivé votre clou?

— Heim!

— Il vous a secoué de la belle façon.

— Ah! tu as remarqué cela, toi? dit Eustache essayant de tourner Militor.

Mais celui-ci fit échouer la manœuvre en se portant à gauche et en se retrouvant de nouveau devant lui.

— Non-seulement moi, continua Militor, mais encore tout le monde; voyez comme chacun rit autour de nous.

Le fait est qu'on riait, mais pas plus de cela que d'autre chose.

Eustache devint rouge comme un charbon.

— Allons, allons, beau papa, ne laissez pas refroidir l'affaire, dit Militor.

Eustache se dressa sur ses ergots et s'approcha de Carmainges.

— On prétend, monsieur, lui dit-il, que vous avez voulu m'être particulièrement désagréable?

— Quand cela?

— Tout à l'heure.

— A vous?

— A moi.

— Et qui prétend cela?

— Monsieur, dit Eustache en montrant Militor.

— Alors, monsieur, répondit Carmainges en appuyant ironiquement sur la qualification, alors *monsieur* est un étourneau.

— Oh! oh! fit Militor furieux.

— Et je l'engage, continua Carmainges, à ne point venir donner du bec sur moi, ou sinon je me rappellerai les conseils de M. de Loignac.

— M. de Loignac n'a point dit que je fusse un étourneau, monsieur.

— Non, il a dit que vous étiez un âne : préférez-vous cela? Bien peu m'importe à moi; si vous êtes un âne, je vous sanglerai; si vous êtes un étourneau, je vous plumerai.

— Monsieur, dit Eustache, c'est mon beaufils; traitez-le mieux, je vous prie, par égard pour moi.

— Ah! voilà comme vous me défendez, beaupapa! s'écria Militor exaspéré; s'il en est ainsi, je me défendrai mieux tout seul.

— A l'école, les enfants! dit Ernauton, à l'école!

— A l'école! s'écria Militor en s'avançant, le poing levé, sur M. de Carmainges; j'ai dix-sept ans, entendez-vous, monsieur?

— Et moi, j'en ai vingt-cinq, dit Ernauton; voilà pourquoi je vais vous corriger selon vos mérites.

Et le saisissant par le collet et par la ceinture, il le souleva de terre et le jeta, comme il eût fait d'un paquet, par la fenêtre du rez-de-chaussée, dans la rue, et cela tandis que Lardille poussait des cris à faire crouler les murs.

— Maintenant, ajouta tranquillement Ernau-

Il le souleva de terre et le jeta. — PAGE 44.

ton, beau-père belle-mère, beau-fils et toutes les familles du monde, j'en fais de la chair à pâté, si l'on veut me déranger encore.

— Ma foi, dit Miradoux, je trouve qu'il a raison, moi : pourquoi l'agacer, ce gentilhomme ?

— Ah ! lâche ! lâche ! qui laisse battre son fils ! s'écria Lardille en s'avançant vers Eustache et en secouant ses cheveux épars.

— Là, là, là, fit Eustache, du calme, cela lui fera le caractère.

— Ah çà ! dites donc, on jette donc des hommes par la fenêtre ici ? dit un officier en entrant: que diable ! quand on se livre à ces sortes de plaisanteries, on devrait crier au moins : Gare là-dessous !

— Monsieur de Loignac ! s'écrièrent une vingtaine de voix.

— Monsieur de Loignac ! répétèrent les quarante-cinq.

Et à ce nom, connu par toute la Gascogne, chacun se leva et se tut.

IX

M. DE LOIGNAC

Derrière M. de Loignac entra à son tour Militor, moulu de sa chute et cramoisi de colère.

— Serviteur, messieurs, dit Loignac; nous menons grand bruit, ce me semble. — Ah! ah! maître Militor a encore fait le hargneux, à ce qu'il paraît, et son nez en souffre.

— On me paiera mes coups, grommela Militor en montrant le poing à Carmainges.

— Servez, maître Fournichon, cria Loignac, et que chacun soit doux avec son voisin, si c'est possible. Il s'agit, à partir de ce moment, de s'aimer comme des frères.

— Hum! fit Sainte-Maline.

— La charité est rare, dit Chalabre en étendant sa serviette sur son pourpoint gris de fer, de manière à ce que, quelle que fût l'abondance des sauces, il ne lui arrivât aucun accident.

— Et s'aimer de si près, c'est difficile, ajouta Ernauton : il est vrai que nous ne sommes pas ensemble pour longtemps.

— Voyez, s'écria Pincorney qui avait encore les railleries de Sainte-Maline sur le cœur, on se moque de moi parce que je n'ai point de chapeau, et l'on ne dit rien à M. de Montcrabeau, qui va dîner avec une cuirasse du temps de l'empereur Pertinax dont il descend selon toute probabilité... Ce que c'est que la défensive !

Montcrabeau, piqué au jeu, se redressa, et avec une voix de fausset :

— Messieurs, dit-il, je l'ôte : avis à ceux qui aiment mieux me voir avec des armes offensives qu'avec des armes défensives.

Et il délaça majestueusement sa cuirasse en faisant signe à son laquais, gros grison d'une cinquantaine d'années, de s'approcher de lui.

— Allons, la paix! la paix! fit M. de Loignac, et mettons-nous à table.

— Débarrassez-moi de cette cuirasse, je vous prie, dit Pertinax à son laquais.

Le gros homme la lui prit des mains.

— Et moi, lui dit-il tout bas, ne vais-je point dîner aussi? Fais-moi donc servir quelque chose, Pertinax, je meurs de faim.

Cette interpellation, si étrangement familière qu'elle fût, n'excita aucun étonnement chez celui auquel elle était adressée.

— J'y ferai mon possible, dit-il; mais, pour plus grande certitude, enquérez-vous de votre côté.

— Hum! fit le laquais d'un ton maussade, voilà qui n'est point rassurant.

— Ne vous reste-t-il absolument rien? demanda Pertinax.

— Nous avons mangé notre dernier écu à Sens.

— Dame! voyez à faire argent de quelque chose.

Il achevait à peine, quand on entendit crier dans la rue, puis sur le seuil de l'hôtellerie :

— Marchand de vieux fer! qui vend son fer et sa ferraille?

A ce cri, madame Fournichon courut vers la porte, tandis que Fournichon transportait majestueusement les premiers plats sur la table.

Si l'on en juge d'après l'accueil qui lui fut fait, la cuisine de Fournichon était exquise.

Fournichon, ne pouvant faire face à tous les compliments qui lui étaient adressés, voulut admettre sa femme à leur partage.

Il la chercha des yeux, mais inutilement : elle avait disparu.

Il l'appela.

— Que fait-elle donc? demanda-t-il à un marmiton en voyant qu'elle ne venait pas.

— Ah! maître, un marché d'or, répondit celui-ci. Elle vend toute votre vieille ferraille pour de l'argent neuf.

— J'espère qu'il n'est pas question de ma cuirasse de guerre ni de mon armet de bataille! s'écria Fournichon en s'élançant vers la porte.

— Et non, et non, dit Loignac, puisque l'achat des armes est défendu par ordonnance du roi.

— N'importe, dit Fournichon. Et il courut vers la porte.

Madame Fournichon rentrait triomphante.

— Eh bien, qu'avez-vous? dit-elle en regardant son mari tout effaré.

— J'ai qu'on me prévient que vous vendez mes armes.

— Après?

— C'est que je ne veux pas qu'on les vende, moi!

— Bah! puisque nous sommes en paix, mieux valent deux casseroles neuves qu'une vieille cuirasse.

— Ce doit cependant être un assez pauvre commerce que celui du vieux fer, depuis cet édit du roi dont parlait tout à l'heure M. de Loignac! dit Chalabre.

— Au contraire, monsieur, dit dame Fournichon, et depuis longtemps ce même marchand-là me tentait avec ses offres. Ma foi, aujourd'hui je n'ai pu y résister, et retrouvant l'occasion, je l'ai saisie. Dix écus, monsieur, sont dix écus, et une vieille cuirasse n'est jamais qu'une vieille cuirasse.

— Comment! dix écus! fit Chalabre; si cher que cela? diable!

Et il devint pensif.

— Dix écus! répéta Pertinax en jetant un coup d'œil éloquent sur son laquais; entendez-vous, monsieur Samuel?

Mais M. Samuel n'était déjà plus là.

— Ah çà! mais, dit M. de Loignac, ce marchand-là risque la corde, ce me semble?

— Oh! c'est un brave homme, bien doux et bien arrangeant, reprit madame Fournichon.

— Mais que fait-il de toute cette ferraille?

— Il la revend au poids.

— Au poids! fit Loignac, et vous dites qu'il vous a donné dix écus? de quoi?

— D'une vieille cuirasse et d'une vieille salade.

— En supposant qu'elles pesassent vingt livres

à elle deux, c'est un demi-écu la livre. Parfandious! comme dit quelqu'un de ma connaissance, ceci cache un mystère!

— Que ne puis-je tenir ce brave homme de marchand en mon château! dit Chalabre dont les yeux s'allumèrent, je lui en vendrais trois milliers pesant, de heaumes, de brassards et de cuirasses.

— Comment! vous vendriez les armures de vos ancêtres? dit Sainte-Maline d'un ton railleur.

— Ah! monsieur, dit Eustache de Miradoux, vous auriez tort; ce sont des reliques sacrées.

— Bah! dit Chalabre; à l'heure qu'il est, mes ancêtres sont des reliques eux-mêmes, et n'ont plus besoin que de messes.

Le repas allait s'échauffant, grâce au vin de Bourgogne dont les épices de Fournichon accéléraient la consommation.

Les voix montaient à un diapason supérieur, les assiettes sonnaient, les cerveaux s'emplissaient de vapeurs au travers desquelles chaque Gascon voyait tout en rose, excepté Militor qui songeait à sa chute, et Carmainges qui songeait à son page.

— Voilà beaucoup de gens joyeux, dit Loignac à son voisin, qui justement était Ernauton, et ils ne savent pas pourquoi.

— Ni moi non plus, répondit Carmainges. Il est vrai que, pour mon compte, je fais exception, et ne me suis pas le moins du monde en joie.

— Vous avez tort, quant à vous, monsieur, reprit Loignac; car vous êtes de ceux pour qui Paris est une mine d'or, un paradis d'honneurs, un monde de félicités.

Ernauton secoua la tête.

— Eh bien, voyons!

— Ne me raillez pas, monsieur de Loignac, dit Ernauton; et vous qui paraissez tenir tous les fils qui font mouvoir la plupart de nous, faites-moi du moins cette grâce de ne point traiter le vicomte Ernauton de Carmainges en comédien de bois.

— Je vous ferai encore d'autres grâces que celle-là, monsieur le vicomte, dit Loignac en s'inclinant avec politesse; je vous ai distingué au premier coup d'œil entre tous, vous dont l'œil est fier et doux, et cet autre jeune homme là-bas dont l'œil est sournois et sombre.

— Vous l'appelez?

— M. de Sainte-Maline.

— Et la cause de cette distinction, monsieur,

Ernauton de Carmainges. — PAGE 48.

si cette demande n'est pas toutefois une trop grande curiosité de ma part?

— C'est que je vous connais, voilà tout.

— Moi, fit Ernauton surpris; moi, vous me connaissez?

— Vous et lui, lui et tous ceux qui sont ici.

— C'est étrange.

— Oui, mais c'est nécessaire.

— Pourquoi est-ce nécessaire?

— Parce qu'un chef doit connaître ses soldats.

— Et que tous ces hommes...

— Seront mes soldats demain.

— Mais je croyais que M. d'Epernon...

— Chut! Ne prononcez pas ce nom-là ici, ou plutôt ici ne prononcez aucun nom; ouvrez les oreilles et fermez la bouche, et puisque j'ai promis de vous faire toutes grâces, prenez d'abord ce conseil comme un acompte.

— Merci, monsieur, dit Ernauton.

Loignac essuya sa moustache, et se levant:

— Messieurs, dit-il, puisque le hasard réunit ici quarante-cinq compatriotes, vidons un verre de ce vin d'Espagne à la prospérité de tous les assistants.

Cette proposition souleva des applaudissements frénétiques.

— Ils sont ivres pour la plupart, dit Loignac à Ernauton : ce serait un bon moment pour faire raconter à chacun son histoire, mais le temps nous manque.

Puis haussant la voix :

— Holà ! maître Fournichon, dit-il, faites sortir d'ici tout ce qui est femmes, enfants et laquais.

Lardille se leva en maugréant; elle n'avait point achevé son dessert.

Militor ne bougea point.

— M'a-t-on entendu là-bas ? dit Loignac avec un coup d'œil qui ne souffrait pas de réplique... Allons, allons, à la cuisine, monsieur Militor !

Au bout de quelques instants, il ne restait plus dans la salle que les quarante-cinq convives et M. de Loignac.

— Messieurs, dit ce dernier, chacun de vous sait qui l'a fait venir à Paris, ou du moins s'en doute. Bon, bon, ne criez pas son nom; vous le savez, cela suffit. Vous savez aussi que vous êtes venus pour lui obéir.

Un murmure d'assentiment s'éleva de toutes les parties de la salle; seulement, comme chacun savait uniquement la chose qui le concernait et ignorait que son voisin fût venu, mu par la même puissance que lui, tous se regardèrent avec étonnement.

— C'est bien, dit Loignac; vous vous regarderez plus tard, messieurs. Soyez tranquilles, vous avez le temps de faire connaissance. Vous êtes donc venus pour obéir à cet homme, reconnaissez-vous cela ?

— Oui ! oui ! crièrent les quarante-cinq, nous le reconnaissons.

— Eh bien, pour commencer, continua Loignac, vous allez partir sans bruit de cette hôtellerie pour venir habiter le logement qu'on vous a désigné.

— A tous ? demanda Sainte-Maline.

— A tous.

— Nous sommes tous mandés, nous sommes tous égaux ici, continua Perducas dont les jambes étaient si incertaines qu'il lui fallut, pour maintenir son centre de gravité, passer un bras autour du cou de Chalabre.

— Prenez donc garde, dit celui-ci, vous froissez mon pourpoint.

— Oui, tous égaux, reprit Loignac, devant la volonté du maître.

— Oh ! oh ! monsieur, dit en rougissant Carmainges, pardon, mais on ne m'avait pas dit que M. d'Épernon s'appellerait mon maître.

— Attendez.

— Ce n'est point cela que j'avais compris.

— Mais attendez donc, maudite tête !

Il se fit de la part du plus grand nombre un silence curieux, et de la part de quelques autres un silence impatient.

— Je ne vous ai pas dit encore qui serait votre maître, messieurs...

— Oui, dit Sainte-Maline; mais vous avez dit que nous en aurions un.

— Tout le monde a un maître ! s'écria Loignac; mais si votre air est trop fier pour s'arrêter où vous venez de dire, cherchez plus haut; non-seulement je ne vous le défends pas, mais je vous y autorise.

— Le roi, murmura Carmainges.

— Silence, dit Loignac, vous êtes venus ici pour obéir, obéissez donc; en attendant voici un ordre que vous allez me faire le plaisir de lire à haute voix, monsieur Ernauton.

Ernauton déplia lentement le parchemin que lui tendait M. de Loignac, et lut à haute voix :

« Ordre à M. de Loignac d'aller prendre, pour
« les commander, les quarante-cinq gentils-
« hommes que j'ai mandés à Paris, avec l'assen-
« timent de Sa Majesté.

« Nogaret de la Valette,
« Duc d'Épernon. »

Ivres ou rassis, tous s'inclinèrent : il n'y eut d'inégalités que dans l'équilibre, lorsqu'il fallut se relever.

— Ainsi, vous m'avez entendu, dit M. de Loignac : il s'agit de me suivre à l'instant même. Vos équipages et vos gens demeureront ici, chez maître Fournichon qui en aura soin, et où je les ferai reprendre plus tard; mais, pour le présent, hâtez-vous, les bateaux attendent.

— Les bateaux ? répétèrent tous les Gascons; nous allons donc nous embarquer ?

Et ils échangèrent entre eux des regards affamés de curiosité.

Sans doute, dit Loignac, que vous allez vous

embarquer. Pour aller au Louvre, ne faut-il point passer l'eau ?

— Au Louvre, au Louvre ! murmurèrent les Gascons joyeux ; cap de Bious ! nous allons au Louvre !

Loignac quitta la table, fit passer devant lui les quarante-cinq, en les comptant comme des moutons, et les conduisit par les rues jusqu'à la tour de Nesle.

Là se trouvaient trois grandes barques qui prirent chacune quinze passagers à bord et s'éloignèrent du rivage.

— Que diable allons-nous faire au Louvre ? se demandèrent les plus intrépides, dégrisés par l'air froid de la rivière, et fort mesquinement couverts pour la plupart.

— Si j'avais ma cuirasse au moins ! murmura Pertinax de Moncrabeau.

X

L'HOMME AUX CUIRASSES

Pertinax avait bien raison de regretter sa cuirasse absente, car à cette heure justement, par l'intermédiaire de ce singulier laquais que nous avons vu parler si familièrement à son maître, il venait de s'en défaire à tout jamais.

En effet, sur ces mots magiques prononcés par madame Fournichon : dix écus, le valet de Pertinax avait couru après le marchand.

Comme il faisait déjà nuit et que sans doute le marchand de ferraille était pressé, ce dernier avait déjà fait une trentaine de pas lorsque Samuel sortit de l'hôtel.

Celui-ci fut donc obligé d'appeler le marchand de ferraille.

Celui-ci s'arrêta avec crainte et jeta un coup d'œil perçant sur l'homme qui venait à lui ; mais le voyant chargé de marchandises, il s'arrêta.

—Que voulez-vous, mon ami? lui dit-il.

— Eh ! pardieu ! dit le laquais d'un air fin, ce que je veux, c'est faire affaire avec vous.

— Eh bien, alors faisons vite.

— Vous êtes pressé?

— Oui.

— Oh! vous me donnerez bien le temps de souffler, que diable !

— Sans doute, mais soufflez vite, on m'attend.

Il était évident que le marchand conservait une certaine défiance à l'endroit du laquais.

—Quand vous aurez vu ce que je vous apporte, dit ce dernier, comme vous me paraissez amateur, vous prendrez votre temps.

— Et que m'apportez-vous?

— Une magnifique pièce, un ouvrage dont... Mais vous ne m'écoutez pas.

— Non, je regarde.

— Quoi?

— Vous ne savez donc pas, mon ami, dit l'homme aux cuirasses, que le commerce des armes est défendu par un édit du roi?

Et il jetait autour de lui des regards inquiets.

Le laquais jugea qu'il était bon de paraître ignorer.

—Je ne sais rien, moi, dit-il ; j'arrive de Mont-de-Marsan.

— Ah! c'est différent alors, dit l'homme aux cuirasses, que cette réponse parut rassurer un peu; mais quoique vous·arriviez de Mont-de-Marsan, continua-t-il, vous savez cependant déjà que j'achète des armes?

— Oui, je le sais.

— Et qui vous a dit cela?

— Sangdioux! nul n'a eu besoin de me le dire, et vous l'avez crié assez fort tout à l'heure.

— Où cela?

— A la porte de l'hôtellerie de l'*Épée du fier Chevalier.*

— Vous y étiez donc?

— Oui.

— Avec qui?

— Avec une foule d'amis.

— Avec une foule d'amis? Il n'y a jamais personne d'ordinaire à cette hôtellerie.

— Alors, vous avez dû la trouver bien changée?

— En effet. Mais d'où venaient tous ces amis?

— De Gascogne, comme moi.

— Etes-vous au roi de Navarre?

— Allons donc! nous sommes Français de cœur et de sang.

— Oui, mais huguenots?

— Catholiques comme notre saint père le pape, Dieu merci, dit Samuel en ôtant son bonnet; mais ce n'est point de cela qu'il s'agit, il s'agit de cette cuirasse.

— Rapprochons-nous un peu des murs, s'il vous plaît; nous sommes par trop à découvert en pleine rue.

Et ils remontèrent de quelques pas jusqu'à une maison de bourgeoise apparence, aux vitraux de laquelle on n'apercevait aucune lumière.

Cette maison avait sa porte sous une sorte d'auvent formant balcon. Un banc de pierre accompagnait sa façade, dont il faisait le seul ornement.

C'était en même temps l'utile et l'agréable, car il servait d'étriers aux passants pour monter sur leurs mules ou sur leurs chevaux.

— Voyons cette cuirasse, dit le marchand, quand ils furent arrivés sous l'auvent.

— Tenez.

— Attendez; on remue, je crois, dans la maison.

— Non, c'est en face.

Le marchand se retourna.

En effet, en face il y avait une maison à deux étages, dont le second s'éclairait parfois fugitivement.

— Faisons vite, dit le marchand en palpant la cuirasse.

— Hein! comme elle est lourde! dit Samuel.

— Vieille, massive, hors de mode.

— Objet d'art.

— Six écus, voulez-vous?

— Comment! six écus! et vous en avez donné dix là-bas pour un vieux débris de corselet!

— Six écus, oui ou non, répéta le marchand.

— Mais considérez donc les ciselures?

— Pour revendre au poids, qu'importent les ciselures?

— Oh! oh! vous marchandez ici, dit Samuel, et là-bas vous avez donné tout ce qu'on a voulu.

— Je mettrai un écu de plus, dit le marchand avec impatience.

— Il y a pour quatorze écus, rien que de dorures.

— Allons, faisons vite, dit le marchand, ou ne faisons pas.

— Bon, dit Samuel, vous êtes un drôle de marchand : vous vous cachez pour faire votre commerce; vous êtes en contravention avec les édits du roi, et vous marchandez les honnêtes gens.

— Voyons, voyons, ne criez pas comme cela.

— Oh! je n'ai pas peur, dit Samuel en haussant la voix; je ne fais pas un commerce illicite, et rien ne m'oblige à me cacher.

— Voyons, voyons, prenez dix écus et taisez-vous.

— Dix écus? Je vous dis que l'or seul le vaut; ah! vous voulez vous sauver?

— Mais non; quel enragé!

— Ah! c'est que si vous vous sauvez, voyez-vous, je crie à la garde, moi!

En disant ces mots, Samuel avait tellement haussé la voix qu'autant eût valu qu'il eût effectué sa menace sans la faire.

A ce bruit, une petite fenêtre s'était ouverte au balcon de la maison contre laquelle le marché se faisait; et le grincement qu'avait produit cette fenêtre en s'ouvrant, le marchand l'avait entendu avec terreur.

— Allons, allons, dit-il, je vois bien qu'il faut faire tout ce que vous voulez; voilà quinze écus, et allez-vous-en.

— A la bonne heure, dit Samuel en empochant les quinze écus.

— C'est bien heureux.

— Mais ces quinze écus sont pour mon maître, continua Samuel, et il me faut bien aussi quelque chose pour moi.

Le marchand jeta les yeux autour de lui en tirant à demi sa dague du fourreau. Évidemment il avait l'intention de faire à la peau de Samuel un accroc qui l'eût dispensé à tout jamais de racheter une cuirasse pour remplacer celle qu'il venait de vendre ; mais Samuel avait l'œil alerte comme un moineau qui vendange, et il recula en disant :

— Oui, oui, bon marchand, je vois ta dague ; mais je vois encore autre chose : cette figure au balcon qui te voit aussi.

Le marchand, blême de frayeur, regarda dans la direction indiquée par Samuel, et vit en effet au balcon une longue et fantastique créature, enveloppée dans une robe de chambre en fourrures de peaux de chat : cet argus n'avait perdu ni une syllabe ni un geste de la dernière scène.

— Allons, allons, vous faites de moi ce que vous voulez, dit le marchand avec un rire pareil à celui du chacal qui montre ses dents, voilà un écus en plus. Et que le diable vous étrangle ! ajouta-t-il tout bas.

— Merci, dit Samuel ; bon négoce !

Et saluant l'homme aux cuirasses, il disparut en ricanant.

Le marchand, demeuré seul dans la rue, se mit à ramasser la cuirasse de Pertinax et à l'enchâsser dans celle de Fournichon.

Le bourgeois regardait toujours, puis quand il vit le marchand bien empêché :

— Il paraît, monsieur, lui dit-il, que vous achetez des armures ?

— Mais non, monsieur, répondit le malheureux marchand ; c'est par hasard et parce que l'occasion s'en est présentée ainsi.

— Alors, le hasard me sert à merveille.

— En quoi, monsieur ? demanda le marchand.

— Imaginez-vous que j'ai justement là, à la portée de ma main, un tas de vieilles ferrailles qui me gênent.

— Je ne vous dis pas non ; mais pour le moment, vous le voyez, j'en ai tout ce que j'en puis porter.

— Je vais toujours vous les montrer.

— Inutile, je n'ai plus d'argent.

— Qu'à cela ne tienne, je vous ferai crédit ; vous m'avez l'air d'un parfait honnête homme.

— Merci, mais on m'attend.

— C'est étrange comme il me semble que je vous connais ! fit le bourgeois.

— Moi ? dit le marchand essayant inutilement de réprimer un frisson.

— Regardez donc cette salade, dit le bourgeois amenant avec son long pied l'objet annoncé, car il ne voulait point quitter la fenêtre de peur que le marchand ne se dérobât.

Et il déposa la salade dans la main du marchand.

— Vous me connaissez, dit celui-ci, c'est-à-dire que vous croyez me connaître ?

— C'est-à-dire que je vous connais. N'êtes-vous point…

Le bourgeois sembla chercher ; le marchand resta immobile et attendant.

— N'êtes-vous pas Nicolas ?

La figure du marchand se décomposa, on voyait le casque trembler dans sa main.

— Nicolas ? répéta-t-il.

— Nicolas Truchou, marchand quincaillier, rue de la Cossonnerie.

— Non, non, répliqua le marchand qui sourit et respira en homme quatre fois heureux.

— N'importe, vous avez une bonne figure ; il s'agit donc de m'acheter l'armure complète, cuirasse, brassards et épée.

— Faites attention que c'est commerce défendu, monsieur.

— Je le sais, votre vendeur vous l'a crié assez haut tout à l'heure.

— Vous avez entendu ?

— Parfaitement ; vous avez même été large en affaire : c'est ce qui m'a donné l'idée de me mettre en relations avec vous ; mais, soyez tranquille, je n'abuserai pas, moi ; je sais ce que c'est que le commerce : j'ai été négociant aussi.

— Ah ! et que vendiez-vous ?

— Ce que je vendais ?

— Oui.

— De la faveur.

— Bon commerce, monsieur.

— Aussi j'y ai fait fortune, et vous me voyez bourgeois.

— Je vous en fais mon compliment.

— Il en résulte que j'aime mes aises, et que je vends toute ma ferraille parce qu'elle me gêne.

—Je comprends cela.

— Il y a encore là les cuissards; ah! et puis les gants.

— Mais je n'ai pas besoin de tout cela.

— Ni moi non plus.

— Je prendrai seulement la cuirasse.

— Vous n'achetez donc que des cuirasses?

— Oui.

— C'est drôle, car enfin vous achetez pour revendre au poids; vous l'avez dit du moins, et du fer est du fer.

— C'est vrai, mais, voyez-vous, de préférence...

—Comme il vous plaira : achetez la cuirasse, ou plutôt, vous avez raison, allez, n'achetez rien du tout.

— Que voulez-vous dire?

— Je veux dire que, dans des temps comme ceux où nous vivons, chacun a besoin de ses armes.

— Quoi! en pleine paix?

—Mon cher ami, si nous étions en pleine paix, il ne se ferait pas un tel commerce de cuirasses, ventre de biche! Ce n'est point à moi qu'on dit de ces choses-là.

— Monsieur?

— Et si clandestin surtout.

Le marchand fit un mouvement pour s'éloigner.

— Mais, en vérité, plus je vous regarde, dit le bourgeois, plus je suis sûr que je vous connais; non, vous n'êtes pas Nicolas Truchou, mais je vous connais tout de même.

— Silence.

— Et si vous achetez des cuirasses.

—Eh bien?

— Eh bien, je suis sûr que c'est pour accomplir une œuvre agréable à Dieu.

—Taisez-vous!

— Vous m'enchantez, dit le bourgeois en tendant par le balcon un immense bras dont la main alla s'emmancher à la main du marchand.

— Mais qui diable êtes-vous? demanda celui-ci qui sentit sa main prise comme dans un étau.

— Je suis Robert Briquet, surnommé la terreur du schisme, ami de l'Union, et catholique enragé; maintenant je vous reconnais positivement.

Le marchand devint blême.

— Vous êtes Nicolas... Grimbelot, corroyeur à la Vache sans os.

— Non, vous vous trompez. Adieu, maître Robert Briquet; enchanté d'avoir fait votre connaissance.

Et le marchand tourna le dos au balcon.

— Comment, vous vous en allez?

— Vous le voyez bien.

— Sans me prendre ma ferraille?

— Je n'ai pas d'argent sur moi, je vous l'ai dit.

— Mon valet vous suivra.

—Impossible.

— Alors, comment faire?

— Dame! restons comme nous sommes.

— Ventre de biche! je m'en garderais bien, j'ai trop grande envie de cultiver votre connaissance.

— Et moi de fuir la vôtre, répliqua le marchand qui, cette fois, se résignant à abandonner ses cuirasses et à tout perdre plutôt que d'être reconnu, prit ses jambes à son cou et s'enfuit.

Mais Robert Briquet n'était pas homme à se laisser battre ainsi; il enfourcha son balcon, descendit dans la rue sans avoir presque besoin de sauter, et en cinq ou six enjambées il atteignit le marchand.

—Etes-vous fou, mon ami? dit-il en posant sa large main sur l'épaule du pauvre diable; si j'étais votre ennemi, si je voulais vous faire arrêter, je n'aurais qu'à crier : le guet passe à cette heure dans la rue des Augustins; mais non, vous êtes mon ami, ou le diable m'emporte! et la preuve, c'est que maintenant je me rappelle positivement votre nom.

Cette fois le marchand se mit à rire.

Robert Briquet se plaça en face de lui.

— Vous vous nommez Nicolas Poulain, dit-il, vous êtes lieutenant de la prévôté de Paris; je me souvenais bien qu'il y avait du Nicolas là-dessous.

— Je suis perdu! balbutia le marchand.

— Au contraire, vous êtes sauvé; ventre de biche! vous ne ferez jamais pour la bonne cause ce que j'ai intention de faire, moi.

Nicolas Poulain laissa échapper un gémissement.

— Voyons, voyons, du courage, dit Robert Briquet; remettez-vous; vous avez trouvé un frère, frère Briquet; prenez une cuirasse, je prendrai les deux autres : je vous fais cadeau de mes brassards, de mes cuissards et de mes gants par dessus le marché ; allons, en route, et vive l'Union !

— Vous m'accompagnez ?

— Je vous aide à porter ces armes qui doivent vaincre les Philistins : montrez-moi la route, je vous suis.

Il y eut dans l'âme du malheureux lieutenant de la prévôté un éclair de soupçon bien naturel, mais qui s'évanouit aussitôt qu'il eut brillé.

— S'il voulait me perdre, se murmura-t-il à lui-même, eût-il avoué qu'il me connaissait ?

Puis tout haut :

— Allons, puisque vous le voulez absolument, venez avec moi, dit-il.

— A la vie, à la mort ! cria Robert Briquet en serrant d'une main la main de son allié, tandis que de l'autre il levait triomphalement en l'air sa charge de ferraille.

Tous deux se mirent en route.

Après vingt minutes de marche, Nicolas Poulain arriva dans le Marais ; il était tout en sueur, tant à cause de la rapidité de la marche que du feu de leur conversation politique.

— Quelle recrue j'ai faite ! murmura Nicolas Poulain en s'arrêtant à peu de distance de l'hôtel de Guise.

— Je me doutais que mon armure allait de ce côté, pensa Briquet.

— Ami, dit Nicolas Poulain en se retournant avec un geste tragique vers Briquet, tout confit en airs innocents, avant d'entrer dans le repaire du lion, je vous laisse une dernière minute de réflexion ; il est temps de vous retirer si vous n'êtes pas fort de votre conscience.

— Bah ! dit Briquet, j'en ai vu bien d'autres : *Et non intremuit medulla mea*, déclama-t-il ; ah ! pardon, vous ne savez peut-être pas le latin ?

— Vous le savez, vous ?

— Comme vous voyez.

— Lettré, hardi, vigoureux, riche, quelle trouvaille ! se dit Poulain ; allons, entrons.

Et il conduisit Briquet à la gigantesque porte de l'hôtel de Guise, qui s'ouvrit au troisième coup du heurtoir de bronze.

La cour était pleine de gardes et d'hommes enveloppés de manteaux qui la parcouraient comme des fantômes.

Il n'y avait pas une seule lumière dans l'hôtel.

Huit chevaux sellés et bridés attendaient dans un coin.

Le bruit du marteau fit retourner la plupart de ces hommes, lesquels formèrent une espèce de haie pour recevoir les nouveaux venus.

Alors Nicolas Poulain, se penchant à l'oreille d'une sorte de concierge qui tenait le guichet entrebâillé, lui déclina son nom.

— Et j'amène un bon compagnon, ajouta-t-il.

— Passez, messires, dit le concierge.

— Portez ceci aux magasins, fit alors Poulain en remettant à un garde les trois cuirasses, plus la ferraille de Robert Briquet.

— Bon ! il y a un magasin, se dit celui-ci ; de mieux en mieux : pesté ! quel organisateur vous faites, messire prévôt ?

— Oui, oui, l'on a du jugement, répondit Poulain en souriant avec orgueil ; mais venez que je vous présente.

— Prenez garde, dit le bourgeois, je suis excessivement timide. Qu'on me tolère, c'est tout ce que je veux ; quand j'aurai fait mes preuves, je me présenterai tout seul, comme dit le Grec, par mes faits.

— Comme il vous plaira, répondit le lieutenant de la prévôté ; attendez-moi donc ici.

Et il alla serrer la main de la plupart des promeneurs.

— Qu'attendons-nous donc encore ? demanda une voix.

— Le maître, répondit une autre voix.

En ce moment, un homme de haute taille venait d'entrer dans l'hôtel ; il avait entendu les derniers mots échangés entre les mystérieux promeneurs.

— Messieurs, dit-il, je viens en son nom.

— Ah ! c'est monsieur de Mayneville ! s'écria Poulain.

— Eh ! mais me voilà en pays de connaissance, se dit Briquet à lui-même, et en étudiant une grimace qui le défigura complétement.

— Messieurs, nous voilà au complet ; délibérons, reprit la voix qui s'était fait entendre la première.

— Ah ! bon, dit Briquet, et de deux ; celui-ci c'est mon procureur, maître Marteau.

Et il changea de grimace avec une facilité qui prouvait combien les études physionomiques lui étaient familières.

— Montons, messieurs, fit Poulain.

M. de Mayneville passa le premier, Nicolas Poulain le suivit ; les hommes à manteaux vinrent après Nicolas Poulain, et Robert Briquet après les hommes à manteaux.

Tous montèrent les degrés d'un escalier extérieur aboutissant à une voûte.

Robert Briquet montait comme les autres, tout en murmurant :

— Mais le page, où donc est ce diable de page ?

XI

ENCORE LA LIGUE

A u moment où Robert Briquet montait l'escalier à la suite de tout le monde, en se donnant un air assez décent de conspirateur, il s'aperçut que Nicolas Poulain, après avoir parlé à plusieurs de ses mystérieux collègues, attendait à la porte de la voûte.

— Ce doit être pour moi, se dit Briquet.

En effet, le lieutenant de la prévôté arrêta son nouvel ami au moment même où il allait franchir le redoutable seuil.

— Vous ne m'en voudrez point, lui dit-il : mais la plupart de nos amis ne vous connaissent point et désirent prendre des informations sur vous avant de vous admettre au conseil.

— C'est trop juste, répliqua Briquet, et vous savez que ma modestie naturelle avait déjà prévu cette objection.

— Je vous rends justice, répliqua Poulain, vous êtes un homme accompli.

— Je me retire donc, poursuivit Briquet, bien heureux d'avoir vu en un soir tant de braves défenseurs de l'Union catholique.

— Voulez-vous que je vous reconduise? demanda Poulain.

— Non, merci, ce n'est point la peine.

— C'est que l'on peut vous faire des difficultés à la porte; cependant d'un autre côté, on m'attend.

— N'avez-vous pas un mot d'ordre pour sortir? Je ne vous reconnaîtrais point là, maître Nicolas; ce ne serait pas prudent.

— Si fait.

— Et bien! donnez-le-moi.

— Au fait! puisque vous êtes entré.....

— Et que nous sommes amis.

— Soit; vous n'avez qu'à dire : *Parme et Lorraine.*

— Et le portier m'ouvrira?

— A l'instant même.

— Très bien, merci. Allez à vos affaires, je retourne aux miennes.

Nicolas Poulain se sépara de son compagnon et alla rejoindre ses collègues.

Briquet fit quelques pas comme s'il allait redescendre dans la cour, mais arrivé à la première marche de l'escalier, il s'arrêta pour explorer les localités.

Le résultat de ses observations fut que la voûte s'allongeait parallèlement au mur extérieur, qu'elle abritait par un large auvent. Il était évident que cette voûte aboutissait à quelque salle basse, propre à cette mystérieuse réunion à laquelle Briquet n'avait pas eu l'honneur d'être admis.

Ce qui le confirma dans cette supposition, qui devint bientôt une certitude, c'est qu'il vit apparaître une lumière à une fenêtre grillée, percée dans ce mur, et défendue par une espèce d'entonnoir en bois, comme on en met aujourd'hui aux fenêtres des prisons ou des couvents, pour intercepter la vue du dehors et ne laisser que l'air et l'aspect du ciel.

Briquet pensa bien que cette fenêtre était celle de la salle des réunions, et que si l'on pouvait arriver jusqu'à elle, l'endroit serait favorable à l'observation, et que, placé à cet observatoire, l'œil pouvait facilement suppléer aux autres sens.

Seulement la difficulté était d'arriver à cet observatoire et d'y prendre place pour voir sans être vu.

Briquet regarda autour de lui.

Il y avait dans la cour les pages avec leurs chevaux, les soldats avec leurs hallebardes, et le portier avec ses clefs ; en somme, tous gens alertes et clairvoyants.

Par bonheur, la cour était fort grande et la nuit fort noire.

D'ailleurs, pages et soldats, ayant vu disparaître les affidés sous la voûte, ne s'occupaient plus de rien, et le portier, sachant les portes bien closes et l'impossibilité où l'on était de sortir sans le mot de passe, ne s'occupait plus que de préparer son lit pour la nuit et de soigner un beau coquemar de vin épicé qui tiédissait devant le feu.

Il y a dans la curiosité des stimulants aussi énergiques que dans les élans de toute passion. Ce désir de savoir est si grand qu'il a dévoré la vie de plus d'un curieux.

Briquet avait été trop bien renseigné jusquelà pour ne point désirer de compléter ses renseignements. Il jeta un second regard autour de lui, et, fasciné par la lumière que renvoyait cette fenêtre sur les barreaux de fer, il crut voir dans ce signal d'appel, et dans ces barreaux si reluisants, quelque provocation pour ses robustes poignets.

En conséquence, résolu d'atteindre son entonnoir, Briquet se glissa le long de la corniche qui, du perron qu'elle semblait continuer comme ornement, aboutissait à cette fenêtre, et suivit le mur comme aurait pu le faire un

chat ou un singe marchant appuyé des mains et des pieds aux ornements sculptés dans la muraille même.

Si les pages et les soldats eussent pu distinguer dans l'ombre cette silhouette fantastique glissant sur le milieu du mur sans support apparent, ils n'eussent certes pas manqué de crier à la magie, et plus d'un, parmi les plus braves, eût senti hérisser ses cheveux.

Mais Robert Briquet ne leur laissa point le temps de voir ses sorcelleries.

En quatre enjambées, il toucha les barreaux, s'y cramponna, se tapit entre ces barreaux et l'entonnoir, de telle façon que du dehors il ne pût être aperçu, et que du dedans il fût à peu près masqué par le grillage.

Briquet ne s'était pas trompé, et il fut dédommagé amplement de ses peines et de son audace, lorsqu'une fois il en fut arrivé là.

En effet, son regard embrassait une grande salle éclairée par une lampe de fer à quatre becs, et remplie d'armures de toute espèce, parmi lesquelles, en cherchant bien, il eût pu certainement reconnaître ses brassards et son gorgerin.

Ce qu'il y avait là de piques, d'estocs, de hallebardes et de mousquets rangés en pile ou en faisceaux, eût suffi à armer quatre bons régiments.

Briquet donna cependant moins d'attention à la superbe ordonnance de ces armes qu'à l'assemblée chargée de les mettre en usage ou de les distribuer. Ses yeux ardents perçaient la vitre épaisse et enduite d'une couche grasse de fumée et de poussière, pour deviner les visages de connaissance sous les visières ou les capuchons.

— Oh ! oh ! dit-il, voici maître Crucé, notre révolutionnaire ; voici notre petit Brigard, l'épicier au coin de la rue des Lombards ; voici maître Leclerc, qui se fait appeler Bussy, et qui n'eût certes pas osé commettre un tel sacrilége du temps que le vrai Bussy vivait. Il faudra quelque jour que je demande à cet ancien maître, en fait d'armes, s'il connaît la botte secrète dont un certain David de ma connaissance est mort à Lyon. Peste ! la bourgeoisie est grandement représentée, mais la noblesse... ah ! M. de Mayneville ; Dieu me pardonne ! il serre la main de Nicolas Poulain : c'est touchant, on fraternise. Ah ! ah ! ce M. de Mayneville est donc

Maintenant je me rappelle positivement votre nom. — PAGE 53.

orateur! il se pose, ce me semble, pour prononcer une harangue; il a le geste agréable et roule des yeux persuasifs.

Et, en effet, M. de Mayneville avait commencé un discours.

Robert Briquet secouait la tête, tandis que M. de Mayneville parlait, non pas qu'il pût entendre un seul mot de la harangue; mais il interprétait ses gestes et ceux de l'assemblée.

— Il ne semble guère persuader son auditoire. Crucé lui fait la grimace, Lachappelle-marteau lui tourne le dos, et Pussy-Leclerc hausse les épaules. Allons, allons, monsieur de Mayneville, parlez, suez, soufflez, soyez éloquent, ventre de biche! Oh! à la bonne heure, voici les gens de l'auditoire qui se raniment. Oh! oh! on se rapproche, on lui serre la main, on jette en l'air les chapeaux; diable!

Briquet, comme nous l'avons dit, voyait et ne pouvait entendre; mais nous qui assistons en esprit aux délibérations de l'orageuse assemblée, nous allons dire au lecteur ce qui venait de s'y passer.

D'abord Crucé, Marteau et Bussy s'étaient

plaints à M. de Mayneville de l'inaction du duc de Guise.

Marteau, en sa qualité de procureur, avait pris la parole.

— Monsieur de Mayneville, avait-il dit, vous venez de la part du duc Henri de Guise? — Merci. — Et nous vous acceptons comme embassadeur; mais la présence du duc lui-même nous est indispensable. Après la mort de son glorieux père, à l'âge de dix-huit ans, il a fait adopter à tous les bons Français le projet de l'Union et nous a enrôlés tous sous cette bannière. Selon notre serment, nous avons exposé nos personnes et sacrifié notre fortune pour le triomphe de cette sainte cause; et voilà que, malgré nos sacrifices, rien ne progresse, rien ne se décide. Prenez garde, monsieur de Mayneville, les Parisiens se lasseront; or, Paris une fois las, que fera-t-on en France? M. le duc devrait y songer.

Cet exorde obtint l'assentiment de tous les ligueurs, et Nicolas Poulain surtout se distingua par son zèle à l'applaudir.

M. de Mayneville répondit avec simplicité.

— Messieurs, si rien ne se décide, c'est que rien n'est mûr encore. Examinez la situation, je vous prie. M. le duc et son frère, M. le cardinal, sont à Nancy en observation : l'un met sur pied une armée destinée à contenir les huguenots de Flandre, que M. le duc d'Anjou veut jeter sur nous pour nous occuper; l'autre expédie courrier sur courrier à tout le clergé de France, et au pape, pour faire adopter l'Union. M. le duc de Guise sait ce que vous ne savez pas, messieurs, c'est que cette vieille alliance, mal rompue entre le duc d'Anjou et le Béarnais, est prête à se renouer. Il s'agit d'occuper l'Espagne du côté de la Navarre, et de l'empêcher de nous envoyer des armes et de l'argent. Or, M. le duc veut être, avant de rien faire et surtout avant de venir à Paris, en état de combattre l'hérésie et l'usurpation. Mais, à défaut de M. de Guise, nous avons M. de Mayenne qui se multiplie comme général et comme conseiller, et que j'attends d'un moment à l'autre.

— C'est-à-dire, interrompit Bussy, et ce fut à ce moment qu'il haussa les épaules, c'est-à-dire que vos princes sont partout où nous ne sommes pas, et jamais où nous avons besoin qu'ils soient. Que fait madame de Montpensier, par exemple?

— Monsieur, madame de Montpensier est entrée ce matin à Paris.

— Et personne ne l'a vue?

— Si fait, monsieur.

— Et quelle est cette personne?

— Salcède.

— Oh! oh! fit toute l'assemblée.

— Mais, dit Crucé, elle s'est donc rendue invisible?

— Pas tout à fait, mais insaisissable, je l'espère.

— Et comment sait-on qu'elle est ici? demanda Nicolas Poulain; je ne présume pas que ce soit Salcède qui vous l'ait dit.

— Je sais qu'elle est ici, répondit Mayneville, parce que je l'ai accompagnée jusqu'à la porte Saint-Antoine.

— J'ai entendu dire qu'on avait fermé les portes, interrompit Marteau qui convoitait l'occasion de placer un second discours.

— Oui, monsieur, répondit Mayneville avec son éternelle politesse dont aucune attaque ne pouvait le faire sortir.

— Comment se les est-elle fait ouvrir alors?

— A sa façon.

— Et elle a le pouvoir de se faire ouvrir les portes de Paris? dirent les ligueurs, jaloux et soupçonneux comme sont toujours les petits lorsqu'ils s'allient aux grands.

— Messieurs, dit Mayneville, il se passait ce matin aux portes de Paris une chose que vous paraissez ignorer ou du moins ne savoir que vaguement. La consigne avait été donnée de ne laisser franchir la barrière qu'à ceux qui seraient porteurs d'une carte d'admission : de qui devait être signée cette carte? je l'ignore. Or, devant nous, à la porte Saint-Antoine, cinq ou six hommes dont quatre assez pauvrement vêtus et d'assez mauvaise mine, six hommes sont venus; ils étaient porteurs de ces cartes obligées et nous ont passé devant la face. Quelques-uns d'entre eux avaient l'insolente bouffonnerie des gens qui se croient en pays conquis. — Quels sont ces hommes, quelles sont ces cartes? répondez-nous, messieurs de Paris, vous qui avez charge de ne rien ignorer touchant les affaires de votre ville.

Ainsi Mayneville, d'accusé, s'était fait accusateur, ce qui est le grand art de l'art oratoire.

— Des cartes, des gens insolents, des admissions exceptionnelles aux portes de Paris; oh!

oh! que veut dire cela? demanda Nicolas Poulain tout rêveur.

— Si vous ne savez pas ces choses, vous qui vivez ici, comment les saurions-nous, nous qui vivons en Lorraine, passant tout notre temps à courir sur les routes pour joindre les deux bouts de ce cercle qu'on appelle l'Union?

— Et ces gens, enfin, comment venaient-ils?

— Les uns à pied, les autres à cheval; les uns seuls, d'autres avec des laquais.

— Sont-ce des gens du roi?

— Trois ou quatre avaient l'air de mendiants.

— Sont-ce des gens de guerre?

— Ils n'avaient que deux épées à eux six.

— Ce sont des étrangers?

— Je les suppose Gascons.

— Oh! firent quelques voix avec un accent de mépris.

— N'importe, dit Bussy, fussent-ils Turcs, ils doivent éveiller notre attention. On s'informera d'eux. Monsieur Poulain, c'est votre affaire. Mais tout cela ne nous dit rien des affaires de la Ligue.

— Il y a un nouveau plan, répondit M. de Mayneville. Vous saurez demain que Salcède, qui nous avait déjà trahis et qui devait nous trahir encore, non-seulement n'a point parlé, mais encore s'est rétracté sur l'échafaud; et cela grâce à la duchesse qui, entrée à la suite d'un de ces porteurs de cartes, a eu le courage de pénétrer jusqu'à l'échafaud, au risque d'être broyée mille fois, et de se faire voir au patient, au risque d'être reconnue. C'est en ce moment que Salcède s'est arrêté dans son effusion : un instant après, notre brave bourreau l'arrêtait dans son repentir. Ainsi, messieurs, vous n'a-vez rien à craindre du côté de nos entreprises de Flandre. Ce secret terrible s'en est allé roulant dans une tombe.

Ce fut cette dernière phrase qui rapprocha les ligueurs de M. de Mayneville.

Briquet devinait leur joie à leurs mouvements. Cette joie inquiétait beaucoup le digne bourgeois, qui parut prendre une résolution soudaine.

Il se laissa glisser du haut de son entonnoir sur le pavé de la cour, et se dirigea vers la porte où, sur l'énonciation des deux mots : *Parme et Lorraine*, le portier lui livra passage.

Une fois dans la rue, maître Robert Briquet respira si bruyamment que l'on comprenait que depuis bien longtemps il retenait son souffle.

Le conciliabule durait toujours : l'histoire nous apprend ce qui s'y passait.

M. de Mayneville apportait de la part des Guises, aux insurgés futurs de Paris, tout le plan de l'insurrection.

Il ne s'agissait de rien moins que d'égorger les personnages importants de la ville, connus pour tenir en faveur du roi, de parcourir les rues en criant : *Vive la messe! mort aux politiques!* et d'allumer ainsi une Saint-Barthélemy nouvelle avec les vieux débris de l'ancienne; seulement, dans celle-ci, on confondait les catholiques mal pensants avec les huguenots de toute espèce.

En agissant ainsi on servait deux dieux, celui qui règne au ciel et celui qui allait régner sur la France :

L'Eternel et M. de Guise.

XII

LA CHAMBRE DE SA MAJESTÉ HENRI III AU LOUVRE

ans cette grande chambre du Louvre, où déjà tant de fois nos lecteurs sont entrés avec nous et où nous avons vu le pauvre roi Henri III dépenser de si longues et de si cruelles heures, nous allons le retrouver encore une fois, non plus roi, non plus maître, mais abattu, pâle, inquiet et livré sans réserve à la persécution de toutes les ombres que son souvenir évoque incessamment sous ces voûtes illustres.

Henri était bien changé depuis cette mort fatale de ses amis que nous avons racontée ailleurs : ce deuil avait passé sur sa tête comme un ouragan dévastateur, et le pauvre roi, qui, se souvenant sans cesse qu'il était un homme, n'avait mis sa force et sa confiance que dans les affections privées, s'était vu dépouiller, par la mort jalouse, de toute confiance et de toute force, anticipant ainsi sur le moment terrible où les rois vont à Dieu, seuls, sans amis, sans garde et sans couronne.

Henri III avait été cruellement frappé : tout ce qu'il aimait était successivement tombé autour de lui. Après Schomberg, Quélus et Maugiron tués en duel par Livarot et Antraguet, Saint-Mégrin avait été assassiné par M. de Mayenne : les plaies étaient restées vives et saignantes... L'affection qu'il portait à ses nouveaux favoris, d'Epernon et Joyeuse, ressemblait à celle qu'un père qui a perdu ses meilleurs enfants reporte sur ceux qui lui restent : tout en connaissant parfaitement les défauts de ceux-ci, il les aime, il les ménage, il les garde pour ne donner sur eux aucune prise à la mort.

Il avait comblé de biens d'Epernon, et cependant il n'aimait d'Epernon que par soubresauts et par caprice; en de certains moments même il le haïssait. C'est alors que Catherine, cette impitoyable conseillère en qui veillait toujours la pensée, comme la lampe dans le tabernacle, c'est alors que Catherine, incapable de folies même dans sa jeunesse, prenait la voix du peuple pour fronder les affections du roi.

Jamais elle ne lui eût dit, quand il vidait le trésor pour ériger en duché la terre de Lavalette et l'agrandir royalement, jamais elle ne lui eût dit : Sire, haïssez ces hommes qui ne vous aiment pas, ou, ce qui est bien pis, qui ne vous aiment que pour eux. Mais voyait-elle le sourcil du roi se froncer, l'entendait-elle, dans un moment de lassitude, accuser d'Epernon d'avarice ou de couardise, elle trouvait aussitôt le mot inflexible qui résumait tous les griefs du peuple et de la royauté contre d'Epernon, et qui creusait un nouveau sillon dans la haine royale.

D'Epernon, Gascon incomplet, avait pris, avec sa finesse et sa perversité native, la mesure de la faiblesse royale; il savait cacher son ambition, ambition vague, et dont le but lui était encore inconnu à lui-même; seulement son avidité lui tenait lieu de boussole pour se diriger vers le monde lointain et ignoré que lui cachaient encore les horizons de l'avenir, et c'était d'après cette avidité seule qu'il se gouvernait.

Le trésor se trouvait-il par hasard un peu garni, on voyait surgir et s'approcher d'Epernon, le bras arrondi et le visage riant; le trésor

Le duc d'Epernon.

était-il vide, il disparaissait, la lèvre dédai-
gneuse et le sourcil froncé, pour s'enfermer,
soit dans son hôtel, soit dans quelqu'un de ses
hâteaux, où il pleurait misère jusqu'à ce qu'il
eût pris le pauvre roi par la faiblesse du cœur
et tiré de lui quelque don nouveau.

Par lui le favoritisme avait été érigé en métier, métier dont il exploitait habilement tous
les revenus possibles. D'abord il ne passait pas
au roi le moindre retard à payer aux échéances;
puis, lorsqu'il devint plus tard courtisan et
que les bises capricieuses de la faveur royale fu-

rent revenues assez fréquentes pour solidifier
sa cervelle gasconne, plus tard, disons-nous, il
consentit à se donner une part du travail, c'est-
à-dire à coopérer à la rentrée des fonds dont il
voulait faire sa proie.

Cette nécessité, il le sentait bien, l'entraînait
à devenir, de courtisan paresseux, ce qui est le
meilleur de tous les états, courtisan actif, ce
qui est la pire de toutes les conditions. Il
déplora bien amèrement alors les doux loisirs
de Quélus, de Schomberg et de Maugiron, qui,
eux, n'avaient de leur vie parlé affaires publi-

ques ni privées, et qui convertissaient si facilement la faveur en argent et l'argent en plaisirs;
mais les temps avaient changé : l'âge de fer
avait succédé à l'âge d'or; l'argent ne venait
plus comme autrefois : il fallait aller à l'argent,
fouiller, pour le prendre, dans les veines du
peuple, comme dans une mine à moitié tarie.
D'Épernon se résigna et se lança en affamé dans
les inextricables ronces de l'administration, dé-
vastant çà et là sur son passage, et pressurant
sans tenir compte des malédictions, chaque fois
que le bruit des écus d'or couvrait la voix des
plaignants.

L'esquisse rapide et bien incomplète que
nous avons tracée du caractère de Joyeuse peut
montrer au lecteur quelle différence il y avait
entre les deux favoris qui se partageaient, nous
ne dirons pas l'amitié, mais cette large portion
d'influence que Henri laissait toujours prendre
sur la France et sur lui-même à ceux qui l'entouraient. Joyeuse, tout naturellement et sans
y réfléchir, avait suivi la trace et adopté la tradition des Quélus, des Schomberg, des Maugiron et des Saint-Mégrin : il aimait le roi et se
faisait insoucieusement aimer par lui; seulement tous ces bruits étranges qui avaient couru
sur la merveilleuse amitié que le roi portait aux
prédécesseurs de Joyeuse, étaient morts avec
cette amitié; aucune tache infâme ne souillait
cette affection presque paternelle de Henri pour
Joyeuse. D'une famille de gens illustres et honnêtes, Joyeuse avait du moins en public le respect de la royauté, et sa familiarité ne dépassait
jamais certaines bornes. Dans le milieu de la
vie morale, Joyeuse était un ami véritable
d'Henri ; mais ce milieu ne se présentait guère.
Anne était jeune, emporté, amoureux, égoïste;
c'était peu pour lui d'être heureux par le roi et
de faire remonter le bonheur vers sa source ;
c'était tout pour lui d'être heureux de quelque
façon qu'il le fût. Brave, beau, riche, il brillait
de ce triple reflet qui fait aux jeunes fronts une
auréole d'amour. La nature avait trop fait pour
Joyeuse, et Henri maudissait quelquefois la nature, qui lui avait laissé, à lui roi, si peu de
chose à faire pour son ami.

Henri connaissait bien ces deux hommes, et
les aimait sans doute à cause du contraste.
Sous son enveloppe sceptique et superstitieuse,
Henri cachait un fonds de philosophie qui, sans

Catherine, se fût développé dans un sens d'utilité remarquable.

Trahi souvent, Henri ne fut jamais trompé.

C'est donc avec cette parfaite intelligence du
caractère de ses amis, avec cette profonde connaissance de leurs défauts et de leurs qualités,
qu'éloigné d'eux, isolé, triste, dans cette chambre sombre, il pensait à eux, à lui, à sa vie, et
regardait dans l'ombre ces funèbres horizons
déjà dessinés dans l'avenir pour beaucoup de
regards moins clairvoyants que les siens.

Cette affaire de Salcède l'avait fort assombri.
Seul entre deux femmes dans un pareil moment, Henri avait senti son dénûment; la faiblesse de Louise l'attristait; la force de Catherine l'épouvantait. Henri sentait enfin en lui
cette vague et éternelle terreur qu'éprouvent
les rois marqués par la fatalité, pour qu'une
race s'éteigne en eux et avec eux.

S'apercevoir en effet que, quoique élevé au-
dessus de tous les hommes, cette grandeur n'a
par de base solide; sentir qu'on est la statue
qu'on encense, l'idole qu'on adore; mais que
les prêtres et le peuple, les adorateurs et les
ministres, vous inclinent ou vous relèvent selon
leur intérêt, vous font osciller selon leur caprice, c'est, pour un esprit altier, la plus cruelle
des disgrâces. Henri le sentait vivement et s'ir-
ritait de le sentir.

Et cependant, de temps en temps, il se repre-
nait à l'énergie de sa jeunesse éteinte en lui
bien avant la fin de cette jeunesse.

— Après tout, se disait-il, pourquoi m'inquié-
terais-je ? Je n'ai plus de guerres à subir; Guise
est à Nancy, Henri à Pau; l'un est obligé de ren-
fermer son ambition en lui-même, l'autre n'en
a jamais eu.

Les esprits se calment ; nul Français n'a sérieusement envisagé cette entreprise impossible
de détrôner son roi; cette troisième couronne
promise par les ciseaux d'or de madame de
Montpensier n'est qu'un propos de femme
blessée dans son amour-propre ; ma mère seule
rêve toujours à son fantôme d'usurpation, sans
pouvoir sérieusement me montrer l'usurpateur;
mais moi, qui suis un homme, moi qui suis un
cerveau jeune encore malgré mes chagrins, je
sais à quoi m'en tenir sur les prétendants qu'elle
redoute.

Je rendrai Henri de Navarre ridicule, Guise
odieux, et je dissiperai, l'épée à la main, les li-

gues étrangères. Par la mordieu! je ne valais pas mieux que je ne vaux aujourd'hui, à Jarnac et à Montcontour.

Oui, continuait Henri en laissant retomber sa tête sur sa poitrine; oui, mais, en attendant, je m'ennuie, et c'est mortel de s'ennuyer. Eh! voilà mon seul, mon véritable conspirateur, l'ennui! et ma mère ne me parle jamais de celui-là.

Voyez, s'il me viendra quelqu'un ce soir! Joyeuse avait tant promis d'être ici de bonne heure : il s'amuse, lui; mais comment diable fait-il pour s'amuser? D'Epernon? ah! celui-là, il ne s'amuse pas : il boude : il n'a pas encore touché sa traite de vingt-cinq mille écus sur les pieds fourchus; eh bien, ma foi! qu'il boude tout à son aise.

— Sire, dit la voix de l'huissier, M. le duc d'Epernon.

Tous ceux qui connaissent les ennuis de l'attente, les récriminations qu'elle suggère contre les personnes attendues, la facilité avec laquelle se dissipe le nuage lorsque la personne paraît, comprendront l'empressement que mit le roi à ordonner que l'on avançât un pliant pour le duc.

— Ah! bonsoir, duc, dit-il, je suis enchanté de vous voir.

D'Epernon s'inclina respectueusement.

— Pourquoi donc n'êtes-vous point venu voir écarteler ce coquin d'Espagnol; vous saviez bien que vous aviez une place dans ma loge, puisque je vous l'avais fait dire?

— Sire, je n'ai pas pu.

— Vous n'avez pas pu?

— Non, sire, j'avais affaire.

— Ne dirait-on pas, en vérité, qu'il est mon ministre avec sa mine d'une coudée, et qu'il vient m'annoncer qu'un subside n'a pas été payé, dit Henri en levant les épaules.

— Ma foi, sire, dit d'Epernon prenant au bond la balle, Votre Majesté est dans le vrai; le subside n'a pas été payé, et je suis sans un écu.

— Bon, fit Henri impatient.

— Mais, reprit d'Epernon, ce n'est point de cela qu'il s'agit, et je me hâte de le dire à Votre Majesté, car elle pourrait croire que ce sont là les affaires dont je me suis occupé.

— Voyons ces affaires, duc.

— Votre Majesté sait ce qui s'est passé au supplice de Salcède.

— Parbleu, puisque j'y étais.

— On a tenté d'enlever le condamné.

— Je n'ai pas vu cela.

— C'est le bruit qui court par la ville cependant.

— Bruit sans cause et sans résultat : on n'a pas remué.

— Je crois que Votre Majesté est dans l'erreur.

— Et sur quoi bases-tu ta croyance?

— Sur ce que Salcède a démenti devant le peuple ce qu'il avait dit devant les juges.

— Ah! vous savez déjà cela, vous?

— Je tâche de savoir tout ce qui intéresse Votre Majesté.

— Merci, mais où voulez-vous en venir avec ce préambule?

— A ceci : un homme qui meurt comme Salcède est mort en bien bon serviteur, sire.

— Eh bien! après?

— Le maître qui a de tels serviteurs est bien heureux : voilà tout.

— Et tu veux dire que je n'ai pas de tels serviteurs, moi, ou plutôt que je n'en ai plus? Tu as raison, si c'est cela que tu veux dire.

— Ce n'est pas cela que je veux dire. Votre Majesté trouverait dans l'occasion, et je puis en répondre mieux que personne, des serviteurs aussi fidèles qu'en a trouvé le maître de Salcède.

— Le maître de Salcède, le maître de Salcède! nommez donc une fois les choses par leur nom, vous tous qui m'entourez. Comment s'appelle-t-il ce maître?

— Votre Majesté doit le savoir mieux que moi, elle qui s'occupe de politique.

— Je sais ce que je sais. Dites-moi ce que vous savez, vous.

— Moi, je ne sais rien; seulement je me doute de beaucoup de choses.

— Bon! dit Henri ennuyé, vous venez ici pour m'effrayer et me dire des choses désagréables, n'est-ce pas? Merci, duc, je vous reconnais bien là.

— Allons, voilà que Votre Majesté me maltraite, dit d'Epernon.

— C'est assez juste, je crois.

— Non pas, sire. L'avertissement d'un homme dévoué peut tomber à faux; mais cet homme n'en fait pas moins son devoir en donnant cet avertissement.

Son visage me revient assez. — PAGE 69.

— Ce sont mes affaires.

— Ah ! du moment que Votre Majesté le prend ainsi, vous avez raison, sire ; n'en parlons donc plus.

Ici, il se fit un silence que le roi rompit le premier.

— Voyons, dit-il, ne m'assombris pas, duc. Je suis déjà lugubre comme un Pharaon d'Egypte en sa pyramide. Egaie-moi.

— Ah ! sire, la joie ne se commande point.

Le roi frappa la table de son poing avec colère.

— Vous êtes un entêté, un mauvais ami, duc ! s'écria-t-il. Hélas ! hélas ! je ne croyais pas avoir tout perdu en perdant mes serviteurs d'autrefois.

— Oserais-je faire remarquer à Votre Majesté qu'elle n'encourage guère les nouveaux ?

Ici le roi fit une nouvelle pause pendant laquelle, pour toute réponse, il regarda cet homme, dont il avait fait la haute fortune, avec une expression des plus significatives.

D'Epernon comprit.

— Votre Majesté me reproche ses bienfaits,

dit-il du ton d'un Gascon achevé. Moi, je ne lui reproche pas mon dévoûment.

Et le duc, qui ne s'était pas encore assis, prit le pliant que le roi avait fait préparer pour lui.

— Lavalette, Lavalette, dit Henri avec tristesse, tu me navres le cœur, toi qui as tant d'esprit, toi qui pourrais, par ta bonne humeur, me faire gai et joyeux. Dieu m'est témoin que je n'ai point entendu parler de Quélus, si brave ; de Schomberg, si bon ; de Maugiron, si chatouilleux sur le point de mon honneur. Non, il y avait même en ce temps-là Bussy, Bussy, qui n'était point à moi si tu veux, mais que je me fusse acquis si je n'avais craint de donner de l'ombrage aux autres ; Bussy, qui est la cause involontaire de leur mort, hélas ! Où en suis-je venu, que je regrette même mes ennemis ! Certes, tous quatre étaient de braves gens. Eh ! mon Dieu ! ne te fâche point de ce que je dis là. Que veux-tu, Lavalette, ce n'est point ton tempérament de donner à chaque heure du jour de grands coups de rapière sur tout venant ; mais enfin, cher ami, si tu n'es pas aventureux et haut à la main, tu es facétieux, fin, de bon conseil parfois. Tu connais toutes mes affaires, comme cet autre ami plus humble avec lequel je n'éprouvai jamais un seul moment d'ennui.

— De qui Votre Majesté veut-elle parler? demanda le duc.

— Tu devrais lui ressembler, d'Epernon.

— Mais encore faut-il que je sache qui Votre Majesté regrette.

— Oh! pauvre Chicot, où es-tu?

D'Epernon se leva tout piqué.

— Eh bien ! que fais-tu? dit le roi.

— Il paraît, sire, que Votre Majesté est en mémoire aujourd'hui; mais, en vérité, ce n'est pas heureux pour tout le monde.

— Et pourquoi cela?

— C'est que Votre Majesté, sans y songer peut-être, me compare à messire Chicot, et que je me sens assez peu flatté de la comparaison.

— Tu as tort, d'Epernon. Je ne puis comparer à Chicot qu'un homme que j'aime et qui m'aime. C'était un solide et ingénieux serviteur que celui-là.

Et Henri poussa un profond soupir.

— Ce n'est pas pour ressembler à maître Chicot, je présume, que Votre Majesté m'ait fait duc et pair, dit d'Epernon.

— Allons, ne récriminons pas, dit le roi avec un si malicieux sourire que le Gascon, si fin et si impudent qu'il fût à la fois, se trouva plus mal à l'aise devant ce sarcasme timide qu'il ne l'eût été devant un reproche flagrant.

— Chicot m'aimait, continua Henri, et il me manque ; voilà tout ce que je puis dire. Oh ! quand je songe qu'à cette même place où tu es ont passé tous ces jeunes hommes, beaux, braves et fidèles ; que là-bas, sur le fauteuil où tu as posé ton chapeau, Chicot s'est endormi plus de cent fois !

— Peut-être était-ce fort spirituel, interrompit d'Epernon; mais, en tout cas, c'était peu respectueux.

— Hélas ! continua Henri, ce cher ami n'a pas plus d'esprit que de corps aujourd'hui.

Et il agita tristement son chapelet de têtes de mort, qui fit entendre un cliquetis lugubre comme s'il eût été fait d'ossements réels.

— Eh ! qu'est-il donc devenu, votre Chicot ? demanda insoucieusement d'Epernon.

— Il est mort ! répondit Henri, mort comme tout ce qui m'a aimé !

— Eh bien ! sire, reprit le duc, je crois en vérité qu'il a bien fait de mourir ; il vieillissait, beaucoup moins cependant que ses plaisanteries, et l'on m'a dit que la sobriété n'était pas sa vertu favorite. De quoi est mort le pauvre diable, sire, d'indigestion ?

— Chicot est mort de chagrin, mauvais cœur, répliqua aigrement le roi.

— Il l'aura dit pour vous faire rire une dernière fois.

— Voilà qui te trompe : c'est qu'il n'a pas même voulu m'attrister par l'annonce de sa maladie. C'est qu'il savait combien je regrette mes amis, lui qui tant de fois m'a vu les pleurer.

— Alors c'est son ombre qui est revenue.

— Plût à Dieu que je le revisse, même en ombre ! Non, c'est son ami, le digne prieur Gorenflot, qui m'a écrit cette triste nouvelle.

— Gorenflot ! qu'est-ce que cela?

— Un saint homme que j'ai fait prieur des Jacobins, et qui habite ce beau couvent hors de la porte Saint-Antoine, en face de la croix Faubin, près de Bel-Esbat.

— Fort bien ! quelque mauvais prêcheur à qui Votre Majesté aura donné un prieuré de trente mille livres et à qui elle se garde bien de le reprocher.

— Vas-tu devenir impie à présent?

— Si cela pouvait désennuyer Votre Majesté, j'essaierais.

— Veux-tu te taire, duc: tu offenses Dieu !

— Chicot l'était bien impie, lui, et il me semble qu'on lui pardonnait.

— Chicot est venu dans un temps où je pouvais encore rire de quelque chose.

— Alors Votre Majesté a tort de le regretter.

— Pourquoi cela ?

— Si elle ne peut plus rire de rien, Chicot, si gai qu'il fût, ne lui serait pas d'un grand secours.

— L'homme était bon à tout, et ce n'est pas seulement à cause de son esprit que je le regrette.

— Et à cause de quoi ? Ce n'est point à cause de son visage, je présume, car il était fort laid, mons Chicot.

— Il avait des conseils sages.

— Allons! je vois que, s'il vivait, Votre Majesté en ferait un garde des sceaux, comme elle a fait un prieur de ce frocard.

— Allez, duc, ne riez pas, je vous prie, de ceux qui m'ont témoigné de l'affection et pour qui j'en ai eu moi-même. Chicot, depuis qu'il est mort, m'est sacré comme un ami sérieux, et quand je n'ai point envie de rire, j'entends que personne ne rie.

— Oh! soit, sire; je n'ai pas plus envie de rire que Votre Majesté. Ce que j'en disais, c'est que tout à l'heure vous regrettiez Chicot pour sa belle humeur ; c'est que tout à l'heure vous me demandiez de vous égayer, tandis que maintenant vous désirez que je vous attriste... Parfandious! Oh! pardon, sire, ce maudit juron m'échappe toujours.

— Bien, bien, maintenant je suis refroidi; maintenant je suis au point où tu voulais me voir quand tu as commencé la conversation par de sinistres propos. Dis-moi donc tes mauvaises nouvelles, d'Epernon; il y a toujours chez le roi la force d'un homme.

— Je n'en doute pas, sire.

— Et c'est heureux, car, mal gardé comme je le suis, si je ne me gardais point moi-même, je serais mort dix fois le jour.

— Ce qui ne déplairait pas à certaines gens que je connais.

— Contre ceux-là, duc, j'ai les hallebardes de mes Suisses.

— C'est bien impuissant à atteindre de loin.

— Contre ceux qu'il faut atteindre de loin, j'ai les mousquets de mes arquebusiers.

— C'est gênant pour frapper de près: pour défendre une poitrine royale, ce qui vaut mieux que des hallebardes et des mousquets, ce sont de bonnes poitrines.

— Hélas ! dit Henri, voilà ce que j'avais autrefois, et dans ces poitrines de nobles cœurs. Jamais on ne fût arrivé à moi du temps de ces vivants remparts qu'on appelait Quélus, Schomberg, Saint-Luc, Maugiron et Saint-Mégrin.

— Voilà donc ce que Votre Majesté regrette ? demanda d'Epernon, comptant saisir sa revanche en prenant le roi en flagrant délit d'égoïsme.

— Je regrette les cœurs qui battaient dans ces poitrines, avant toutes choses, dit Henri.

— Sire, dit d'Epernon, si j'osais, je ferais remarquer à Votre Majesté que je suis Gascon, c'est-à-dire prévoyant et industrieux; que je tâche de suppléer par l'esprit aux qualités que m'a refusées la nature ; en un mot, que je fais tout ce que je puis, c'est-à-dire tout ce que je dois, et que par conséquent j'ai le droit de dire : Advienne que pourra !

— Ah ! voilà comme tu t'en tires, toi; tu viens me faire grand étalage des dangers vrais ou faux que je cours, et quand tu es parvenu à m'effrayer, tu te résumes par ces mots : Advienne que pourra !... Bien obligé, duc.

— Votre Majesté veut donc bien croire un peu à des dangers?

— Soit : j'y croirai si tu me prouves que tu peux les combattre.

— Je crois que je le puis.

— Tu le peux ?

— Oui, sire.

— Je sais bien. Tu as tes ressources, tes petits moyens, renard que tu es !

— Pas si petits.

— Voyons, alors.

— Votre Majesté consent-elle à se lever?

— Pourquoi faire ?

— Pour venir avec moi jusqu'aux anciens bâtiments du Louvre.

— Du côté de la rue de l'Astruce?

— Précisément à l'endroit où l'on s'occupait de bâtir un garde-meubles, projet qui a été abandonné depuis que Votre Majesté ne veut plus d'autres meubles que des prie-Dieu et des chapelets de têtes de mort.

— A cette heure?

— Dix heures sonnent à l'horloge du Louvre; ce n'est pas si tard, il me semble.

— Que verrai-je dans ces bâtiments?

— Ah! dame! si je vous le dis, c'est le moyen que vous ne veniez pas.

— C'est bien loin, duc.

— Par les galeries, on y va en cinq minutes, sire.

— D'Epernon, d'Epernon.

— Eh bien, sire?

— Si ce que tu veux me faire voir n'est pas très curieux, prends garde.

— Je vous réponds, sire, que ce sera curieux.

— Allons donc, fit le roi en se soulevant avec un effort.

Le duc prit son manteau et présenta au roi son épée; puis, prenant un flambeau de cire, il se mit à précéder dans la galerie Sa Majesté très chrétienne, qui le suivit d'un pas traînant.

XIII

LE DORTOIR

Quoiqu'il ne fût encore que dix heures, comme l'avait dit d'Epernon, un silence de mort envahissait déjà le Louvre; à peine, tant le vent soufflait avec rage, entendait-on le pas alourdi des sentinelles et le grincement des ponts-levis.

En moins de cinq minutes, en effet, les deux promeneurs arrivèrent aux bâtiments de la rue de l'Astruce, qui avaient conservé ce nom, même depuis l'édification de Saint-Germain-l'Auxerrois.

Le duc tira une clef de son aumônière, descendit quelques marches, traversa une petite cour, ouvrit une porte cintrée, enfermée sous des ronces jaunissantes, et dont le bas s'embarrassait encore dans de longues herbes.

Il suivit pendant dix pas une route sombre, au bout de laquelle il se trouva dans une cour intérieure que dominait à l'un de ses angles un escalier de pierre.

Cet escalier aboutissait à une vaste chambre, ou plutôt à un immense corridor.

D'Epernon avait aussi la clef de ce corridor.

Il en ouvrit doucement la porte, et fit remarquer à Henri l'étrange aménagement qui, cette porte ouverte, frappait tout d'abord les yeux.

Quarante-cinq lits le garnissaient: chacun de ces lits était occupé par un dormeur.

Le roi regarda tous ces lits, tous ces dormeurs, puis se retournant du côté du duc avec une curiosité inquiète:

— Eh bien! lui demanda-t-il, quels sont tous ces gens qui dorment?

— Des gens qui dorment encore ce soir, mais qui dès demain ne dormiront plus, qu'à leur tour s'entend.

— Et pourquoi ne dormiront-ils plus?

— Pour que Votre Majesté puisse dormir, elle.

— Explique-toi; tous ces gens-là sont donc tes amis?

— Choisis par moi, sire, triés comme le grain dans l'aire; des gardes intrépides qui ne quitteront pas Votre Majesté plus que son ombre, et qui, gentilshommes tous, ayant le droit d'aller partout où Votre Majesté ira, ne laisseront personne approcher de vous à la longueur d'une épée.

— C'est toi qui as inventé cela, d'Epernon?

— Eh! mon Dieu, oui, moi tout seul, sire.

— On en rira.

— Non pas, on en aura peur.

— Ils sont donc bien terribles, tes gentilshommes?

— Sire, c'est une meute que vous lancerez sur tel gibier qu'il vous plaira, et qui, ne connaissant que vous, n'ayant de relation qu'avec Votre Majesté, ne s'adresseront qu'à vous pour avoir la lumière, la chaleur, la vie.

— Mais cela va me ruiner.

— Est-ce qu'un roi se ruine jamais?

— Je ne puis déjà point payer les Suisses.

— Regardez bien ces nouveaux venus, sire, et dites-moi s'ils vous paraissent gens de grande dépense?

Le roi jeta un regard sur ce long dortoir qui présentait un aspect assez digne d'attention, même pour un roi accoutumé aux belles divisions architecturales.

Cette salle longue était coupée, dans toute sa longueur, par une cloison sur laquelle le constructeur avait pris quarante-cinq alcôves, placées comme autant de chapelles à côté les unes des autres, et donnant sur le passage à l'une des extrémités duquel se tenaient le roi et d'Epernon.

Une porte, percée dans chacune de ces alcôves, donnait accès dans une sorte de logement voisin.

Il résultait de cette distribution ingénieuse que chaque gentilhomme avait sa vie publique et sa vie privée.

Au public, il apparaissait par l'alcôve.

En famille, il se cachait dans sa petite loge.

La porte de chacune de ces petites loges donnait sur un balcon, courant dans toute la longueur du bâtiment.

Le roi ne comprit pas tout d'abord ces subtiles distinctions.

— Pourquoi me les faites-vous voir tous ainsi ormant dans leurs lits? demanda le roi.

— Parce que, sire, j'ai pensé qu'ainsi l'inspection serait plus facile à faire pour Votre Majesté; puis ces alcôves, qui portent chacune un numéro, ont un avantage, c'est de transmettre ce numéro à leur locataire: ainsi chacun de ces locataires sera, selon le besoin, un homme ou un chiffre.

— C'est assez bien imaginé, dit le roi, surtout si nous seuls conservons la clef de toute cette arithmétique. Mais les malheureux étoufferont à toujours vivre dans ce bouge.

— Votre Majesté va faire le tour avec moi si elle le désire, et entrer dans les loges de chacun d'eux.

— Tudieu! quel garde-meubles tu viens de me faire, d'Epernon! dit le roi, jetant les yeux sur les chaises chargées de la défroque des dormeurs. Si j'y renferme les loques de ces gaillards-là, Paris rira beaucoup.

— Il est de fait, sire, répondit le duc, que mes quarante-cinq ne sont pas très somptueusement vêtus; mais, sire, s'ils eussent été tous ducs et pairs...

— Oui, je comprends, dit en souriant le roi, ils me coûteraient plus cher qu'ils ne vont me coûter.

— Eh bien, c'est cela même, sire.

— Combien me coûteront-ils, voyons? Cela me décidera peut-être, car en vérité, d'Épernon, la mine n'est pas appétissante.

— Sire, je sais bien qu'ils sont un peu maigris et hâlés par le soleil qu'il fait dans nos provinces du sud, mais j'étais maigre et hâlé comme eux lorsque je vins à Paris: ils engraisseront et blanchiront comme moi.

— Hum! fit Henri, en jetant un regard oblique sur d'Épernon.

Puis, après une pause:

— Sais-tu qu'ils ronflent comme des chantres, tes gentilshommes? dit le roi.

— Sire, il ne faut pas les juger sur cet aperçu, ils ont très bien dîné ce soir, voyez-vous.

— Tiens, en voici un qui rêve tout haut, dit le roi en tendant l'oreille avec curiosité.

— Vraiment?

— Oui, que dit-il donc? écoute.

En effet, un des gentilshommes, la tête et les bras pendants hors du lit, la bouche demi-close, soupirait quelques mots avec un mélancolique sourire.

Le roi s'approcha de lui sur la pointe du pied.

— Si vous êtes une femme, disait-il, fuyez! fuyez!

— Ah! ah! dit Henri, il est galant celui-là.

— Qu'en dites-vous, sire?

— Son visage me revient assez.

D'Épernon approcha son flambeau.

— Puis il a les mains blanches, et la barbe bien peignée.

— C'est le sire Ernauton de Carmainges, un joli garçon, et qui ira loin.

— Il a laissé là-bas quelque amour ébauché, pauvre diable!

— Pour n'avoir plus d'autre amour que celui de son roi, sire; nous lui tiendrons compte du sacrifice.

— Oh! oh! voilà une bizarre figure qui vient après ton sire... comment donc l'appelles-tu déjà?

— Ernauton de Carmainges.

— Ah! oui! peste! quelle chemise a le numéro 31! on dirait d'un sac de pénitent.

— Celui-là c'est M. de Chalabre : s'il ruine Votre Majesté, lui, ce ne sera pas, je vous en réponds, sans s'enrichir un peu.

— Et cet autre visage sombre, et qui n'a pas l'air de rêver d'amour?

— Quel numéro, sire?

— Numéro 12.

— Fine lame, cœur de bronze, homme de ressources, M. de Sainte-Maline, sire.

— Ah çà! mais j'y réfléchis; sais-tu que tu as eu là une idée, Lavalette?

— Je le crois bien; jugez donc un peu, sire, quel effet vont produire ces nouveaux chiens de garde, qui ne quitteront pas plus Votre Majesté que l'ombre le corps; ces molosses qu'on n'a jamais vus nulle part, et qui, à la première occasion, vont se montrer d'une façon qui nous fera honneur à tous.

— Oui, oui, tu as raison, c'est une idée. Mais attends donc.

— Quoi?

— Ils ne vont pas me suivre comme mon ombre dans cet équipage-là, je présume. Mon corps a bonne façon, et je ne veux pas que son ombre, ou plutôt que ses ombres le déshonorent.

— Ah! nous en revenons, sire, à la question du chiffre.

— Comptais-tu l'éluder?

— Non pas, au contraire, c'est en toutes cho-

ses la question fondamentale; mais à l'endroit de ce chiffre, j'ai encore eu une idée.

— D'Épernon, d'Épernon! dit le roi.

— Que voulez-vous, sire, le désir de plaire à Votre Majesté double mon imagination.

— Allons, voyons, dis cette idée.

— Eh bien, si cela dépendait de moi, chacun de ces gentilshommes trouveraient demain matin, sur le tabouret qui porte ses guenilles, une bourse de mille écus pour le paiement du premier semestre.

— Mille écus pour le premier semestre, six mille livres par an? allons donc! vous êtes fou, duc; un régiment tout entier ne coûterait point cela.

— Vous oubliez, sire, qu'ils sont destinés à être les ombres de Votre Majesté; et, vous l'avez dit vous-même, vous désirez que vos ombres soient décemment habillées. Chacun aura donc à prendre sur ses mille écus pour se vêtir et s'armer de manière à vous faire honneur; et sur le mot honneur, laissez la longe un peu lâche aux Gascons. Or, en mettant quinze cents livres pour l'équipement, ce serait donc quatre mille cinq cents livres pour la première année, trois mille pour la seconde et les autres.

— C'est plus acceptable.

— Et Votre Majesté accepte?

— Il n'y a qu'une difficulté, duc.

— Laquelle?

— Le manque d'argent.

— Le manque d'argent?

— Dame! tu dois savoir mieux que personne que ce n'est point une mauvaise raison que je te donne là, toi qui n'as pas encore pu te faire payer ta traite.

— Sire, j'ai trouvé un moyen.

— De me faire avoir de l'argent?

— Pour votre garde, oui, sire.

— Quelque tour de pince-maille, pensa le roi en regardant d'Épernon de côté

Puis tout haut :

— Voyons ce moyen, dit-il.

— On a enregistré, il y a eu six mois aujourd'hui même, un édit sur les droits de gibier et de poisson.

— C'est possible.

— Le paiement du premier semestre a donné soixante-cinq mille écus que le trésorier de l'épargne a encaissés ce matin, lorsque je l'ai prévenu de n'en rien faire, de sorte qu'au lieu de verser au trésor, il tient à la disposition de Votre Majesté l'argent de la taxe.

— Je le destinais aux guerres.

— Eh bien, justement, sire. La première condition de la guerre, c'est d'avoir des hommes; le premier intérêt du royaume, c'est la défense et la sûreté du roi; en soldant la garde du roi, on remplit toutes ces conditions.

— La raison n'est pas mauvaise; mais, à ton compte, je ne vois que quarante-cinq mille écus employés; il va donc m'en rester vingt mille pour mes régiments.

— Pardon, sire, j'ai disposé, sauf le plaisir de Votre Majesté, de ces vingt mille écus.

— Ah! tu en as disposé?

— Oui, sire, ce sera un acompte sur ma traite.

— J'en étais sûr, dit le roi, tu me donnes une garde pour rentrer dans ton argent.

— Oh! par exemple, sire!

— Mais pourquoi juste ce compte de quarante-cinq? demanda le roi, passant à une autre idée.

— Voilà, sire. Le nombre trois est primordial et divin, de plus, il est commode. Par exemple, quand un cavalier a trois chevaux, jamais il n'est à pied : le second remplace le premier qui est las; et puis il en reste un troisième pour suppléer au second, en cas de blessure ou de maladie. Vous aurez donc toujours trois fois quinze gentilshommes : quinze de service, trente qui se reposeront. Chaque service durera douze heures; et pendant ces douze heures vous en aurez toujours cinq à droite, cinq à gauche, deux devant et trois derrière. Que l'on vienne un peu vous attaquer avec une pareille garde.

— Par la mordieu! c'est habilement combiné, duc, et je te fais mon compliment.

— Regardez-les, sire; en vérité ils font bon effet.

— Oui, habillés ils ne seront pas mal.

— Croyez-vous maintenant que j'aie le droit de parler des dangers qui vous menacent, sire?

— Je ne dis pas.

— J'avais donc raison?

— Soit.

— Ce n'est pas M. de Joyeuse qui aurait eu cette idée-là.

— D'Épernon! d'Épernon! il n'est point charitable de dire du mal des absents.

— Par l'andious! vous dites bien du mal des présents, sire.

— Ah! Joyeuse m'accompagne toujours. Il était avec moi à la Grève aujourd'hui, lui, Joyeuse.

— Eh bien! moi j'étais ici, sire, et Votre Majesté voit que je ne perdais pas mon temps.

— Merci, Lavalette.

— A propos, sire, fit d'Épernon, après un silence d'un instant, j'avais une chose à demander à Votre Majesté.

— Cela m'étonnait beaucoup, en effet, duc, que tu ne me demandasses rien.

— Votre Majesté est amère aujourd'hui, sire.

— Eh! non, tu ne comprends pas, mon ami, dit le roi dont la raillerie avait satisfait la vengeance, ou plutôt tu me comprends mal : je disais que, m'ayant rendu service, tu avais droit à me demander quelque chose; demande donc.

— C'est différent, sire. D'ailleurs, ce que je demande à Votre Majesté, c'est une charge.

— Une charge! toi, colonel général de l'infanterie, tu veux encore une charge; mais elle t'écrasera.

— Je suis fort comme Samson pour le service de Votre Majesté; je porterais le ciel et la terre.

— Demande alors, dit le roi en soupirant.

— Je désire que Votre Majesté me donne le commandement de ces quarante-cinq gentilshommes.

— Comment! dit le roi stupéfait, tu veux marcher devant moi, derrière moi? tu veux te dévouer à ce point, tu veux être capitaine des gardes?

— Non pas, non pas, sire.

— A la bonne heure, que veux-tu donc alors? parle.

— Je veux que ces gardes, mes compatriotes, comprennent mieux mon commandement que celui de tout autre; mais je ne les précéderai ni ne les suivrai : j'aurai un second moi-même.

— Il y a encore quelque chose là-dessous, pensa Henri en secouant la tête; ce diable d'homme donne toujours pour avoir.

Puis tout haut :

— Eh bien, soit, tu auras ton commandement.

— Secret?

— Oui. Mais qui donc sera officiellement le chef de mes quarante-cinq?

— Le petit Loignac.

— Ah! tant mieux.

— Il agrée à Votre Majesté?

— Parfaitement.

— Est-ce arrêté ainsi, sire?

— Oui, mais...

— Mais?

— Quel rôle joue-t-il près de toi, ce Loignac?

— Il est mon d'Épernon, sire.

— Il te coûte cher alors, grommela le roi.

— Votre Majesté dit?

— Je dis que j'accepte.

— Sire, je vais chez le trésorier de l'épargne chercher les quarante-cinq bourses.

— Ce soir?

— Ne faut-il pas que nos hommes les trouvent demain sur leurs chaises.

— C'est juste. Va; moi, je rentre chez moi.

— Content, sire?

— Assez.

— Bien gardé dans tous les cas.

— Oui, par des gens qui dorment les poings fermés.

— Ils veilleront demain, sire.

D'Épernon reconduisit Henri jusqu'à la porte de la galerie et le quitta en se disant :

— Si je ne suis pas roi, j'ai des gardes comme un roi, et qui ne me coûtent rien, parfandious !

XIV

L'OMBRE DE CHICOT

L e roi, nous l'avons dit il n'y a qu'un instant, n'avait jamais de déceptions sur le compte de ses amis. Il connaissait leurs défauts et leurs qualités, et il lisait, roi de la terre, aussi exactement au plus profond de leur cœur que pouvait le faire le roi du ciel.

Il avait compris tout de suite où voulait en venir d'Épernon ; mais comme il s'attendait à ne rien recevoir en échange de ce qu'il donnerait, et qu'il recevait quarante-cinq estafiers en échange de soixante-cinq mille écus, l'idée du Gascon lui parut une trouvaille.

Et puis c'était une nouveauté. Un pauvre roi de France n'est pas toujours grassement fourni de cette marchandise si rare même pour des sujets, le roi Henri III surtout qui, lorsqu'il avait fait ses processions, peigné ses chiens, aligné ses têtes de mort et poussé sa quantité voulue de soupirs, n'avait plus rien à faire.

La garde instituée par d'Épernon plut donc au roi, surtout parce qu'on en parlerait, et qu'il pourrait en conséquence lire sur les physionomies autre chose que ce qu'il y voyait tous les jours depuis qu'il était revenu de Pologne.

Peu à peu et à mesure qu'il se rapprochait de sa chambre où l'attendait l'huissier, assez intrigué de cette excursion nocturne et insolite, Henri se développait à lui-même les avantages de l'institution des quarante-cinq, et, comme tous les esprits faibles ou affaiblis, il entrevoyait, s'éclaircissant, les idées que d'Épernon avait mises en lumière dans la conversation qu'il venait d'avoir avec lui.

— Au fait, pensa le roi, ces gens-là seront sans doute fort braves : il y en aura, Dieu merci ! pour tout le monde... et puis, c'est beau, un cortége de quarante-cinq épées toujours prêtes à sortir du fourreau !

Ce dernier chaînon de sa pensée se soudant au souvenir de ces autres épées si dévouées qu'il regrettait si amèrement tout haut et plus amèrement encore tout bas, amena Henri à une tristesse profonde dans laquelle il tombait si souvent à l'époque où nous sommes parvenus, qu'on eût pu dire que c'était son état habituel. Les temps si durs, les hommes si méchants, les couronnes si chancelantes au front des rois, lui imprimèrent une seconde fois cet immense besoin de mourir ou de s'égayer, pour sortir un instant de cette maladie que déjà, à cette époque, les Anglais, nos maîtres en mélancolie, avaient baptisée du nom de *spleen*.

Il chercha des yeux Joyeuse, puis ne l'apercevant nulle part, il le demanda.

— M. le duc n'est point encore revenu, dit l'huissier.

— C'est bien. Appelez mes valets de chambre, et retirez-vous.

— Sire, la chambre de Votre Majesté est prête, et Sa Majesté la reine a fait demander les ordres du roi.

Henri fit la sourde oreille.

— Doit-on faire dire à Sa Majesté, hasarda l'huissier, de mettre le chevet ?

— Non pas, dit Henri, non pas. J'ai mes dévotions, j'ai mes travaux ; et puis je suis souffrant, je dormirai seul.

L'huissier s'inclina.

— A propos, dit Henri le rappelant, portez à la reine ces confitures d'Orient qui font dormir.

Et il remit son drageoir à l'huissier.

Le roi entra dans sa chambre, que les valets avaient en effet préparée.

Une fois là, Henri jeta un coup d'œil sur tous les accessoires si recherchés, si minutieux de ces toilettes extravagantes qu'il faisait naguère pour être le plus bel homme de la chrétienté, ne pouvant pas en être le plus grand roi.

Mais rien ne lui parlait plus en faveur de ce travail forcé, auquel autrefois il s'assujettissait

si bravement. Tout ce qu'il y avait autrefois de la femme dans cette organisation hermaphrodite avait disparu. Henri était comme ces vieilles coquettes qui ont changé leur miroir contre un livre de messe : il avait presque horreur des objets qu'il avait le plus chéris.

Gants parfumés et onctueux, masques de toile fine imprégnés de pâtes, combinaisons chimiques pour friser les cheveux, noircir la barbe, rougir l'oreille et faire briller les yeux, il négligea tout cela encore comme il le faisait déjà depuis longtemps.

— Mon lit, dit-il avec un soupir.

Deux serviteurs le déshabillèrent, lui passèrent un caleçon de fine laine de Frise, et, le soulevant avec précaution, ils le glissèrent entre ses draps.

— Le lecteur de Sa Majesté ! cria une voix.

Car Henri, l'homme aux longues et cruelles insomnies, se faisait quelquefois endormir avec une lecture, et encore fallait-il maintenant du polonais pour accomplir le miracle, tandis qu'autrefois, c'est-à-dire primitivement, le français lui suffisait.

— Non, personne, dit Henri, ou qu'il lise des prières chez lui à mon intention. Seulement, si M. de Joyeuse rentre, amenez-le-moi.

— Mais s'il rentre tard, sire ?

— Hélas ! dit Henri, il rentre toujours tard ; mais à quelque heure qu'il rentre, vous entendez, amenez-le.

Les serviteurs éteignirent les cires, allumèrent près du feu une lampe d'essences qui donnaient des flammes pâles et bleuâtres, sorte de récréation fantasmagorique dont le roi se montrait fort épris depuis le retour de ses idées sépulcrales, puis ils quittèrent sur la pointe des pieds sa chambre silencieuse.

Henri, brave en face d'un danger véritable, avait toutes les craintes, toutes les faiblesses des enfants et des femmes. Il craignait les apparitions, il avait peur des fantômes, et cependant ce sentiment l'occupait. Ayant peur, il s'ennuyait moins. Semblable en cela à ce prisonnier qui, ennuyé de l'oisiveté d'une longue détention, répondait à ceux qui lui annonçaient qu'il allait subir la question :

— Bon, cela me fera toujours passer un instant.

Cependant, tout en suivant les reflets de sa lampe sur la muraille, tout en sondant du regard les angles les plus obscurs de la chambre, tout en essayant de saisir les moindres bruits qui eussent pu dénoncer la mystérieuse entrée d'une ombre, les yeux de Henri, fatigués du spectacle de la journée et de la course du soir, se voilèrent, et bientôt il s'endormit ou plutôt s'engourdit dans ce calme et cette solitude.

Mais les repos de Henri n'étaient pas longs. Miné par cette fièvre sourde qui usait la vie en lui pendant le sommeil comme pendant la veille, il crut entendre du bruit dans sa chambre et se réveilla.

— Joyeuse, demanda-t-il, est-ce toi?

Personne ne répondit.

Les flammes de la lampe bleue s'étaient affaiblies; elles ne renvoyaient plus au plafond de chêne sculpté qu'un cercle blafard qui verdissait l'or des caissons.

— Seul! seul encore, murmura le roi. Ah! le prophète a raison: Majesté devrait toujours soupirer. Il eût mieux fait de dire: Elle soupire toujours.

Puis, après une pause d'un instant:

— Mon Dieu! marmotta-t-il en forme de prière, donnez-moi la force d'être toujours seul pendant ma vie, comme seul je serai après ma mort!

— Eh! eh! seul après ta mort, ce n'est pas sûr, répondit une voix stridente qui vibra comme une percussion métallique à quelques pas du lit; et les vers, pour qui les prends-tu?

Le roi, effaré, se souleva sur son séant, interrogeant avec anxiété chaque meuble de la chambre.

— Oh! je connais cette voix, murmura-t-il.

— C'est heureux, répliqua la voix.

Une sueur froide passa sur le front du roi.

— On dirait la voix de Chicot, soupira-t-il.

— Tu brûles, Henri, tu brûles, répondit la voix.

Alors Henri, jetant une jambe hors du lit, aperçut à quelque distance de la cheminée, dans ce même fauteuil qu'il avait désigné une heure auparavant à d'Épernon, une tête sur laquelle le feu attachait un de ces reflets fauves qui seuls, dans les fonds de Rembrandt, illuminent un personnage qu'au premier coup d'œil on a peine à apercevoir.

Ce reflet descendait sur le bras du fauteuil où était appuyé le bras du personnage, puis sur son genou osseux et saillant, puis sur un cou-de-pied formant angle droit avec une jambe nerveuse, maigre et longue outre mesure.

— Que Dieu me protége! s'écria Henri, c'est l'ombre de Chicot!

— Ah! mon pauvre Henriquet, dit la voix, tu es donc toujours aussi niais?

— Qu'est-ce à dire?

— Les ombres ne parlent pas, imbécile, puisqu'elles n'ont pas de corps, et par conséquent pas de langue, reprit la figure assise dans le fauteuil.

— Tu es bien Chicot, alors? s'écria le roi ivre de joie.

— Je ne veux rien décider à cet égard; nous verrons plus tard ce que je suis, nous verrons.

— Comment, tu n'es donc pas mort, mon pauvre Chicot?

— Allons, bon! voilà que tu cries comme un aigle; si fait, au contraire, je suis mort, cent fois mort.

— Chicot, mon seul ami!

— Au moins tu as cet avantage sur moi, de dire toujours la même chose. Tu n'es pas changé, peste!

— Mais toi, toi, **dit tristement le roi,** es-tu changé, Chicot?

— Je l'espère bien.

— Chicot, mon ami, dit le roi en posant ses deux pieds sur le parquet, pourquoi m'as-tu quitté, dis?

— Parce que je suis mort.

— Mais tu disais tout à **l'heure que tu ne l'é-**tais pas?

— Et je le répète.

— Que veut dire cette contradiction?

— Cette contradiction veut dire, Henri, que je suis mort pour les uns et vivant pour les autres.

— Et pour moi, qu'es-tu?

— Pour toi je suis mort.

— Pourquoi mort pour moi?

— C'est facile à comprendre: **écoute bien.**

— Oui.

— Tu n'es pas maître chez toi.

— Comment!

— Tu ne peux rien pour ceux qui te servent.

— Monsieur Chicot!

— Ne nous fâchons pas, ou je me fâche.

— Oui, tu as raison, dit le roi tremblant que l'ombre de Chicot ne s'évanouît; parle, mon ami, parle.

— Eh bien donc, j'avais une petite affaire à vider avec M. de Mayenne, tu te le rappelles?

— Parfaitement.

— Je la vide : bien; je rosse ce capitaine sans pareil; très bien; il me fait chercher pour me pendre, et toi, sur qui je comptais pour me défendre contre ce héros, tu m'abandonnes; au lieu de l'achever, tu te raccommodes avec lui. Qu'ai-je fait alors? je me suis déclaré mort et enterré par l'intermédiaire de mon ami Gorenflot; de sorte que depuis ce temps M. de Mayenne, qui me cherchait, ne me cherche plus.

— Affreux courage que tu as eu là, Chicot! ne savais-tu pas la douleur que me causerait ta mort, dis?

— Oui, c'est courageux, mais ce n'est pas affreux du tout. Je n'ai jamais vécu si tranquille que depuis que tout le monde est persuadé que je ne vis plus.

— Chicot! Chicot! mon ami, s'écria le roi, tu m'épouvantes, ma tête se perd.

— Ah bah! c'est d'aujourd'hui que tu t'aperçois de cela, toi?

Je ne sais que croire.

— Dame! il faut pourtant t'arrêter à quelque chose : que crois-tu, voyons?

— Eh bien! je crois que tu es mort et que tu reviens.

— Alors je mens : tu es poli.

— Tu me caches une partie de la vérité, du moins; mais tout à l'heure, comme les spectres de l'antiquité, tu vas me dire des choses terribles.

— Ah! quant à cela, je ne dis pas non. Apprête-toi donc, pauvre roi!

— Oui, oui, continua Henri, avoue que tu es une ombre suscitée par le Seigneur.

— J'avouerai tout ce que tu voudras.

— Sans cela, enfin, comment serais-tu venu ici par ces corridors gardés? comment te trouverais-tu là, dans ma chambre, près de moi? Le premier venu entre donc au Louvre, maintenant? c'est donc comme cela qu'on garde le roi?

Et Henri, s'abandonnant tout entier à la terreur imaginaire qui venait de le saisir, se rejeta dans son lit, prêt à se couvrir la tête avec ses draps.

— Là, là, là, dit Chicot avec un accent qui cachait quelque pitié et beaucoup de sympathie,

là, ne t'échauffe pas, tu n'as qu'à me toucher pour te convaincre.

— Tu n'es donc pas un messager de vengeance?

— Ventre de biche! est-ce que j'ai des cornes comme Satan ou une épée flamboyante comme l'archange Michel?

— Alors, comment es-tu entré?

— Tu y reviens?

— Sans doute.

— Eh bien, comprends donc que j'ai toujours ma clef, celle que tu me donnas et que je me pendis au cou pour faire enrager les gentilshommes de ta chambre, qui n'avaient que le droit de se la pendre au derrière; eh bien! avec cette clef on entre, et je suis entré.

— Par la porte secrète, alors?

— Eh! sans doute.

— Mais pourquoi es-tu entré aujourd'hui plutôt qu'hier?

— Ah! c'est vrai, voilà la question; eh bien! tu vas le savoir.

Henri abaissa ses draps, et avec le même accent de naïveté qu'eût pris un enfant :

— Ne me dis rien de désagréable, Chicot, reprit-il, je t'en prie; oh! si tu savais quel plaisir me fait éprouver ta voix!

— Moi, je te dirai la vérité, voilà tout : tant pis si la vérité est désagréable.

— Ce n'est pas sérieux, n'est-ce pas, dit le roi, ta crainte de M. de Mayenne?

— C'est très sérieux, au contraire. Tu comprends : M. de Mayenne m'a fait donner cinquante coups de bâton, j'ai pris ma belle et lui ai donné cent coups de fourreau d'épée : suppose que deux coups de fourreau d'épée valent un coup de bâton, et nous sommes manche à manche; gare la belle! suppose qu'un coup de fourreau d'épée vaille un coup de bâton, ce peut être l'avis de M. de Mayenne; alors il me redoit cinquante coups de bâton ou de fourreau d'épée : or, je ne crains rien tant que les débiteurs de ce genre, et je ne fusse pas même venu ici, quelque besoin que tu eusses de moi, si je n'eusses pas su M. de Mayenne à Soissons.

— Eh bien! Chicot, cela étant, puisque c'est pour moi que tu es revenu, je te prends sous ma protection, et je veux...

— Que veux-tu? prends garde, Henriquet, toutes les fois que tu prononces les mots : je veux, tu es prêt à dire quelque sottise.

— Je veux que tu ressuscites, que tu sortes en plein jour.

— Là ! je le disais bien.

— Je te défendrai.

— Bon.

— Chicot, je t'engage ma parole royale.

— Bast ! j'ai mieux que cela.

— Qu'as-tu ?

— J'ai mon trou, et j'y reste.

— Je te défendrai, te dis-je ! s'écria énergiquement le roi en se dressant sur la marche de son lit.

— Henri, dit Chicot, tu vas t'enrhumer ; recouche-toi, je t'en supplie.

— Tu as raison ; mais c'est qu'aussi tu m'exaspères, dit le roi en se rengaînant entre ses draps. Comment, quand moi, Henri de Valois, roi de France, je me trouve assez de Suisses, d'Ecossais, de gardes françaises et de gentilshommes pour ma défense, monsieur Chicot ne se trouve point content et en sûreté ?

— Ecoute, voyons : comment as-tu dit cela ? Tu as les Suisses...

— Oui, commandés par Tocquenot.

— Bien. Tu as les Ecossais...

— Oui, commandés par Larchant.

— Très bien. Tu as les gardes françaises...

— Commandés par Crillon.

— A merveille. Et puis après ?

— Et puis après ? Je ne sais si je devrais te dire cela.

— Ne le dis pas : qui te le demande ?

— Et puis après, une nouveauté, Chicot.

— Une nouveauté ?

— Oui, figure-toi quarante-cinq braves gentilshommes.

— Quarante-cinq ! comment dis-tu cela ?

— Quarante-cinq gentilshommes.

— Où les as-tu trouvés ? ce n'est pas à Paris, en tout cas ?

— Non, mais ils y sont arrivés aujourd'hui, à Paris.

— Oui-dà ! oui-dà ! dit Chicot, illuminé d'une idée subite ; je les connais tes gentilshommes.

— Vraiment !

— Quarante-cinq gueux auxquels il ne manque que la besace.

— Je ne dis pas.

— Des figures à mourir de rire !

— Chicot, il y a parmi eux des hommes superbes.

— Des Gascons enfin, comme le colonel général de ton infanterie.

— Et comme toi, Chicot.

— Oh ! mais moi, Henri, c'est bien différent ; je ne suis plus Gascon depuis que j'ai quitté la Gascogne.

— Tandis qu'eux ?...

— C'est tout le contraire : ils n'étaient pas Gascons en Gascogne, et ils sont doubles Gascons ici.

— N'importe, j'ai quarante-cinq redoutables épées.

— Commandées par cette quarante-sixième redoutable épée qu'on appelle d'Epernon ?

— Pas précisément.

— Et par qui ?

— Par Loignac.

— Peuh !

— Ne vas-tu pas déprécier Loignac à présent ?

— Je m'en garderais fort, c'est mon cousin au vingt-septième degré.

— Vous êtes tous parents, vous autres Gascons.

— C'est tout le contraire de vous autres Valois, qui ne l'êtes jamais.

— Enfin, répondras-tu ?

— A quoi ?

— A mes quarante-cinq.

— Et c'est avec cela que tu comptes te défendre ?

— Oui, par la mordieu ! oui, s'écria Henri irrité.

Chicot, ou son ombre, car n'étant pas mieux renseigné que le roi là-dessus, nous sommes obligé de laisser nos lecteurs dans le doute ; Chicot, disons-nous, se laissa glisser dans le fauteuil, tout en appuyant ses talons au rebord de ce même fauteuil, de sorte que ses genoux formaient le sommet d'un angle plus élevé que sa tête.

— Eh bien, moi, dit-il, j'ai plus de troupes que toi.

— Des troupes ? tu as des troupes ?

— Tiens ! pourquoi pas ?

— Et quelles troupes ?

— Tu vas voir. J'ai d'abord toute l'armée que MM. de Guise se font en Lorraine.

— Es-tu fou ?

— Non pas, une vraie armée, six mille hommes au moins.

— Mais à quel propos, voyons, toi qui as si peur de M. de Mayenne, irais-tu te faire défendre précisément par les soldats de M. de Guise?

— Parce que je suis mort.

— Encore cette plaisanterie!

— Or, c'était à Chicot que M. de Mayenne en voulait. J'ai donc profité de cette mort pour changer de corps, de nom et de position sociale.

— Alors tu n'es plus Chicot? dit le roi.

— Non.

— Qu'es-tu donc?

— Je suis Robert Briquet, ancien négociant et ligueur.

— Toi, ligueur, Chicot?

— Enragé; ce qui fait, vois-tu, qu'à la condition de ne pas voir de trop près M. de Mayenne, j'ai pour ma défense personnelle, à moi Briquet, membre de la sainte Union, d'abord l'armée des Lorrains, ci, six mille hommes; retiens bien les chiffres.

— J'y suis.

— Ensuite cent mille Parisiens à peu près.

— Fameux soldats!

— Assez fameux pour te gêner fort, mon prince. Donc, cent mille et six mille, cent six mille; ensuite le parlement, le pape, les Espagnols, M. le cardinal de Bourbon, les Flamands, Henri de Navarre, le duc d'Anjou.

— Commences-tu à épuiser la liste? dit Henri impatienté.

— Allons donc! il me reste encore trois sortes de gens.

— Dis.

— Lesquels t'en veulent beaucoup.

— Dis.

— Les catholiques d'abord.

— Ah! oui, parce que je n'ai exterminé qu'aux trois quarts les huguenots.

— Puis les huguenots, parce que tu les as aux trois quarts exterminés.

— Ah! oui; et les troisièmes?

— Que dis-tu des politiques, Henri?

— Ah! oui, ceux qui ne veulent ni de moi, ni de mon frère, ni de M. de Guise.

— Mais qui veulent bien de ton beau-frère de Navarre.

— Pourvu qu'il abjure.

— Belle affaire! et comme la chose l'embarrasse, n'est-ce pas?

— Ah çà! mais les gens dont tu me parles là...

— Eh bien?

— C'est toute la France.

— Justement : voilà mes troupes, à moi, qui suis ligueur. Allons, allons! additionne et compare.

— Nous plaisantons, n'est-ce pas, Chicot? dit Henri, sentant certains frissonnements courir dans ses veines.

— Avec cela que c'est l'heure de plaisanter, quand tu es seul contre tout le monde, mon pauvre Henriquet!

Henri prit un air de dignité tout à fait royal.

— Seul je suis, dit-il; mais seul aussi je commande. Tu me fais voir une armée, très bien. Maintenant montre-moi un chef. Oh! tu vas me désigner M. de Guise; ne vois-tu pas que je le tiens à Nancy? M. de Mayenne? tu avoues toi-même qu'il est à Soissons; le duc d'Anjou? tu sais qu'il est à Bruxelles; le roi de Navarre? il est à Pau; tandis que moi, je suis seul, c'est vrai, mais libre chez moi et voyant venir l'ennemi comme, du milieu d'une plaine, le chasseur voit sortir des bois environnants son gibier, poil ou plume.

Chicot se gratta le nez. Le roi le crut vaincu.

— Qu'as-tu à répondre à cela? demanda Henri.

— Que tu es toujours éloquent, Henri; il te reste la langue : c'est en vérité plus que je ne croyais, et je t'en fais mon bien sincère compliment; mais je n'attaquerai qu'une chose dans ton discours.

— Laquelle?

— Oh! mon Dieu, rien, presque rien, une figure de rhétorique; j'attaquerai ta comparaison.

— En quoi?

— En ce que tu prétends que tu es le chasseur attendant le gibier à l'affût, tandis que je dis, moi, que tu es au contraire le gibier que le chasseur traque jusque dans son gîte.

— Chicot!

— Voyons, l'homme à l'embuscade, qui as-tu vu venir? dis.

— Personne, pardieu!

— Il est venu quelqu'un cependant.

— Parmi ceux que je t'ai cités?

— Non, pas précisément, mais à peu près.

— Et qui est venu?

— Une femme.

— Ma sœur, Margot?

— Non, la duchesse de Montpensier.

— Elle! à Paris?

— Eh! mon Dieu, oui.

— Eh bien! quand cela serait, depuis quand ai-je peur des femmes?

— C'est vrai, on ne doit avoir peur que des hommes. Attends un peu alors. Elle vient en avant-coureur, entends-tu? elle vient annoncer l'arrivée de son frère.

— L'arrivée de M. de Guise?

— Oui.

— Et tu crois que cela m'embarrasse?

— Oh! toi, tu n'es embarrassé de rien.

— Passe-moi l'encre et le papier.

— Pourquoi faire? pour signer l'ordre à M. de Guise de rester à Nancy?

— Justement. L'idée est bonne, puisqu'elle t'est venue en même temps qu'à moi.

— Exécrable! au contraire.

— Pourquoi?

— Il n'aura pas plus tôt reçu cet ordre-là qu'il devinera que sa présence est urgente à Paris, et qu'il accourra.

Le roi sentit la colère lui monter au front. Il regarda Chicot de travers.

— Si vous n'êtes revenu que pour me faire des communications comme celle-là, vous pouviez bien vous tenir où vous étiez.

— Que veux-tu, Henri, les fantômes ne sont pas flatteurs.

— Tu avoues donc que tu es un fantôme?

— Je ne l'ai jamais nié.

— Chicot!

— Allons! ne te fâche pas, car de myope que tu es, tu deviendrais aveugle. Voyons, ne m'as-tu pas dit que tu retenais ton frère en Flandre?

— Oui, certes, et c'est d'une bonne politique, je le maintiens.

— Maintenant, écoute, ne nous fâchons pas. Dans quel but penses-tu que M. de Guise reste à Nancy?

— Pour y organiser une armée.

— Bien! du calme... A quoi destine-t-il cette armée?

— Ah! Chicot, vous me fatiguez avec toutes ces questions.

— Fatigue-toi, fatigue-toi, Henri! tu t'en reposeras mieux plus tard : c'est moi qui te le promets. Nous disions donc qu'il destine cette armée?

— A combattre les huguenots du nord.

— Ou plutôt à contrarier ton frère d'Anjou, qui s'est fait nommer duc de Brabant, qui tâche de se bâtir un petit trône en Flandre, et qui te demande constamment des secours pour arriver à ce but.

— Secours que je lui promets toujours et que je ne lui enverrai jamais, bien entendu.

— A la grande joie de M. le duc de Guise. Eh bien! Henri, un conseil?

— Lequel?

— Si tu feignais une bonne fois d'envoyer ces secours promis, si ce secours s'avançait vers Bruxelles, ne dût-il aller qu'à moitié chemin?

— Ah! oui! s'écria Henri, je comprends; M. de Guise ne bougerait pas de la frontière.

— Et la promesse que nous a faite madame de Montpensier, à nous autres ligueurs, que M. de Guise serait à Paris avant huit jours?

— Cette promesse tomberait à l'eau.

— C'est toi qui l'as dit, mon maître, fit Chicot en prenant toutes ses aises. Voyons, que penses-tu du conseil, Henri?

— Je le crois bon... cependant...

— Quoi encore?

— Tandis que ces deux messieurs seront occupés l'un de l'autre, là-bas, au nord...

— Ah! oui, le midi, n'est-ce pas? tu as raison, Henri, c'est du midi que viennent les orages.

— Pendant ce temps-là, mon troisième fléau ne se mettra-t-il pas en branle? Tu sais ce qu'il fait, le Béarnais?

— Non, le diable m'emporte!

— Il réclame.

— Quoi?

— Les villes qui forment la dot de sa femme.

— Bah! voyez-vous l'insolent, à qui l'honneur d'être allié à la maison de France ne suffit pas, et qui se permet de réclamer ce qui lui appartient!

— Cahors, par exemple, comme si c'était d'un bon politique d'abandonner une pareille ville à un ennemi.

— Non, en effet, ce ne serait pas d'un bon politique; mais ce serait d'un honnête homme, par exemple.

— Monsieur Chicot!

-- Prenons que je n'ai rien dit ; tu sais que je ne me mêle pas de tes affaires de famille.

— Mais cela ne m'inquiète pas: j'ai mon idée.

— Bon !

— Revenons donc au plus pressé.

— A la Flandre ?

— J'y vais donc envoyer quelqu'un, en Flandre, à mon frère... Mais qui enverrai-je ? à qui puis-je me fier, mon Dieu ! pour une mission de cette importance ?

— Dame !...

— Ah ! j'y songe.

— Moi aussi.

— Vas-y, toi, Chicot.

— Que j'aille en Flandre, moi ?

— Pourquoi pas ?

— Un mort aller en Flandre ! allons donc !

— Puisque tu n'es plus Chicot, puisque tu es Robert Briquet.

— Bon ! un bourgeois, un ligueur, un ami de M. de Guise, faisant les fonctions d'ambassadeur près de M. le duc d'Anjou.

— C'est-à-dire que tu refuses ?

— Pardieu !

— Que tu me désobéis ?

— Moi, te désobéir ! Est-ce que je te dois obéissance ?

— Tu ne me dois pas obéissance, malheureux ?

— M'as-tu jamais rien donné qui m'engage avec toi ? Le peu que j'ai me vient d'héritage. Je suis gueux et obscur. Fais-moi duc et pair, érige en marquisat ma terre de la Chicoterie; dote-moi de cinq cent mille écus, et alors nous causerons ambassade.

Henri allait répondre et trouver une de ces bonnes raisons comme en trouvent toujours les rois quand on leur fait de semblables reproches, lorsqu'on entendit grincer sur sa tringle la massive portière de velours.

— M. le duc de Joyeuse ! dit la voix de l'huissier.

— Eh ! ventre de biche ! voilà ton affaire ! s'écria Chicot. Trouve-moi un ambassadeur pour te représenter mieux que ne le fera messire Anne, je t'en défie !

— Au fait, murmura Henri, décidément ce diable d'homme est de meilleur conseil que ne l'a jamais été aucun de mes ministres.

— Ah ! tu en conviens donc ? dit Chicot.

Et il se renfonça dans son fauteuil en prenant la forme d'une boule, de sorte que le plus habile marin du royaume, accoutumé à distinguer le moindre point des lignes de l'horizon, n'eût pu distinguer une saillie au-delà des sculptures du grand fauteuil dans lequel il était enseveli.

M. de Joyeuse avait beau être grand-amiral de France, il n'y voyait pas plus qu'un autre.

Le roi poussa un cri de joie en apercevant son jeune favori, et lui tendit la main.

— Assieds-toi, Joyeuse, mon enfant, lui dit-il. Mon Dieu ! que tu viens tard.

— Sire, répondit Joyeuse, Votre Majesté est bien obligeante de s'en apercevoir.

Et le duc, s'approchant de l'estrade du lit, s'assit sur les coussins fleurdelisés épars à cet effet sur les marches de cette estrade.

XV

DE LA DIFFICULTÉ QU'A UN ROI DE TROUVER DE BONS AMBASSADEURS

nicot, toujours invisible dans son fauteuil; Joyeuse, à demi couché sur les coussins; Henri, moelleusement pelotonné dans son lit, la conversation commença.

— Eh bien! Joyeuse, demanda Henri, avez-vous bien vagabondé par la ville?

— Mais oui, sire, fort bien; merci, répondit nonchalamment le duc.

— Comme vous avez disparu vite là-bas à la Grève?

— Ecoutez, sire, franchement c'était peu récréatif; et puis je n'aime pas à voir souffrir les hommes.

— Cœur miséricordieux!

— Non, cœur égoïste... la souffrance d'autrui me prend sur les nerfs.

— Tu sais ce qui s'est passé?

— Où cela, sire?

— En Grève.

— Ma foi, non.

— Salcède a nié.

— Ah!

— Vous prenez cela bien indifféremment, Joyeuse.

— Moi?

— Oui.

— Je vous avoue, sire, que je n'ajoutais pas grande importance à ce qu'il pouvait dire; d'ailleurs, j'étais sûr qu'il nierait.

— Mais puisqu'il a avoué.

— Raison de plus. Les premiers aveux ont mis les Guises sur leur garde; ils ont travaillé pendant que Votre Majesté restait tranquille : c'était forcé, cela.

— Comment! tu prévois de pareilles choses, et tu ne me les dis pas?

— Est-ce que je suis ministre, moi, pour parler politique?

— Laissons cela, Joyeuse.

— Sire...

— J'aurais besoin de ton frère.

— Mon frère comme moi, sire, est tout au service de Votre Majesté.

— Je puis donc compter sur lui?

— Sans doute.

— Eh bien! je veux le charger d'une petite mission.

— Hors de Paris?

— Oui.

— En ce cas, impossible, sire.

— Comment cela?

— Du Bouchage ne peut se déplacer en ce moment.

Henri se souleva sur son coude et regarda Joyeuse en ouvrant de grands yeux.

— Qu'est-ce à dire? fit-il.

Joyeuse supporta le regard interrogateur du roi avec la plus grande sérénité.

— Sire, dit-il, c'est la chose du monde la plus facile à comprendre. Du Bouchage est amoureux, seulement il avait mal entamé les négociations amoureuses; il faisait fausse route, de sorte que le pauvre enfant maigrissait, maigrissait...,

— En effet, dit le roi, je l'ai remarqué.

— Et devenait sombre, sombre, mordieu! comme s'il eût vécu à la cour de Votre Majesté.

Un certain grognement, parti du coin de la cheminée, interrompit Joyeuse qui regarda tout étonné autour de lui.

— Ne fais pas attention, Anne, dit Henri en riant, c'est quelque chien qui rêve sur un fauteuil. Tu disais donc, mon ami, que ce pauvre du Bouchage devenait triste.

— Oui, sire, triste comme la mort : il paraît qu'il a rencontré de par le monde une femme d'humeur funèbre; c'est terrible, ces rencontres-là. Toutefois, avec ce genre de caractère, on réussit tout aussi bien qu'avec les femmes rieuses; le tout est de savoir s'y prendre.

— Ah! tu n'aurais pas été embarrassé, toi, libertin!

— Allons! voilà que vous m'appelez libertin parce que j'aime les femmes.

Henri poussa un soupir.

— Tu dis donc que cette femme est d'un caractère funèbre?

— A ce que prétend du Bouchage, au moins: je ne la connais pas.

— Et malgré cette tristesse, tu réussirais, toi?

— Parbleu! il ne s'agit que d'opérer par les contrastes; je ne connais de difficultés sérieuses qu'avec les femmes d'un tempérament mitoyen: celles-là exigent, de la part de l'assiégeant, un mélange de grâces et de sévérité que peu de personnes réussissent à combiner. Du Bouchage est donc tombé sur une femme sombre, et il a un amour noir.

— Pauvre garçon! dit le roi.

— Vous comprenez, sire, continua Joyeuse, qu'il ne m'a pas eu plus tôt fait sa confidence que je me suis occupé de le guérir.

— De sorte que...

— De sorte qu'à l'heure qu'il est, la cure commence.

— Il est déjà moins amoureux?

— Non pas, sire; mais il a espoir que la femme devienne plus amoureuse, ce qui est une façon plus agréable de guérir les gens que de leur ôter leur amour : donc, à partir de ce soir, au lieu de soupirer à l'unisson de la dame, il va l'égayer par tous les moyens possibles; ce soir, par exemple, j'envoie à sa maîtresse une trentaine de musiciens d'Italie qui vont faire rage sous son balcon.

— Fi! dit le roi, c'est commun.

— Comment! c'est commun! trente musi-

ciens qui n'ont pas leurs pareils dans le monde entier!

— Ah! ma foi, du diable si, quand j'étais amoureux de madame de Condé, on m'eût distrait avec de la musique.

— Oui, mais vous étiez amoureux, vous, sire.

— Comme un fou, dit le roi.

Un nouveau grognement se fit entendre, qui ressemblait fort à un ricanement railleur.

— Vous voyez bien que c'est toute autre chose, sire, dit Joyeuse en essayant, mais inutilement, de voir d'où venait l'étrange interruption. La dame, au contraire, est indifférente comme une statue, et froide comme un glaçon.

— Et tu crois que la musique fondra le glaçon, animera la statue?

— Certainement que je le crois.

Le roi secoua la tête.

— Dame, je ne dis pas, continua Joyeuse, qu'au premier coup d'archet la dame ira se jeter dans les bras de du Bouchage : non; mais elle sera frappée que l'on fasse tout ce bruit à son intention; peu à peu elle s'accoutumera aux concerts, et si elle ne s'y accoutume pas, eh bien, il nous restera la comédie, les bateleurs, les enchantements, la poésie, les chevaux, toutes les folies de la terre enfin, si bien que si la gaîté ne lui revient pas, à cette belle désolée, il faudra bien au moins qu'elle revienne à du Bouchage.

— Je le lui souhaite, dit Henri; mais laissons du Bouchage, puisqu'il serait si gênant pour lui de quitter Paris en ce moment; il n'est pas indispensable pour moi que ce soit lui qui accomplisse cette mission; mais j'espère que toi, qui donnes de si bons conseils, tu ne t'es pas fait esclave, comme lui, de quelque belle passion?

— Moi! s'écria Joyeuse, je n'ai jamais été si parfaitement libre de ma vie.

— C'est à merveille; ainsi tu n'as rien à faire?

— Absolument rien, sire.

— Mais je te croyais en sentiment avec une belle dame?

— Ah! oui, la maîtresse de M. de Mayenne; une femme qui m'adorait.

— Eh bien!

— Eh bien, imaginez-vous que ce soir, après avoir fait la leçon à du Bouchage, je le quitte

Le duc de Joyeuse.

pour aller chez elle ; j'arrive la tête échauffée par les théories que je viens de développer ; je vous jure, sire, que je me croyais presque aussi amoureux que Henri ; voilà que je trouve une femme tremblante, effarée ; la première idée qui m'arrive est que je dérange quelqu'un ; j'essaie de la rassurer, inutile ; je l'interroge, elle ne répond point : je veux l'embrasser, elle détourne la tête, et comme je fronçais le sourcil, elle se fâche, se lève, nous nous querellons et elle m'avertit qu'elle ne sera plus jamais chez elle lorsque je m'y présenterai.

— Pauvre Joyeuse, dit le roi en riant, et qu'as-tu fait ?

— Pardieu ! sire, j'ai pris mon épée et mon manteau, j'ai fait un beau salut et je suis sorti sans regarder en arrière.

— Bravo, Joyeuse ! c'est courageux ! dit le roi.

— D'autant plus courageux, sire, qu'il me semblait l'entendre soupirer, la pauvre fille.

— Ne vas-tu pas te repentir de ton stoïcisme ? dit Henri.

— Non, sire ; si je me repentais un seul in

stant j'y courrais bien vite, vous comprenez...
mais rien ne m'ôtera de l'idée que la pauvre
femme me quitte malgré elle.

— Et cependant tu es parti?

— Me voilà.

— Et tu n'y retourneras point?

— Jamais... Si j'avais le ventre de M. de
Mayenne, je ne dis pas; mais je suis mince, j'ai
le droit d'être fier.

— Mon ami, dit sérieusement Henri, c'est
bien heureux pour ton salut, cette rupture-là.

—Je ne dis pas non, sire; mais, en attendant,
je vais m'ennuyer cruellement pendant huit
jours, n'ayant plus rien à faire, ne sachant plus
que devenir; aussi m'a-t-il poussé des idées de
paresse délicieuses; c'est amusant de s'ennuyer,
vrai... je n'en avais pas l'habitude, et je trouve
cela distingué.

— Je crois bien que c'est distingué, dit le roi;
j'ai mis la chose à la mode.

— Or, voilà mon plan, sire; je l'ai fait tout
en revenant du parvis Notre-Dame au Louvre.
Je me rendrai tous les jours ici en litière; Votre Majesté dira ses oraisons, moi je lirai des
livres d'alchimie ou de marine, ce qui vaudra
encore mieux, puisque je suis marin. J'aurai de
petits chiens que je ferai jouer avec les vôtres,
ou plutôt de petits chats, c'est plus gracieux;
ensuite nous mangerons de la crème et M. d'É-
pernon nous fera des contes. Je veux engrais-
ser aussi, moi; puis, quand la femme de du
Bouchage sera de triste devenue gaie, nous
en chercherons une autre qui de gaie devienne
triste; cela nous changera; mais, tout cela sans
bouger, sire: on n'est décidément bien qu'assis, et très bien couché. Oh! les bons coussins, sire! on voit bien que les tapissiers de
Votre Majesté travaillent pour un roi qui s'ennuie.

— Fi donc! Anne, dit le roi.

— Quoi! fi donc!

— Un homme de ton âge et de ton rang devenir paresseux et gras; les laides idées!

— Je ne trouve pas, sire.

— Je veux t'occuper à quelque chose, moi.

— Si c'est ennuyeux, je le veux bien.

Un troisième grognement se fit entendre: on
eût dit que le chien riait des paroles que venait
de prononcer Joyeuse.

— Voilà un chien bien intelligent, dit Henri;
il devine ce que je veux te faire faire.

— Que voulez-vous me faire faire, sire?
voyons un peu cela.

— Tu vas te botter.

Joyeuse fit un mouvement de terreur.

— Oh! non, ne me demandez pas cela, sire;
c'est contre toutes mes idées.

— Tu vas monter à cheval.

Joyeuse fit un bond.

— A cheval! non pas, je ne vais plus qu'en
litière; Votre Majesté n'a donc pas entendu?

— Voyons, Joyeuse, trève de raillerie, tu
m'entends? tu vas te botter et monter à cheval.

— Non, sire, répondit le duc avec le plus
grand sérieux, c'est impossible.

— Et pourquoi cela, impossible? demanda
Henri avec colère.

— Parce que... parce que... je suis amiral.

— Eh bien?

— Et que les amiraux ne montent pas à cheval.

— Ah! c'est comme cela! fit Henri.

Joyeuse répondit par un de ces signes de tête
comme les enfants en font lorsqu'ils sont assez
obstinés pour ne pas répondre.

—Eh bien! soit, monsieur l'amiral de France;
vous n'irez pas à cheval: vous avez raison, ce
n'est pas l'état d'un marin d'aller à cheval;
mais c'est l'état d'un marin d'aller en bateau
et en galère; vous vous rendrez donc à l'instant
même à Rouen, en bateau; à Rouen, vous trouverez votre galère amirale: vous la monterez
immédiatement et vous ferez appareiller pour
Anvers.

— Pour Anvers! s'écria Joyeuse, aussi désespéré que s'il eût reçu l'ordre de partir pour
Canton ou pour Valparaiso.

— Je crois l'avoir dit, fit le roi d'un ton gla-
cial qui établissait sans conteste son droit de
chef et sa volonté de souverain; je crois l'avoir
dit, et je ne veux pas le répéter.

Joyeuse, sans témoigner la moindre résistance, agrafa son manteau, remit son épée sur
son épaule et prit sur un fauteuil son toquet de
velours.

— Que de peine pour se faire obéir, vertu-
bleu! continua de grommeler Henri; si j'ou-
blie quelquefois que je suis le maître, tout le
monde, excepté moi, devrait au moins s'en
souvenir.

Joyeuse, muet et glacé, s'inclina et mit, selon l'ordonnance, une main sur la garde de son épée.

— Les ordres, sire? dit-il d'un voix qui, par son accent de soumission, changea immédiatement en cire fondante la volonté du monarque.

— Tu vas te rendre, lui dit-il, à Rouen où je désire que tu t'embarques, à moins que tu ne préfères aller par terre à Bruxelles.

— Henri attendait un mot de Joyeuse ; celui-ci se contenta d'un salut.

—Aimes-tu mieux la route de terre? demanda Henri.

— Je n'ai pas de préférence quand il s'agit d'exécuter un ordre, sire, répondit Joyeuse.

— Allons, boude, va! boude, affreux caractère! s'écria Henri. Ah! les rois n'ont pas d'amis !

— Qui donne des ordres ne peut s'attendre qu'à trouver des serviteurs, répondit Joyeuse avec solennité.

— Monsieur, reprit le roi blessé, vous irez donc à Rouen ; vous monterez votre galère, vous rallierez les garnisons de Caudebec, Harfleur et Dieppe, que je ferai remplacer; vous en chargerez six navires que vous mettrez au service de mon frère, lequel attend le secours que je lui ai promis.

— Ma commission, s'il vous plaît, sire? dit Joyeuse.

— Et depuis quand, répondit le roi, n'agissez-vous plus en vertu de vos pouvoirs d'amiral?

— Je n'ai droit qu'à obéir, et autant que je le puis, sire, j'évite toute responsabilité.

— C'est bien, monsieur le duc; vous recevrez la commission à votre hôtel au moment du départ.

— Et quand sera ce moment, sire?

— Dans une heure.

Joyeuse s'inclina respectueusement et se dirigea vers la porte.

Le cœur du roi faillit se rompre.

— Quoi! dit-il, pas même la politesse d'un adieu! Monsieur l'amiral, vous êtes peu civil; c'est le reproche que l'on fait à messieurs les gens de mer. Allons, peut-être aurai-je plus de satisfaction de mon colonel général d'infanterie.

— Veuillez me pardonner, sire, balbutia Joyeuse, mais je suis encore plus mauvais courtisan que mauvais marin, et je comprends que

Votre Majesté regrette ce qu'elle a fait pour moi.

Et il sortit, en fermant la porte avec violence, derrière la tapisserie qui se gonfla, repoussée par le vent.

— Voilà donc comme m'aiment ceux pour lesquels j'ai tant fait! s'écria le roi. Ah! Joyeuse! ingrat Joyeuse!

— Eh bien! ne vas-tu pas le rappeler? dit Chicot en s'avançant vers le lit. Quoi ! parce que par hasard tu as eu un peu de volonté, voilà que tu te repens.

— Ecoute donc, répondit le roi, tu es charmant, toi ! crois-tu qu'il soit agréable d'aller au mois d'octobre recevoir la pluie et le vent sur la mer? je voudrais bien t'y voir, égoïste !

— Libre à toi, grand roi, libre à toi.

— De te voir par vaux et par chemins.

— Par vaux et par chemins; c'est en ce moment-ci mon désir le plus vif que de voyager.

— Ainsi, si je t'envoyais quelque part, comme je viens d'envoyer Joyeuse, tu accepterais?

— Non-seulement j'accepterais, mais je postule, j'implore.

— Une mission ?

— Une mission.

— Tu irais en Navarre?

— J'irais au diable, grand roi !

— Railles-tu, bouffon?

— Sire, je n'étais pas déjà trop gai pendant ma vie, et je vous jure que je suis bien plus triste depuis ma mort.

— Mais tu refusais tout à l'heure de quitter Paris.

— Mon gracieux souverain, j'avais tort, très grand tort, et je me repens.

— De sorte que tu désires quitter Paris maintenant ?

— Tout de suite, illustre roi, à l'instant même, grand monarque !

— Je ne comprends plus, dit Henri.

— Tu n'as donc pas entendu les paroles du grand-amiral de France ?

— Lesquelles?

— Celles où il t'a annoncé sa rupture avec la maîtresse de M. de Mayenne.

— Oui; eh bien, après?

— Si cette femme, amoureuse d'un charmant garçon comme le duc, car il est charmant, Joyeuse...

— Sans doute.

— Si cette femme le congédie en soupirant, c'est qu'elle a un motif.

— Probablement; sans cela elle ne le congédierait pas.

— Eh bien, ce motif, le sais-tu?

— Non.

— Tu ne le devines pas?

— Non.

— C'est que M. de Mayenne va revenir.

— Oh! oh! fit le roi.

— Tu comprends enfin, je t'en félicite.

— Oui, je comprends; mais cependant...

— Cependant?

— Je ne trouve pas ta raison très forte.

— Donne-moi les tiennes, Henri, je ne demande pas mieux que de les trouver excellentes, donne.

— Pourquoi cette femme ne romprait-elle pas avec Mayenne, au lieu de renvoyer Joyeuse? Crois-tu que Joyeuse ne lui en saurait pas assez de gré pour conduire M. de Mayenne au Pré-aux-Clercs et lui trouer son gros ventre? Il a l'épée mauvaise, notre Joyeuse.

— Fort bien; mais M. de Mayenne a le poignard traître, lui, si Joyeuse a l'épée mauvaise. Rappelle-toi Saint-Mégrin. — Henri poussa un soupir et leva les yeux au ciel. — La femme qui est véritablement amoureuse ne se soucie pas qu'on lui tue son amant, elle préfère le quitter, gagner du temps; elle préfère surtout ne pas se faire tuer elle-même. On est diablement brutal dans cette chère maison de Guise.

— Ah! tu peux avoir raison.

— C'est bien heureux.

— Oui, et je commence à croire que Mayenne reviendra; mais toi, toi, Chicot, tu n'es pas une femme peureuse ou amoureuse?

— Moi, Henri, je suis un homme prudent, un homme qui ai un compte ouvert avec M. de Mayenne, une partie engagée: s'il me trouve, il voudra recommencer encore; il est joueur à faire frémir, ce bon M. de Mayenne!

— Eh bien?

— Eh bien! il jouera si bien que je recevrai un coup de couteau.

— Bah! je connais mon Chicot, il ne reçoit pas sans rendre.

— Tu as raison, je lui en rendrai dix dont il crèvera.

— Tant mieux, voilà la partie finie.

— Tant pis, morbleu! au contraire: tant pis, la famille poussera des cris affreux, tu auras toute la Ligue sur les bras, et quelque beau matin tu me diras: Chicot, mon ami, excuse-moi, mais je suis obligé de te faire rouer.

— Je dirai cela?

— Tu diras cela, et même, ce qui est bien pis, tu le feras, grand roi. J'aime donc mieux que cela tourne autrement, comprends-tu? Je ne suis pas mal comme je suis, j'ai envie de m'y tenir. Vois-tu, toutes ces progressions arithmétiques, appliquées à la rancune, me paraissent dangereuses; j'irai donc en Navarre, si tu veux bien m'y envoyer.

— Sans doute, je le veux.

— J'attends tes ordres, gracieux prince.

Et Chicot, prenant la même pose que Joyeuse, attendit.

— Mais, dit le roi, tu ne sais pas si la mission te conviendra.

— Du moment où je te la demande.

— C'est que, vois-tu, Chicot, dit Henri, j'ai certains projets de brouille entre Margot et son mari.

— Diviser pour régner, dit Chicot; il y a déjà cent ans que c'était l'A B C de la politique.

— Ainsi tu n'as aucune répugnance?

— Est-ce que cela me regarde? répondit Chicot; tu feras ce que tu voudras, grand prince. Je suis ambassadeur, voilà tout; tu n'as pas de comptes à me rendre, et pourvu que je sois inviolable... oh! quant à cela, tu comprends, j'y tiens.

— Mais encore, dit Henri, faut-il que tu saches ce que tu diras à mon beau-frère.

— Moi, dire quelque chose! non, non, non!

— Comment, non, non, non?

— J'irai où tu voudras, mais je ne dirai rien du tout. Il y a un proverbe là-dessus: trop gratter...

— Alors, tu refuses donc?

— Je refuse la parole, mais j'accepte la lettre.

Celui qui porte la parole a toujours quelque responsabilité; celui qui présente une lettre n'est jamais bousculé que de seconde main.

— Eh bien! soit, je te donnerai une lettre; cela rentre dans ma politique.

— Vois un peu comme cela se trouve! donne.

— Comment dis-tu cela?

— Je dis: donne.

C'est dit : à demain. — PAGE 86.

Et Chicot étendit la main.

— Ah! ne te figure pas qu'une lettre comme celle-là peut être écrite tout de suite; il faut qu'elle soit combinée, réfléchie, pesée.

— Eh bien! pèse, réfléchis, combine. Je repasserai demain à la pointe du jour, ou je l'enverrai prendre.

— Pourquoi ne coucherais-tu pas ici?

— Ici?

— Oui, dans ton fauteuil.

— Peste! c'est fini. Je ne coucherai plus au Louvre; un fantôme qu'on verrait dormir dans un fauteuil, quelle absurdité!

— Mais enfin, s'écria le roi, je veux cependant que tu connaisses mes intentions à l'égard de Margot et de son mari. Tu es Gascon; ma lettre va faire du bruit à la cour de Navarre : on te questionnera; il faut que tu puisses répondre. Que diable! tu me représentes; je ne veux pas que tu aies l'air d'un sot.

— Mon Dieu! fit Chicot en haussant les épaules, que tu as donc l'esprit obtus, grand roi!

Comment ! tu te figures que je vais porter une lettre à deux cent cinquante lieues sans savoir ce qu'il y a dedans !

Mais sois donc tranquille, ventre de biche ! au premier coin de rue, sous le premier arbre où je m'arrêterai, je vais l'ouvrir, ta lettre. Comment ! tu envoies depuis dix ans des ambassadeurs dans toutes les parties du monde, et tu ne les connais pas mieux que cela ! Allons, mets-toi le corps et l'âme en repos, moi je retourne à ma solitude.

— Où est-elle, ta solitude ?

— Au cimetière des Grands-Innocents, grand prince.

Henri regarda Chicot avec cet étonnement qu'il n'avait pas encore pu, depuis deux heures qu'il l'avait revu, chasser de son regard.

— Tu ne t'attendais pas à tout, n'est-ce pas ? dit Chicot, prenant son feutre et son manteau : ce que c'est cependant que d'avoir des relations avec des gens de l'autre monde ! C'est dit : à demain, moi ou mon messager.

— Soit, mais encore faut-il que ton messager ait un mot d'ordre, afin qu'on sache qu'il vient de ta part, et que les portes lui soient ouvertes.

— A merveille ! si c'est moi, je viens de ma part, si c'est mon messager, il vient de la part de l'*ombre*.

Et sur ces paroles, il disparut si légèrement que l'esprit superstitieux de Henri douta si c'était réellement un corps ou une ombre qui avait passé par une porte sans la faire crier, sous cette tapisserie sans en agiter un des plis.

XVI

COMMENT ET POUR QUELLE CAUSE CHICOT ÉTAIT MORT

hicot, véritable corps, n'en déplaise à ceux de nos lecteurs qui seraient assez partisans du merveilleux pour croire que nous avons eu l'audace d'introduire une ombre dans cette histoire, Chicot était donc sorti après avoir dit au roi, selon son habitude, sous forme de raillerie, toutes les vérités qu'il avait à lui dire.

Voilà ce qui était arrivé :

Après la mort des amis du roi, depuis les troubles et les conspirations fomentés par les Guises, Chicot avait réfléchi. Brave, comme on sait, et insouciant, il faisait cependant le plus grand cas de la vie qui l'amusait, comme il arrive à tous les hommes d'élite. Il n'y a guère que les sots qui s'ennuient en ce monde et qui vont chercher la distraction dans l'autre.

Le résultat de cette réflexion que nous avons indiquée, fut que la vengeance de M. de Mayenne lui parut plus redoutable que la protection du roi n'était efficace ; et il se disait, avec cette philosophie pratique qui le distinguait, qu'en ce monde rien ne défait ce qui est matériellement fait ; qu'ainsi toutes les hallebardes et toutes les cours de justice du roi de France ne raccommoderait pas, si peu visible qu'elle fût, certaine ouverture que le couteau de M. de Mayenne aurait faite au pourpoint de Chicot.

Il avait donc pris son parti en homme fatigué d'ailleurs du rôle de plaisant, qu'à chaque minute il brûlait de changer en rôle sérieux, et des familiarités royales qui, par les temps qui couraient, le conduisaient droit à sa perte.

Chicot avait donc commencé par mettre entre l'épée de M. de Mayenne et la peau de Chicot la plus grande distance possible. A cet effet, il était parti pour Beaune, dans le triple but de quitter Paris, d'embrasser son ami Gorenflot, et de goûter ce fameux vin de 1550, dont il avait été si chaleureusement question dans cette fameuse lettre qui termine notre récit de la *Dame de Monsoreau*.

Disons-le, la consolation avait été efficace : au bout de deux mois, Chicot s'aperçut qu'il engraissait à vue d'œil et s'aperçut aussi qu'en engraissant il se rapprochait de Gorenflot, plus qu'il n'était convenable à un homme d'esprit. L'esprit l'emporta donc sur la matière. Après que Chicot eut bu quelques centaines de bouteilles de ce fameux vin de 1550, et dévoré les vingt-deux volumes dont se composait la bibliothèque du prieuré, et dans lesquels le prieur avait lu cet axiome latin : *Bonum vinum lætificat cor hominis*, Chicot se sentit un grand poids à l'estomac et un grand vide au cerveau.

— Je me ferais bien moine, pensa-t-il; mais chez Gorenflot je serais trop le maître, et dans une autre abbaye je ne le serais point assez; certes, le froc me déguiserait à tout jamais aux yeux de M. de Mayenne ; mais, de par tous les diables! il y a d'autres moyens que les moyens vulgaires : cherchons. J'ai lu dans un autre livre, il est vrai que celui-là n'est point dans la bibliothèque de Gorenflot : *Quære et invenies*.

Chicot chercha donc, et voici ce qu'il trouva. Pour le temps, c'était assez neuf.

Il s'ouvrit à Gorenflot, et le pria d'écrire au roi sous sa dictée.

Gorenflot écrivit difficilement, c'est vrai, mais enfin il écrivit que Chicot s'était retiré au prieuré, que le chagrin d'avoir été obligé de se séparer de son maître, lorsque celui-ci s'était réconcilié avec M. de Mayenne, avait altéré sa santé, qu'il avait essayé de lutter en se distrayant, mais que la douleur avait été la plus forte, et qu'enfin il avait succombé.

De son côté, Chicot avait écrit lui-même une lettre au roi. Cette lettre, datée de 1580, était divisée en cinq paragraphes.

Chacun de ces paragraphes était censé écrit à un jour de distance et selon que la maladie faisait des progrès.

Le premier paragraphe était écrit et signé d'une main assez ferme.

Le second était tracé d'une main mal assurée, et la signature, quoique lisible encore, était déjà fort tremblée.

Il avait écrit *Chic...* à la fin du troisième.

Chi... à la fin du quatrième.

Enfin il y avait un *C* avec un pâté à la fin du cinquième.

Ce pâté d'un mourant avait produit sur le roi le plus douloureux effet.

C'est ce qui explique pourquoi il avait cru Chicot fantôme et ombre.

Nous citerions bien ici la lettre de Chicot, mais Chicot était, comme on dirait aujourd'hui, un homme fort excentrique, et comme le style est l'homme, son style épistolaire surtout était si excentrique que nous n'osons reproduire ici cette lettre, quelque effet que nous devions en attendre.

Mais on la retrouvera dans les Mémoires de l'Etoile. Elle est datée de 1580, comme nous l'avons dit, « année des grands cocuages, » ajouta Chicot.

Au bas de cette lettre, et pour ne pas laisser se refroidir l'intérêt de Henri, Gorenflot ajoutait que, depuis la mort de son ami, le prieuré de Beaune lui était devenu odieux, et qu'il aimait mieux Paris.

C'était surtout ce post-scriptum que Chicot avait eu grand'peine à tirer du bout des doigts de Gorenflot. Gorenflot, au contraire, se trouvait merveilleusement à Beaune, et Panurge aussi. Il faisait piteusement observer à Chicot que le vin est toujours frelaté quand on n'est point là pour le choisir sur les lieux. Mais Chicot promit au digne prieur de venir en personne tous les ans faire sa provision de romanée, de volnay et de chambertin, et comme, sur ce point et sur beaucoup d'autres, Gorenflot reconnaissait la supériorité de Chicot, il finit par céder aux sollicitations de son ami.

A son tour, en réponse à la lettre de Gorenflot et aux derniers adieux de Chicot, le roi avait écrit de sa propre main :

Alors attachant la proue à un pieu. — PAGE 91.

« Monsieur le prieur, vous donnerez une « sainte et poétique sépulture au pauvre Chicot, « que je regrette de toute mon âme, car c'était « non-seulement un ami dévoué, mais encore « un assez bon gentilhomme, quoiqu'il n'ait ja- « mais pu voir lui-même dans sa généalogie au- « delà de son trisaïeul. Vous l'entourerez de « fleurs, et ferez en sorte qu'il repose au soleil, « qu'il aimait beaucoup, étant du midi. Quant « à vous dont j'honore d'autant mieux la tris- « tesse que je la partage, vous quitterez, ainsi « que vous m'en témoignez le désir, votre « prieuré de Beaune. J'ai trop besoin à Paris « d'hommes dévoués et bons clercs pour vous « tenir éloigné. En conséquence, je vous nomme « prieur des Jacobins, votre résidence étant « fixée près la porte Saint-Antoine, à Paris, « quartier que notre pauvre ami affectionnait « tout particulièrement.

« Votre affectionné HENRI, qui vous prie de « ne pas l'oublier dans vos saintes prières. »

Qu'on juge si un pareil autographe, sorti tout entier d'une main royale, fit ouvrir de grands yeux au prieur, s'il admira la puissance du génie de Chicot, et s'il se hâta de prendre son vol vers les honneurs qui l'attendaient.

Car l'ambition avait poussé autrefois déjà, on se le rappelle, un de ces tenaces surgeons dans le cœur de Gorenflot, dont le prénom avait toujours été *Modeste*, et qui, depuis déjà qu'il était prieur de Beaune, s'appelait dom Modeste Gorenflot.

Tout s'était passé à la fois selon les désirs du roi et de Chicot. Un fagot d'épines, destiné à représenter physiquement et allégoriquement le cadavre, avait été enterré au soleil, au milieu des fleurs, sous un beau cep de vigne ; puis, une fois mort et enterré en effigie, Chicot avait aidé Gorenflot à faire son déménagement.

Dom Modeste s'était vu installer en grande pompe au prieuré des Jacobins. Chicot avait choisi la nuit pour se glisser dans Paris. Il avait acheté, près de la porte Bussy, une petite maison qui lui avait coûté trois cents écus ; et quand il voulait aller voir Gorenflot, il avait trois routes : celle de la ville, qui était plus courte ; celle des bords de l'eau, qui était la plus poétique ; enfin celle qui longeait les murailles de Paris, qui était la plus sûre.

Mais Chicot, qui était un rêveur, choisissait presque toujours celle de la Seine ; et comme, en ce temps, le fleuve n'était pas encore encaissé dans des murs de pierre, l'eau venait, comme dit le poète, lécher ses larges rives, le long desquelles, plus d'une fois, les habitants de la Cité purent voir la longue silhouette de Chicot se dessiner par les beaux clairs de lune.

Une fois installé, et ayant changé de nom, Chicot s'occupa à changer de visage : il s'appelait Robert Briquet, comme nous le savons déjà, et marchait légèrement courbé en avant ; puis l'inquiétude et le retour successif de cinq ou six années l'avaient rendu à peu près chauve, si bien que sa chevelure d'autrefois, crépue et noire, s'était, comme la mer au reflux, retirée de son front vers la nuque.

En outre, comme nous l'avons dit, il avait travaillé cet art si cher aux mimes anciens, qui consiste à changer, par de savantes contractions, le jeu naturel des muscles et le jeu habituel de la physionomie. Il était résulté de cette étude assidue que, vu au grand jour, Chicot était, lorsqu'il voulait s'en donner la peine, un Robert Briquet véritable, c'est-à-dire un homme dont la bouche allait d'une oreille à l'autre, dont le menton touchait le nez, et dont les yeux louchaient à faire trémir ; le tout sans grimaces, mais non sans charme pour les amateurs du changement, puisque de fine, longue et anguleuse qu'elle était, sa figure était devenue large, épanouie, obtuse et confite.

Il n'y avait que ses longs bras et ses jambes immenses que Chicot ne put raccourcir ; mais, comme il était fort industrieux, il avait, ainsi que nous l'avons dit, courbé son dos, ce qui lui faisait les bras presque aussi longs que les jambes.

Il joignit à ces exercices physionomiques la précaution de ne lier de relations avec personne. En effet, si disloqué que fût Chicot, il ne pouvait éternellement garder la même posture. Comment alors paraître bossu à midi, quand on avait été droit à dix heures, et quel prétexte à donner à un ami qui vous voit tout à coup changer de figure, parce qu'en vous promenant avec lui vous rencontrez par hasard un visage suspect.

Robert Briquet pratiqua donc la vie de reclus ; elle convenait d'ailleurs à ses goûts ; toute sa distraction était d'aller rendre visite à Gorenflot, et d'achever avec lui ce fameux vin de 1550, que le digne prieur s'était bien gardé de laisser dans les caves de Beaune.

Mais les esprits vulgaires sont sujets au changement, comme les grands esprits : Gorenflot changea, non pas physiquement.

Il vit en sa puissance, et à sa discrétion, celui qui jusque-là avait tenu ses destinées entre ses mains. Chicot venant dîner au prieuré lui parut un Chicot esclave, et Gorenflot, à partir de ce moment, pensa trop de soi, et pas assez de Chicot.

Chicot vit sans s'offenser le changement de son ami : ceux qu'il avait éprouvés près du roi Henri l'avaient façonné à cette sorte de philosophie. Il s'observa davantage, et ce fut tout. Au lieu d'aller tous les deux jours au prieuré, il n'y alla plus qu'une fois la semaine, puis tous les quinze jours, enfin tous les mois. Gorenflot était si gonflé qu'il ne s'en aperçut pas.

Chicot était trop philosophe pour être sensible ; il rit sous cap de l'ingratitude de Gorenflot et se gratta le nez et le menton, selon son ordinaire.

— L'eau et le temps, dit-il, sont les deux plus puissants dissolvants que je connaisse : l'un fend la pierre, l'autre l'amour-propre. Attendons ; et il attendit.

Il était dans cette attente lorsque arrivèrent les événements que nous venons de raconter, et au milieu desquels il lui parut surgir quelques-uns de ces événements nouveaux qui présagent les grandes catastrophes politiques. Or comme son roi, qu'il aimait toujours, tout trépassé qu'il était, lui parut, au milieu des événements futurs, courir quelques dangers analogues à ceux dont il l'avait déjà préservé, il prit sur lui de lui apparaître à l'état de fantôme,

et, dans ce seul but, de lui présager l'avenir. Nous avons vu comment l'annonce de l'arrivée prochaine de M. de Mayenne, annonce enveloppée dans le renvoi de Joyeuse, et que Chicot, avec son intelligence de singe, avait été chercher au fond de son enveloppe, avait fait passer Chicot de l'état de fantôme à la condition de vivant, et de la position de prophète à celle d'ambassadeur.

Maintenant que tout ce qui pourrait paraître obscur dans notre récit est expliqué, nous reprendrons, si nos lecteurs le veulent bien, Chicot à sa sortie du Louvre, et nous le suivrons jusqu'à sa petite maison du carrefour Bussy.

<hr />

XVII

LA SÉRÉNADE.

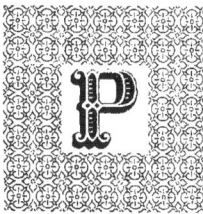

our aller du Louvre chez lui, Chicot n'avait pas longue route à faire.

Il descendit sur la berge, et commença à traverser la Seine sur un petit bateau qu'il dirigeait seul, et que, de la rive de Nesle, il avait amené et amarré au quai désert du Louvre.

— C'est étrange, disait-il, en ramant et en regardant, tout en ramant, les fenêtres du palais dont une seule, celle de la chambre du roi, demeurait éclairée, malgré l'heure avancée de la nuit ; c'est étrange, après bien des années, Henri est toujours le même : d'autres ont grandi, d'autres se sont abaissés, d'autres sont

morts, lui a gagné quelques rides au visage et au cœur, voilà tout ; c'est éternellement le même esprit, faible et distingué, fantasque et poétique ; c'est éternellement cette même âme égoïste, demandant toujours plus qu'on ne peut lui donner, l'amitié à l'indifférence, l'amour à l'amitié, le dévoûment à l'amour, et malheureux roi, pauvre roi, triste, avec tout cela, plus qu'aucun homme de son royaume. Il n'y a en vérité que moi, je crois, qui ai sondé ce singulier mélange de débauche et de repentir, d'impiété et de superstition, comme il n'y a que moi aussi qui connaisse le Louvre, dans les corridors duquel tant de favoris ont passé allant à la tombe, à l'exil ou à l'oubli ; comme il n'y a que moi qui manie sans danger et qui joue avec cette couronne qui brûle la pensée de tant de gens, en attendant qu'elle leur brûle les doigts.

Chicot poussa un soupir plus philosophe que triste, et appuya vigoureusement sur ses avirons.

— A propos, dit-il tout à coup, le roi ne m'a point parlé d'argent pour le voyage : cette confiance m'honore en ce qu'elle me prouve que je suis toujours son ami.

Et Chicot se mit à rire silencieusement, comme c'était son habitude; puis, d'un dernier coup d'aviron, il lança son bateau sur le sable fin où il demeura engravé.

Alors, attachant la proue à un pieu par un nœud dont il avait le secret, et qui, dans ces temps d'innocence, nous parlons par comparaison, était une sûreté suffisante, il se dirigea vers sa demeure, située, comme on sait, à deux portées de fusil à peine du bord de la rivière.

En entrant dans la rue des Augustins, il fut fort frappé et surtout fort surpris d'entendre résonner des instruments et des voix qui remplissaient d'harmonie le quartier, si paisible d'ordinaire à ces heures avancées.

— On se marie donc par ici? pensa-t-il tout d'abord ; ventre de biche! je n'avais que cinq heures à dormir et je vais être forcé de veiller, moi qui ne me marie pas.

En approchant, il vit une grande lueur danser sur les vitres des rares maisons qui peuplaient sa rue; cette lueur était produite par une douzaine de flambeaux que portaient des pages et des valets de pied, tandis que vingt-quatre musiciens, sous les ordres d'un Italien énergumène, faisaient rage de leurs violes, psaltérions, cistres, rebecs, violons, trompettes et tambours.

Cette armée de tapageurs était placée en bel ordre devant une maison que Chicot, non sans surprise, reconnut être la sienne.

Le général invisible qui avait dirigé cette manœuvre avait disposé musiciens et pages de manière à ce que tous, le visage tourné vers la maison de Robert Briquet, l'œil attaché sur les fenêtres, semblassent ne respirer, ne vivre, ne s'animer que pour cette contemplation.

Chicot demeura un instant stupéfait à regarder toute cette évolution et à écouter tout ce tintamarre.

Puis frappant ses deux cuisses de ses mains osseuses :

— Mais, dit-il, il y a méprise; il est impossible que ce soit pour moi que l'on mène si grand bruit.

Alors, s'approchant davantage, il se mêla aux curieux que la sérénade avait attirés, et regardant attentivement autour de lui, il s'assura que toute la lumière des torches se reflétait sur sa maison, comme toute l'harmonie s'y engouffrait : nul dans cette foule ne s'occupait, ni de la maison en face, ni des maisons voisines.

— En vérité, se dit Chicot, c'est bien pour moi : est-ce que quelque princesse inconnue serait tombée amoureuse de moi par hasard?

Cependant cette supposition, toute flatteuse qu'elle était, ne parut point convaincre Chicot.

Il se retourna vers la maison qui faisait face à la sienne.

Les deux seules fenêtres de cette maison, placées au second, les seules qui n'eussent point de volets, absorbaient par intervalles des éclairs de lumière; mais c'était pour son plaisir à elle, pauvre maison, qui paraissait privée de toute vue, veuve de tout visage humain.

— Il faut qu'on dorme durement dans cette maison, dit Chicot, ventre de biche! un pareil bacchanal réveillerait des morts!

Pendant toutes ces interrogations et toutes ces réponses que Chicot se faisait à lui-même, l'orchestre continuait ses symphonies comme s'il eût joué devant une assemblée de rois et d'empereurs.

— Pardon, mon ami, dit alors Chicot, s'adressant à un porte-flambeau, mais pourriez-vous, s'il vous plaît, me dire pour qui toute cette musique?

— Pour le bourgeois qui habite là, répondit le valet en désignant à Chicot la maison de Robert Briquet.

— Pour moi, reprit Chicot, décidément c'est pour moi.

Chicot perça la foule pour lire l'explication de l'énigme sur la manche et sur la poitrine des pages; mais tout blason avait soigneusement disparu sous une espèce de tabart couleur de muraille.

— A qui êtes-vous, mon ami? demanda Chicot à un tambourin qui chauffait ses doigts avec son haleine, n'ayant rien à tambouriner en ce moment-là.

— Au bourgeois qui loge ici, répondit l'instrumentiste, désignant avec sa baguette le logis de Robert Briquet.

— Ah ! ah ! dit Chicot, non-seulement ils sont ici pour moi, mais ils sont à moi. De mieux en mieux ; enfin nous allons bien voir.

Et armant son visage de la plus compliquée grimace qu'il pût trouver, il coudoya de droite et de gauche pages, laquais, musiciens, afin de gagner la porte, manœuvre à laquelle il parvint non sans difficulté, et là, visible et resplendissant dans le cercle formé par les porte-flambeaux, il tira sa clef de sa poche, ouvrit la porte, entra, repoussa la porte et ferma les verrous.

Puis, montant à son balcon, il apporta sur la saillie une chaise de cuir, s'y installa commodément, le menton appuyé sur la rampe, et là sans paraître remarquer les rires qui accueillaient son apparition :

— Messieurs, dit-il, ne vous trompez-vous point, et vos trilles, cadences et roulades, sont-elles bien à mon adresse?

— Vous êtes maître Robert Briquet?demanda le directeur de tout cet orchestre.

— En personne.

— Eh bien ! nous sommes tout à votre service, monsieur, répliqua l'Italien, avec un mouvement de bâton qui souleva une nouvelle bourrasque de mélodie.

— Décidément, c'est inintelligible, se dit Chicot en promenant ses yeux actifs sur toute cette foule et sur les maisons du voisinage.

Tout ce que les maisons avaient d'habitants taient à leurs fenêtres, sur le seuil de leurs maisons, ou mêlés aux groupes qui stationnaient devant la porte.

Maître Fournichon, sa femme et toute la suite des quarante-cinq, femmes, enfants et laquais, peuplaient les ouvertures de l'*Epée du fier Chevalier*.

Seule, la maison en face était sombre, muette comme un tombeau.

Chicot cherchait toujours des yeux le mot de cette indéchiffrable énigme, quand tout à coup il crut voir, sous l'auvent même de sa maison, à travers les fentes du plancher du balcon, un peu au-dessous de ses pieds, un homme tout enveloppé d'un manteau de couleur sombre, portant chapeau noir, plume rouge et longue épée, lequel, croyant n'être point vu, regardait de toute son âme la maison en face, cette maison, déserte, muette et morte.

De temps en temps le chef d'orchestre quittait son poste pour aller parler bas à cet homme.

Chicot devina bien vite que tout l'intérêt de la scène était là, et que ce chapeau noir cachait une figure de gentilhomme.

Dès lors toute son attention fut pour ce personnage : le rôle d'observateur lui était facile, sa position sur la rampe du balcon permettait à sa vue de distinguer dans la rue et sous l'auvent ; il réussit donc à suivre chaque mouvement du mystérieux inconnu dont la première imprudence ne pouvait manquer de lui dévoiler les traits.

Tout à coup, et tandis que Chicot était tout absorbé dans ces observations, un cavalier, suivi de deux écuyers, parut à l'angle de la rue, et chassa énergiquement, à coups de houssine, les curieux qui s'obstinaient à faire galerie aux musiciens.

— M. Joyeuse, murmura Chicot, qui reconnut dans le cavalier le grand-amiral de France, botté et éperonné par ordre du roi.

Les curieux dispersés, l'orchestre se tut.

Probablement un signe du maître lui avait imposé le silence.

Le cavalier s'approcha du gentilhomme caché sous l'auvent.

— Eh bien ! Henri, lui demanda-t-il, quoi de nouveau?

— Rien, mon frère, rien.

— Rien !

— Non, elle n'a pas même paru.

— Ces drôles n'ont donc point fait vacarme !

— Ils ont assourdi tout le quartier.

— Ils n'ont donc pas crié, comme on le leur avait recommandé, qu'ils jouaient en l'honneur de ce bourgeois?

— Ils l'ont si bien crié qu'il est là en personne, sur son balcon, écoutant la sérénade.

— Et elle n'a point paru?

— Ni elle ni personne.

— L'idée était ingénieuse, cependant, dit Joyeuse piqué, car enfin elle pouvait, sans se compromettre, faire comme tous ces braves gens et profiter de la musique donnée à son voisin.

Henri secoua la tête.

— Ah ! l'on voit bien que vous ne la connaissez point, mon frère, dit-il.

— Si fait, si fait, je la connais ; c'est-à-dire que je connais toutes les femmes, et comme elle est comprise dans le nombre, eh bien ! ne nous décourageons pas.

— Oh! mon Dieu, mon frère, vous me dites cela d'un ton tout découragé.

— Pas le moins du monde ; seulement à partir d'aujourd'hui, il faut que chaque soir le bourgeois ait sa sérénade.

— Mais elle va déménager.

— Pourquoi, si tu ne dis rien, si tu ne la désignes pas, si tu restes toujours caché? Le bourgeois a-t-il parlé quand on lui a fait cette galanterie?

— Il a harangué l'orchestre. Eh! tenez, mon frère, le voilà qui va parler encore.

En effet, Briquet, décidé à tirer la chose au clair, se levait pour interroger une seconde fois le chef de l'orchestre.

— Taisez-vous, là-haut, et rentrez, cria Anne de mauvaise humeur; que diable! puisque vous avez eu votre sérénade, vous n'avez rien à dire, tenez-vous donc en repos.

— Ma sérénade, ma sérénade, répondit Chicot de l'air le plus gracieux ; mais je veux savoir au moins à qui elle est adressée, ma sérénade.

— A votre fille, imbécile!

— Pardon, monsieur, mais je n'ai pas de fille.

— A votre femme alors.

— Grâce à Dieu! je ne suis pas marié.

— Alors à vous, à vous en personne.

— Oui, à toi, et si tu ne rentres pas.

Joyeuse, joignant l'effet à la menace, poussa son cheval vers le balcon de Chicot, et cela, tout au travers des instrumentistes.

— Ventre de biche! cria Chicot, si la musique est pour moi, qui donc vient ici m'écraser ma musique?

— Vieux fou! grommela Joyeuse en levant la tête, si tu ne caches pas ta laide figure dans ton nid de corbeau, les musiciens vont te casser leurs instruments sur la nuque.

— Laissez ce pauvre homme, mon frère, dit du Bouchage; le fait est qu'il doit être fort étonné.

— Et pourquoi s'étonne-t-il, morbleu! D'ailleurs tu vois bien qu'en faisant naître une querelle, nous attirerons quelqu'un à la fenêtre; donc, rossons le bourgeois, brûlons sa maison s'il le faut, mais, corbleu! remuons-nous, remuons-nous!

— Par pitié, mon frère, dit Henri, n'extorquons pas l'attention de cette femme, nous sommes vaincus; résignons-nous.

Briquet n'avait pas perdu un mot de ce dernier dialogue qui avait introduit un grand jour dans ses idées encore confuses; il faisait donc mentalement ses préparatifs de défense, connaissant l'humeur de celui qui l'attaquait.

Mais Joyeuse, se rendant au raisonnement de Henri, n'insista point davantage ; il congédia pages, valets, musiciens et maestro.

Puis tirant son frère à part :

— Tu me vois au désespoir, dit-il, tout conspire contre nous.

— Que veux-tu dire?

— Le temps me manque pour t'aider.

— En effet, tu es en costume de voyage, je n'avais point encore remarqué cela.

— Je pars cette nuit pour Anvers avec une mission du roi.

— Quand donc te l'a-t-il donnée?

— Ce soir.

— Mon Dieu!

— Viens avec moi, je t'en supplie?

Henri laissa tomber ses bras.

— Me l'ordonnez-vous, mon frère? demanda-t-il, pâlissant à l'idée de ce départ.

Anne fit un mouvement.

— Si vous l'ordonnez, continua Henri, j'obéirai.

— Je te prie, du Bouchage, rien autre chose.

— Merci, mon frère.

Joyeuse haussa les épaules.

— Tant que vous voudrez, Joyeuse ; mais, voyez-vous, s'il me fallait renoncer à passer les nuits dans cette rue, s'il me fallait cesser de regarder cette fenêtre...

— Eh bien?

— Je mourrais.

— Pauvre fou!

— Mon cœur est là, voyez-vous, mon frère, dit Henri en étendant la main vers la maison, ma vie est là ; ne me demandez pas de vivre, si vous m'arrachez le cœur de la poitrine.

Le duc croisa ses bras avec une colère mêlée de pitié, mordit sa fine moustache, et après avoir réfléchi pendant quelques minutes de silence :

— Si notre père vous priait, Henri, dit-il, de vous laisser soigner par Miron, qui est un philosophe en même temps que médecin...

— Je répondrais à notre père que je ne suis point malade, que ma tête est saine, et que Miron ne guérit pas du mal d'amour.

— Il faut donc adopter votre façon de voir, Henri; mais pourquoi irais-je m'inquiéter? Cette femme est femme, vous êtes persévérant, rien n'est donc désespéré, et à mon retour je vous verrai plus allègre, plus jovial et plus chantant que moi.

— Oui, oui, mon bon frère, reprit le jeune homme en serrant les mains de son ami; oui, je guérirai, oui, je serai heureux, oui, je serai allègre; merci de votre amitié, merci! c'est mon bien le plus précieux.

— Après votre amour.

— Avant ma vie.

Joyeuse, profondément touché malgré sa frivolité apparente, interrompit brusquement son frère.

— Partons-nous? dit-il; voilà que les flambeaux sont éteints, les instruments au dos des musiciens, les pages en route.

— Allez, allez, mon frère, je vous suis, dit du Bouchage en soupirant de quitter la rue.

— Je vous entends, dit Joyeuse; le dernier adieu à la fenêtre, c'est juste. Alors adieu aussi pour moi, Henri.

Henri passa ses bras au cou de son frère, qui se penchait pour l'embrasser.

— Non, dit-il, je vous accompagnerai jusqu'aux portes; attendez-moi seulement à cent pas d'ici. En croyant la rue solitaire, peut-être se montrera-t-elle.

Anne poussa son cheval vers l'escorte arrêtée à cent pas.

— Allons, allons, dit-il, nous n'avons plus besoin de vous jusqu'à nouvel ordre; partez.

Les flambeaux disparurent, les conversations des musiciens et les rires des pages s'éteignirent, comme aussi les derniers gémissements arrachés aux cordes des violes et des luths par le frôlement d'une main égarée.

Henri donna un dernier regard à la maison, envoya une dernière prière aux fenêtres, et rejoignit lentement, et en se retournant sans cesse, son frère, que précédaient les deux écuyers.

Robert Briquet, voyant les deux jeunes gens partir avec les musiciens, jugea que le dénoûment de cette scène, si toutefois cette scène devait avoir un dénoûment, allait avoir lieu.

En conséquence, il se retira bruyamment du balcon et ferma la fenêtre.

Quelques curieux obstinés demeurèrent encore fermes à leur poste; mais, au bout de dix minutes, le plus persévérant avait disparu.

Pendant ce temps, Robert Briquet avait gagné le toit de sa maison, dentelé comme celui des maisons flamandes, et se cachant derrière une de ces dentelures, il observait les fenêtres d'en face.

Sitôt que le bruit eut cessé dans la rue, qu'on n'entendit plus ni instruments, ni pas, ni voix; sitôt que tout enfin fut rentré dans l'ordre accoutumé, une des fenêtres supérieures de cette maison étrange s'ouvrit mystérieusement, et une tête prudente s'avança au dehors.

— Plus rien, murmura une voix d'homme, par conséquent plus de danger; c'était quelque mystification à l'adresse de notre voisin; vous pouvez quitter votre cachette, madame, et redescendre chez vous.

A ces mots, l'homme referma la fenêtre, fit jaillir le feu d'une pierre, et alluma une lampe qu'il tendit vers un bras allongé pour la recevoir.

Chicot regardait de toutes les forces de sa prunelle.

Mais il n'eut pas plus tôt aperçu la pâle et sublime figure de la femme qui recevait cette lampe, il n'eut pas plus tôt saisi le regard doux et triste qui fut échangé entre le serviteur et la maîtresse, qu'il pâlit lui-même et sentit comme un frisson glacé courant dans ses veines.

La jeune femme, à peine avait-elle vingt-quatre ans, la jeune femme alors descendit l'escalier: son serviteur la suivit.

— Ah! murmura Chicot, passant la main sur son front pour en essuyer la sueur, et comme si en même temps il eût voulu chasser une vision terrible, ah! comte du Bouchage, brave, beau jeune homme, amoureux insensé qui parles maintenant de devenir joyeux, chantant et allègre, passe ta devise à ton frère, car jamais plus tu ne diras: *hilariter* (1).

Puis il descendit à son tour dans sa chambre, le front assombri comme s'il fût descendu dans quelque passe terrible, dans quelque abîme sanglant, et s'assit dans l'ombre, subjugué, lui, le dernier, mais le plus complètement peut-être, par l'incroyable influence de mélancolie qui rayonnait du centre de cette maison.

(1) *Joyeusement;* la devise de Henri de Joyeuse, nous l'avons déjà dit, était le mot latin *hilariter.*

XVIII

LA BOURSE DE CHICOT

Chicot passa toute la nuit à rêver sur son fauteuil. Rêver est le mot, car, en vérité, ce furent moins des pensées qui l'occupèrent que des rêves.

Revenir au passé, voir s'éclairer au feu d'un seul regard toute une époque presque effacée déjà de la mémoire, ce n'est pas penser. Chicot habita toute la nuit un monde déjà laissé par lui bien en arrière, et peuplé d'ombres illustres ou gracieuses que le regard de la femme pâle, semblable à une lampe fidèle, lui montrait défilant une à une devant lui avec son cortége de souvenirs heureux et terribles.

Chicot, qui regrettait tant son sommeil en revenant du Louvre, ne songea pas même à se coucher. Aussi quand l'aube vint argenter les vitraux de sa fenêtre :

— L'heure des fantômes est passée, dit-il, il s'agit de songer un peu aux vivants.

Il se leva, ceignit sa longue épée, jeta sur ses épaules un surtout de laine lie de vin, d'un tissu impénétrable aux plus fortes pluies, et, avec la stoïque fermeté du sage, il examina d'un coup d'œil le fond de sa bourse et la semelle de ses souliers.

Ceux-ci parurent à Chicot dignes de commencer une campagne ; celle-là méritait une attention particulière.

Nous ferons donc une halte à notre récit pour prendre le temps de la décrire à nos lecteurs.

Chicot, homme d'ingénieuse imagination, comme chacun sait, avait creusé la maîtresse poutre qui traversait sa maison de bout en bout, concourant ainsi à la fois à l'ornement, car elle était peinte de diverses couleurs, et à la solidité, car elle avait dix-huit pouces au moins de diamètre.

Dans cette poutre, au moyen d'une concavité d'un pied et demi de long sur six pouces de large, il s'était fait un coffre-fort dont les flancs contenaient mille écus d'or.

Or, voici le calcul que s'était fait Chicot.

— Je dépense par jour, avait-il dit, la vingtième partie d'un de ces écus : j'ai donc là de quoi vivre vingt mille jours. Je ne les vivrai jamais, mais je puis aller à la moitié ; et puis, à mesure que je vieillirai, mes besoins et par conséquent mes dépenses s'augmenteront, car encore faut-il que le bien-être progresse en proportion de la diminution de la vie. Tout cela me fait vingt-cinq ou trente bonnes années à vivre. Allons, c'est, Dieu merci! bien assez.

Chicot se trouvait donc, grâce au calcul que nous venons de faire après lui, un des plus riches rentiers de la ville de Paris, et cette tranquillité sur son avenir lui donnait un certain orgueil.

Non pas que Chicot fût avare, longtemps même il avait été prodigue ; mais la misère lui faisait horreur, car il savait qu'elle tombe comme un manteau de plomb sur les épaules, et qu'elle courbe les plus forts.

Ce matin donc, en ouvrant sa caisse pour faire ses comptes vis-à-vis de lui-même, il se dit:

— Ventre de biche ! le siècle est dur et les temps ne sont point à la générosité. Je n'ai pas de délicatesse à faire avec Henri, moi. Ces mille écus d'or ne viennent pas même de lui, mais d'un oncle qui m'en avait promis six fois davantage: il est vrai que cet oncle était garçon. S'il faisait nuit encore, j'irais prendre cent écus dans la poche du roi, mais il est jour, et je n'ai plus de ressources qu'en moi-même... et en Gorenflot.

Cette idée de tirer de l'argent de Gorenflot fit sourire son digne ami.

— Il ferait beau voir, continua-t-il, que maître Gorenflot, qui me doit sa fortune, refusât cent écus à son ami pour le service du roi qui l'a nommé prieur des Jacobins.

Ah! continua-t-il en hochant la tête, ce n'est plus Gorenflot.

Oui, mais Robert Briquet est toujours Chicot.

Mais cette lettre du roi, cette fameuse épître destinée à incendier la cour de Navarre, je devais l'aller chercher avant le jour, et voilà que le jour est venu. Bah! cet expédient, je l'aurai, et même il frappera un terrible coup sur le crâne de Gorenflot, si sa cervelle me paraît trop dure à persuader.

En route, donc.

Chicot rajusta la planche qui fermait sa cachette, l'assura avec quatre clous, la recouvrit de la dalle sur laquelle il sema la poussière convenable à boucher des jointures, puis, prêt au départ, il regarda une dernière fois cette petite chambre où, depuis bien des heureux jours, il était impénétrable et gardé comme le cœur dans la poitrine.

Puis il donna son coup d'œil à la maison d'en face.

— Au fait, se dit-il, ces diables de Joyeuse pourraient bien, une belle nuit, mettre le feu à mon hôtel pour attirer un instant à sa fenêtre la dame invisible. Eh! eh! mais s'ils brûlaient ma maison, c'est qu'en même temps ils feraient un lingot de mes mille écus! En vérité, je crois que je ferais prudemment d'enfouir la somme. Allons donc! eh bien! si messieurs de Joyeuse brûlent ma maison, le roi me la paiera.

Ainsi rassuré, Chicot ferma sa porte dont il emporta la clef; puis comme il sortait pour gagner le bord de la rivière:

— Eh! eh! dit-il, ce Nicolas Poulain pourrait fort bien venir ici, trouver mon absence suspecte, et... Ah çà! mais ce matin je n'ai que des idées de lièvre. En route, en route!

Comme Chicot fermait la porte de la rue, avec non moins de soin qu'il avait fermé la porte de sa chambre, il aperçut à sa fenêtre le serviteur de la dame inconnue qui prenait l'air, espérant sans doute, vu le bon matin, n'être point aperçu.

Cet homme, comme nous l'avons déjà dit, était complétement défiguré par une blessure reçue à la tempe gauche et qui s'étendait sur une partie de la joue. L'un de ses sourcils, en outre, déplacé par la violence du coup, cachait presque entièrement l'œil gauche, renfoncé dans son orbite.

Chose étrange! avec ce front chauve et sa barbe grisonnante, il avait le regard vif, et comme une fraîcheur de jeunesse sur la joue qui avait été épargnée.

A l'aspect de Robert Briquet qui descendait le seuil de sa porte, il se couvrit la tête de son capuchon.

Il fit un mouvement pour rentrer, mais Chicot lui fit un signe pour qu'il demeurât.

— Voisin! lui cria Chicot, le tintamarre d'hier m'a dégoûté de ma maison; je vais aller quelques semaines à ma métairie: seriez-vous assez obligeant pour donner de temps en temps un coup d'œil de ce côté?

— Oui, monsieur, répondit l'inconnu, bien volontiers.

— Et si vous aperceviez des larrons...

— J'ai une bonne arquebuse, monsieur, soyez tranquille.

— Merci. Toutefois j'aurais encore un service à vous demander, mon voisin.

— Parlez, je vous écoute.

Chicot sembla mesurer de l'œil la distance qui le séparait de son interlocuteur.

— C'est bien délicat à vous crier de si loin, cher voisin, dit-il.

— Je vais descendre alors, répondit l'inconnu.

En effet, Chicot le vit disparaître, et comme pendant cette disparition il s'était rapproché de la maison, il entendit son pas s'approcher, puis la porte s'ouvrit, et ils se trouvèrent face à face.

Cette fois le serviteur avait complétement enveloppé son visage dans son capuchon.

— Il fait bien froid, ce matin, dit-il, pour dissimuler ou excuser cette mystérieuse précaution.

— Une bise glaciale, mon voisin, répliqua

En partant je laisse de l'argent chez moi. — PAGE 97.

Chicot, affectant de ne pas regarder son interlocuteur pour le mettre plus à l'aise.

— Je vous écoute, monsieur.

— Voici, reprit Chicot, je pars.

— Vous m'avez déjà fait l'honneur de me le dire.

— Je m'en souviens parfaitement; mais en partant je laisse de l'argent chez moi.

— Tant pis, monsieur, tant pis, emportez-le.

— Non pas, l'homme est plus lourd et moins résolu quand il cherche à sauver sa bourse en même temps que sa vie. Je laisse donc ici de l'argent bien caché toutefois, si bien caché même que je n'ai à redouter qu'une mauvaise chance d'incendie. Si cela m'arrivait, veuillez, vous qui êtes mon voisin, surveiller la combustion de certaine grosse poutre dont vous voyez là, à droite, le bout sculpté en forme de gargouille, surveillez, dis-je, et cherchez dans les cendres.

— En vérité, monsieur, dit l'inconnu avec un mécontentement visible, vous me gênez fort.

Cette confidence serait mieux faite à un ami qu'à un homme que vous ne connaissez pas, que vous ne pouvez connaître.

Tout en disant ces mots, son œil brillant interrogeait la grimace doucereuse de Chicot.

— C'est vrai, répondit celui-ci, je ne vous connais pas; mais je suis très conflant aux physionomies et je trouve que votre physionomie celle est d'un honnête homme.

— Voyez cependant, monsieur, de quelle responsabilité vous me chargez. Ne se peut-il pas aussi que toute cette musique ennuie ma maîtresse comme elle vous a ennuyé vous-même, et qu'alors nous déménagions?

— Eh bien, répondit Chicot, alors tout est dit, et ce n'est point à vous que je m'en prendrai, voisin.

—Merci de la confiance que vous témoignez à un pauvre inconnu, dit le serviteur en s'inclinant; je tâcherai de m'en montrer digne.

Et saluant Chicot, il se retira chez lui.

Chicot, de son côté, le salua affectueusement; puis voyant la porte refermée sur lui:

— Pauvre jeune homme! murmura-t-il, voilà pour cette fois un vrai fantôme; et cependant je l'ai vu si gai, si vivant, si beau!

<hr>

XIX

LE PRIEURÉ DES JACOBINS

e prieuré dont le roi avait fait don à Gorenflot, pour récompenser ses loyaux services et surtout sa brillante faconde, était situé à deux portées de mousquet, à peu près, de l'autre côté de la porte Saint-Antoine.

C'était alors un quartier fort noblement fréquenté, que le quartier de la porte Saint-Antoine, le roi faisant de nombreuses visites au château de Vincennes, que l'on appelait encore à cette époque le bois de Vincennes.

Çà et là sur la route du donjon, quelques petites maisons de grands seigneurs, avec des jardins charmants et des cours magnifiques, faisaient comme un apanage au château, et bon nombre de rendez-vous s'y donnaient, dont, malgré la manie qu'avait alors le moindre bourgeois de s'occuper des affaires de l'Etat, nous oserons dire que la politique était soigneusement exclue.

Il résultait de ces allées et venues de la cour, que la route, toute proportion gardée, avait alors l'importance qu'ont conquise aujourd'hui les Champs-Elysées.

C'était, on en conviendra, une belle position pour le prieuré qui se levait fièrement, à droite du chemin de Vincennes.

Ce prieuré se composait d'un quadrilatère de bâtiments, enfermant une énorme cour plantée d'arbres, d'un jardin potager situé derrière les bâtiments, et d'une foule de dépendances qui donnaient à ce prieuré l'étendue d'un village.

Deux cents religieux jacobins occupaient les dortoirs situés au fond de la cour, parallèlement à la route.

Sur le devant, quatre belles fenêtres, avec un seul balcon de fer régnant le long de ces quatre fenêtres , donnaient aux appartements du prieuré l'air, le jour et la vie.

Semblable à une ville que l'on présume pouvoir être assiégée, le prieuré trouvait en lui toutes ses ressources sur les territoires tributaires de Charonne, de Montreuil et de Saint-Mandé. Ses pâturages engraissaient un troupeau toujours complet de cinquante bœufs et de quatre-vingt-dix-neuf moutons ; les ordres religieux, soit tradition, soit loi écrite, ne pouvaient rien posséder par cent.

Un palais particulier abritait aussi quatre-vingt-dix-neuf porcs d'une espèce particulière, qu'élevait avec amour, et surtout avec amour-propre, un charcutier choisi par dom Modeste lui-même.

De ce choix honorable, le charcutier était redevable aux exquises saucisses, aux oreilles farcies et aux boudins à la ciboulette qu'il fournissait autrefois à l'hôtellerie de la Corne-d'Abondance. Dom Modeste, reconnaissant des bons repas qu'il avait faits autrefois chez maître Bonhommet, acquittait ainsi les dettes de frère Gorenflot.

Il est inutile de parler des offices et de la cave. L'espalier du prieuré, exposé au levant et au midi, donnait des pêches, des abricots et des raisins incomparables ; en outre, des conserves de ces fruits et des pâtes sucrées étaient confectionnées par un certain frère Eusèbe, auteur du fameux rocher de confitures que l'Hôtel-de-Ville de Paris avait offert aux deux reines, lors du dernier banquet de cérémonie qui avait eu lieu.

Quant à la cave, Gorenflot l'avait montée lui-même en démontant toutes celles de Bourgogne, car il avait cette prédilection innée chez tous les véritables buveurs, lesquels prétendent, en général, que le vin de Bourgogne est le seul qui soit véritablement du vin.

C'est au sein de ce prieuré, véritable paradis de paresseux et de gourmands, dans cet appartement somptueux du premier étage, dont le balcon donne sur le grand chemin, que nous allons retrouver Gorenflot, orné d'un menton de plus, et de cette sorte de gravité vénérable que l'habitude constante du repos et du bien-être donne aux physionomies les plus vulgaires.

Dans sa robe blanche comme la neige, avec son collet noir qui réchauffe ses larges épaules, Gorenflot n'a plus autant de liberté de geste que dans sa robe grise de simple moine, mais il a plus de majesté.

Sa main grasse comme une éclanche s'appuie sur un in-quarto qu'elle couvre complétement ; ses deux gros pieds écrasent un chauffe-doux, et ses bras n'ont plus assez de longueur pour faire une ceinture à son ventre.

Sept heures et demie du matin viennent de sonner. Le prieur s'est levé le dernier, profitant de la règle qui donne au chef une heure de sommeil de plus qu'aux autres moines ; mais il continue tranquillement sa nuit dans un grand fauteuil à oreilles, moelleux comme un édredon.

L'ameublement de la chambre où sommeille le digne abbé est plus mondain que religieux : une table à pieds tournés et couverte d'un riche tapis, des tableaux de religion galante, singulier mélange d'amour et de dévotion, qu'on ne trouve qu'à cette époque-là dans l'art ; des vases précieux d'église ou de table sur des dressoirs ; aux fenêtres, de grands rideaux de brocart vénitien, plus splendides, malgré leur vétusté, que les plus chères étoffes neuves ; voilà le détail des richesses dont était devenu possesseur dom Modeste Gorenflot, et cela par la grâce de Dieu, du roi, et surtout de Chicot.

Donc le prieur dormait sur son fauteuil, tandis que le jour venait lui faire sa visite quotidienne, et caressait de ses lueurs argentées les tons purpurins et nacrés du visage du dormeur.

La porte de la chambre s'ouvrit doucement, et deux moines entrèrent sans réveiller le prieur.

Le premier était un homme de trente à trente-cinq ans, maigre, blême, et nerveusement cambré dans sa robe de jacobin : il portait la tête haute ; son regard, décoché comme un trait de ses yeux de faucon, commandait avant même qu'il eût parlé, et cependant ce regard s'adoucissait par le jeu de longues paupières blanches qui faisaient ressortir en s'abaissant le large cercle de bistre dont ses yeux étaient bordés.

Mais quand au contraire brillait cette prunelle

noire entre ces sourcils épais et cet encadrement fauve de l'orbite, on eût dit l'éclair qui jaillit des plis de deux nuages de cuivre.

Ce moine s'appelait frère Borromée : il était depuis trois semaines trésorier du couvent.

L'autre était un jeune homme de dix-sept à dix-huit ans, aux yeux noirs et vifs, à la mine hardie, au menton saillant, de petite taille, mais bien prise, et qui, ayant retroussé ses larges manches, laissait voir avec une sorte d'orgueil deux bras nerveux prompts à gesticuler.

— Le prieur dort encore, frère Borromée, dit le plus jeune des deux moines à l'autre ; le réveillerons-nous ?

— Gardons-nous-en bien, frère Jacques, répliqua le trésorier.

— En vérité, c'est dommage d'avoir un prieur qui dorme si longtemps, reprit le jeune frère, car on aurait pu essayer les armes ce matin. Avez-vous remarqué quelles belles cuirasses et quelles belles arquebuses il y a dans le nombre ?

— Silence, mon frère ! vous allez être entendu.

— Quel malheur ! reprit le petit moine en frappant du pied un coup qui fut assourdi par l'épais tapis, quel malheur ! il fait si beau aujourd'hui, la cour est si sèche ! quel bel exercice on ferait, frère trésorier !

— Il faut attendre, mon enfant, dit frère Borromée avec une feinte soumission, démentie par le feu de ses regards.

— Mais que n'ordonnez-vous toujours que l'on distribue les armes ? répliqua impétueusement Jacques en relevant ses manches retombées.

— Moi, ordonner ?

— Oui, vous.

— Je ne commande pas, vous le savez bien, mon frère, reprit Borromée avec componction ; ne voilà-t-il pas le maître là ?

— Sur ce fauteuil... endormi... quand tout le monde veille, dit Jacques d'un ton moins respectueux qu'impatient... le maître ?

Et un regard de superbe intelligence sembla vouloir pénétrer jusqu'au fond du cœur de frère Borromée.

— Respectons son rang et son sommeil, dit celui-ci en s'avançant au milieu de la chambre, et cela si malheureusement, qu'il renversa un escabeau sur le parquet.

Bien que le tapis eût amorti le bruit du tabouret comme il avait amorti celui du coup de talon de frère Jacques, dom Modeste, à ce bruit, fit un bond et s'éveilla.

— Qui va là ? s'écria-t-il de la voix tressaillante d'une sentinelle endormie.

— Seigneur prieur, dit frère Borromée, pardonnez si nous troublons votre pieuse méditation ; mais je viens prendre vos ordres.

— Ah ! bonjour, frère Borromée, fit Gorenflot avec un léger signe de tête.

— Puis après un moment de réflexion, pendant lequel il était évident qu'il venait de tendre toutes les cordes de sa mémoire :

— Quels ordres ? demanda-t-il en clignant trois ou quatre fois des yeux.

— Relativement aux armes et aux armures.

— Aux armes ? aux armures ? demanda Gorenflot.

— Sans doute, Votre Seigneurie a commandé d'apporter des armes et des armures.

— A qui cela ?

— A moi.

— A vous ?... J'ai commandé des armes, moi ?

— Sans aucun doute, seigneur prieur, dit Borromée d'une voix égale et ferme.

— Moi ! répéta dom Modeste au comble de l'étonnement, moi ! et quand cela ?

— Il y a huit jours.

— Ah ! s'il y a huit jours... Mais pourquoi faire, des armes ?

— Vous m'avez dit, seigneur, et je vais répéter vos propres paroles, vous m'avez dit : Frère Borromée, il serait bon de se procurer des armes pour armer nos moines et nos frères ; les exercices gymnastiques développent les forces du corps, comme les pieuses exhortations développent celles de l'esprit.

— J'ai dit cela ? fit Gorenflot.

— Oui, révérend prieur, et moi, frère indigne et obéissant, je me suis hâté d'accomplir vos ordres, et je me suis procuré des armes de guerre.

— Voilà qui est étrange, murmura Gorenflot, je ne me souviens de rien de tout cela.

— Vous avez même ajouté, révérend prieur, ce texte latin : *Militat spiritu, militat gladio.*

— Oh ! s'écria dom Modeste en ouvrant démesurément les yeux, j'ai ajouté le texte ?

— J'ai la mémoire fidèle, révérend prieur,

Ah! vous voilà, fit Gorenflot. — PAGE 102.

répondit Borromée en baissant modestement ses paupières.

— Si je l'ai dit, reprit Gorenflot en secouant doucement la tête de haut en bas, c'est que j'ai eu mes raisons pour le dire, frère Borromée. En effet, cela a toujours été mon opinion, qu'il fallait exercer le corps ; et quand j'étais simple moine, j'ai combattu de la parole et de l'épée : *Militat... spiritus...* Très bien, frère Borromée; c'était une inspiration du Seigneur.

— Je vais donc achever d'exécuter vos ordres, révérend prieur, dit Borromée en se retirant avec frère Jacques, qui, tout frissonnant de joie, le tirait par le bas de sa robe.

— Allez, dit majestueusement Gorenflot.

— Ah! seigneur prieur, reprit frère Borromée en rentrant quelques secondes après sa disparition, j'oubliais...

— Quoi ?

— Il y a au parloir un ami de Votre Seigneurie qui demande à vous parler.

— Comment se nomme-t-il ?

— Maître Robert Briquet.

— Maître Robert Briquet, reprit Gorenflot, ce

n'est point un ami, frère Borromée, c'est une simple connaissance.

— Alors Votre Révérence ne le recevra point?

— Si fait, si fait, dit nonchalamment Gorenflot, cet homme me distrait ; faites-le monter.

Frère Borromée salua une seconde fois et sortit. Quant à frère Jacques, il n'avait fait qu'un bond de l'appartement du prieur à la chambre où étaient déposées les armes.

Cinq minutes après, la porte se rouvrit et Chicot parut.

XX

LES DEUX AMIS

om Modeste ne quitta point la position béatement inclinée qu'il avait prise.

Chicot traversa la chambre pour venir à lui.

Seulement le prieur voulut bien pencher doucement sa tête pour indiquer au nouveau venu qu'il l'apercevait.

Chicot ne parut pas un seul instant s'étonner de l'indifférence du prieur ; il continua de marcher, puis, lorsqu'il fut à une distance respectueusement mesurée, il le salua.

— Bonjour, monsieur le prieur, dit-il.

— Ah! vous voilà, fit Gorenflot, vous ressuscitez à ce qu'il paraît?

— Est-ce que vous m'avez cru mort, monsieur le prieur.

— Dame! on ne vous voyait plus.

— J'avais affaire.

— Ah!

Chicot savait qu'à moins d'être échauffé par deux ou trois bouteilles de vieux bourgogne, Gorenflot était avare de paroles. Or, comme selon toute probabilité, vu l'heure peu avancée de la journée, Gorenflot était encore à jeun, il prit un bon fauteuil et s'installa silencieusement au coin de la cheminée, en étendant ses pieds sur les chenets et en appuyant ses reins au dossier moelleux.

— Est-ce que vous déjeunerez avec moi, monsieur Briquet? demanda dom Modeste.

— Peut-être, seigneur prieur.

— Il ne faudrait pas m'en vouloir, monsieur Briquet, s'il me devenait impossible de vous donner tout le temps que je voudrais.

— Eh! qui diable vous demande votre temps, monsieur le prieur? ventre de biche! je ne vous demandais pas même à déjeuner, et c'est vous qui me l'avez offert.

— Assurément, monsieur Briquet, fit dom Modeste avec une inquiétude que justifiait le ton assez ferme de Chicot; oui, sans doute, je vous ai offert, mais...

— Mais vous avez cru que je n'accepterais pas?

— Oh! non. Est-ce que c'est mon habitude

d'être politique, dites, monsieur Briquet?

— On prend toutes les habitudes que l'on veut prendre, quand on est un homme de votre supériorité, monsieur le prieur, répondit Chicot avec un de ces sourires qui n'appartenaient qu'à lui.

Dom Modeste regarda Chicot en clignant des yeux. Il lui était impossible de deviner si Chicot raillait ou parlait sérieusement.

Chicot s'était levé.

— Pourquoi vous levez-vous, monsieur Briquet? demanda Gorenflot.

— Parce que je m'en vais.

— Et pourquoi vous en allez-vous, puisque vous aviez dit que vous déjeuneriez avec moi?

— Je n'ai pas dit que je déjeunerais avec vous, d'abord.

— Pardon, je vous ai offert.

— Et j'ai répondu peut-être : peut-être ne veut pas dire oui.

— Vous vous fâchez?

Chicot se mit à rire.

— Moi, me fâcher, dit-il, et de quoi me fâcherais-je? de ce que vous êtes impudent, ignare et grossier? Oh! cher seigneur prieur, je vous connais depuis trop longtemps pour me fâcher de vos petites imperfections.

Gorenflot, foudroyé par cette naïve sortie de son hôte, demeura la bouche ouverte et les bras étendus.

— Adieu, monsieur le prieur, continua Chicot.

— Oh! ne partez pas.

— Mon voyage ne peut se retarder.

— Vous voyagez?

— J'ai une mission.

— Et de qui?

— Du roi.

Gorenflot roulait d'abîmes en abîmes.

— Une mission, dit-il, une mission du roi! vous l'avez donc revu?

— Sans doute.

— Et comment vous a-t-il reçu?

— Avec enthousiasme; il a de la mémoire, lui, tout roi qu'il est.

— Une mission du roi, balbutia Gorenflot, et moi impudent, moi ignare, moi grossier...

Son cœur se dégonflait à mesure, comme fait un ballon qui perd son vent par des piqûres d'aiguille.

— Adieu, répéta Chicot.

— Gorenflot se souleva sur son fauteuil, et, de sa large main, arrêta le fugitif qui, avouons-le, se laissa facilement violenter.

— Voyons, expliquons-nous, dit le prieur.

— Sur quoi? demanda Chicot.

— Sur votre susceptibilité d'aujourd'hui.

— Moi, je suis aujourd'hui comme toujours.

— Non.

— Simple miroir des gens avec qui je suis.

— Non.

— Vous riez, je ris; vous boudez, je fais la grimace.

— Non, non, non!

— Si, si, si!

— Eh bien, voyons, je l'avoue, j'étais préoccupé.

— Vraiment!

— Ne voulez-vous point être indulgent pour un homme en proie aux plus pénibles travaux? Ai-je ma tête à moi, mon Dieu! Ce prieuré n'est-il pas comme un gouvernement de province? Songez donc que je commande à deux cents hommes, que je suis tout à la fois économe, architecte, intendant; tout cela sans compter mes fonctons spirituelles.

— Oh! c'est trop, en effet, pour un serviteur indigne de Dieu!

— Oh! voilà qui est ironique, dit Gorenflot; monsieur Briquet, auriez-vous perdu votre charité chrétienne?

— J'en avais donc?

— Je crois aussi qu'il entre de l'envie dans votre fait : prenez-y garde, l'envie est un péché capital.

— De l'envie dans mon fait; et que puis-je envier, moi? je vous le demande.

— Hum! vous vous dites : le prieur dom Modeste Gorenflot monte progressivement, il est sur la ligne ascendante.

— Tandis que moi, je suis sur la ligne descendante, n'est-ce pas? répondit ironiquement Chicot.

— C'est la faute de votre fausse position, monsieur Briquet.

— Monsieur le prieur, souvenez-vous du texte de l'Évangile.

— Quel texte?

— Celui qui s'élève sera abaissé, et celui qui s'abaisse sera élevé.

— Peuh! fit Gorenflot.

— Allons, voilà qu'il met en doute les textes

Vous avez là un magnifique armet, frère Borromée. — PAGE 112.

saints, l'hérétique! s'écria Chicot en joignant les deux mains.

— Hérétique! répéta Gorenflot; ce sont les huguenots qui sont hérétiques.

— Schismatique alors!

— Voyons, que voulez-vous dire, monsieur Briquet? en vérité, vous m'éblouissez.

— Rien, sinon que je pars pour un voyage et que je venais vous faire mes adieux, donc. Adieu, seigneur dom Modeste.

— Vous ne me quitterez pas ainsi.

— Si fait, pardieu!

— Vous?

— Oui, moi.

— Un ami?

— Dans la grandeur on n'a plus d'amis.

— Vous, Chicot?

— Je ne suis plus Chicot, vous me l'avez reproché tout à l'heure.

— Moi! quand cela?

— Quand vous avez parlé de ma fausse position.

— Reproché! ah! quels mots vous avez aujourd'hui!

Et le prieur baissa sa grosse tête dont les trois mentons s'aplatirent en un seul contre son cou de taureau.

Chicot l'observait du coin de l'œil : il le vit légèrement pâlir.

— Adieu, et sans rancune pour les vérités que je vous ai dites.

Et il fit un mouvement pour sortir.

— Dites-moi tout ce que vous voudrez, monsieur Chicot, dit dom Modeste ; mais n'ayez plus de ces regards-là pour moi !

— Ah ! ah ! il est un peu tard.

— Jamais trop tard ! eh ! tenez, on ne part pas sans manger, que diable ! ce n'est pas sain, vous me l'avez dit vingt fois vous-même ! eh bien ! déjeunons.

Chicot était décidé à reprendre tous ses avantages d'un seul coup.

— Ma foi, non ! dit-il, on mange trop mal ici.

Gorenflot avait supporté les autres atteintes avec courage ; il succomba sous celle-ci.

— On mange mal chez moi ? balbutia-t-il éperdu.

— C'est mon avis du moins, dit Chicot.

— Vous avez eu à vous plaindre de votre dernier dîner ?

— J'en ai encore l'atroce saveur au palais ; pouah !

— Vous avez fait pouah ! s'écria Gorenflot en levant les bras au ciel.

— Oui, dit résolûment Chicot, j'ai fait pouah !

— Mais à quel propos ? parlez.

— Les côtelettes de porc étaient indignement brûlées.

— Oh !

— Les oreilles farcies ne croquaient pas sous la dent.

— Oh !

— Le chapon au riz ne sentait que l'eau.

— Juste ciel !

— La bisque n'était pas dégraissée.

— Miséricorde !

— On voyait sur les coulis une huile qui nage encore dans mon estomac.

— Chicot ! Chicot ! soupira dom Modeste, du même ton dont César expirant dit à son assassin : Brutus ! Brutus !...

— Et puis vous n'avez pas de temps à me donner.

— Moi ?

— Vous m'avez dit que vous aviez affaire : me

l'avez-vous dit, oui ou non ? Il ne vous manquait plus que de devenir menteur.

— Eh bien ! cette affaire, on peut la remettre. C'est une solliciteuse à revoir, voilà tout.

— Recevez-la donc.

— Non ! non ! cher monsieur Chicot ! quoiqu'elle m'ait envoyé cent bouteilles de vin de Sicile.

— Cent bouteilles de vin de Sicile ?

— Je ne la recevrai pas, quoique ce soit probablement une très grande dame ; je ne la recevrai pas : je ne veux recevoir que vous, cher monsieur Chicot. Elle voulait devenir ma pénitente, cette grande dame qui envoie les bouteilles de vin de Sicile par centaine ; eh bien, si vous l'exigez, je lui refuserai mes conseils spirituels ; je lui ferai dire de prendre un autre directeur.

— Et vous ferez tout cela ?...

— Pour déjeuner avec vous, cher monsieur Chicot ! pour réparer mes torts envers vous.

— Vos torts viennent de votre féroce orgueil, dom Modeste.

— Je m'humilierai, mon ami.

— De votre insolente paresse.

— Chicot ! Chicot ! à partir de demain, je me mortifie en faisant faire tous les jours l'exercice à mes moines.

— A vos moines, l'exercice ! fit Chicot en ouvrant les yeux ; et quel exercice, celui de la fourchette ?

— Non, celui des armes.

— L'exercice des armes ?

— Oui, et cependant c'est fatigant de commander.

— Vous, commander l'exercice aux Jacobins ?

— Je vais le commander du moins.

— A partir de demain ?

— A partir d'aujourd'hui, si vous l'exigez.

— Et qui donc a eu cette idée de faire faire l'exercice à des frocards ?

— Moi, à ce qu'il paraît, dit Gorenflot.

— Vous ? impossible !

— Si fait, j'en ai donné l'ordre à frère Borromée.

— Qu'est-ce encore que frère Borromée ?

— Ah ! c'est vrai, vous ne le connaissez pas.

— Qu'est-il ?

— C'est le trésorier.

— Comment as-tu un trésorier que je ne connaisse pas, bélître?

— Il est ici depuis votre dernière visite.

— Et d'où te vient ce trésorier?

— M. le cardinal de Guise me l'a recommandé.

— En personne?

— Par lettre, cher monsieur Chicot, par lettre.

— Serait-ce cette figure de milan que j'ai vue en bas?

— C'est cela même.

— Qui m'a annoncé?

— Oui.

— Oh! oh! fit involontairement Chicot; et quelle qualité a-t-il, ce trésorier si chaudement appuyé par M. le cardinal de Guise?

— Il compte comme Pythagore.

— Et c'est avec lui que vous avez décidé ces exercices d'armes?

— Oui, mon ami.

— C'est-à-dire que c'est lui qui vous a proposé d'armer vos moines, n'est-ce pas?

— Non, cher monsieur Chicot; l'idée est de moi, entièrement de moi.

— Et dans quel but?

— Dans le but de les armer.

— Pas d'orgueil, pécheur endurci, l'orgueil est un péché capital; ce n'est point à vous qu'est venue cette idée.

— A moi ou à lui, je ne sais plus bien si c'est à lui ou à moi que l'idée est venue. Non, non,

décidément, c'est à moi; il paraît même qu'à cette occasion j'ai prononcé un mot latin très judicieux et très brillant.

Chicot se rapprocha du prieur.

— Un mot latin, vous, mon cher prieur! dit Chicot, et vous le rappelez-vous, ce mot latin?

— *Militat spiritu...*

— *Militat spiritu, militat gladio.*

— C'est cela, c'est cela! s'écria dom Modeste avec enthousiasme.

— Allons, allons, dit Chicot, il est impossible de s'excuser de meilleure grâce que vous ne le faites, dom Modeste; je vous pardonne.

— Oh! fit Gorenflot avec attendrissement.

— Vous êtes toujours mon ami, mon véritable ami.

Gorenflot essuya une larme.

— Mais déjeunons, et je serai indulgent pour le déjeuner.

— Ecoutez, dit Gorenflot avec enthousiasme, je vais faire dire au frère cuisinier que si la chère n'est pas royale, je le fais fourrer au cachot.

— Faites, faites, dit Chicot, vous êtes le maître, mon cher prieur.

— Et nous décoifferons quelques-unes des bouteilles de la pénitente.

— Je vous aiderai de mes lumières, mon ami.

— Que je vous embrasse, Chicot!

— Ne m'étouffez pas, et causons.

XXI

LES CONVIVES

orenflot ne fut pas long à donner ses ordres.

Si le digne prieur était bien sur la ligne ascendante, comme il le prétendait, c'était surtout en ce qui concernait les détails d'un repas et les progrès de la science culinaire.

Dom Modeste manda frère Eusèbe, qui comparut, non pas devant son chef, mais devant son juge. A la manière dont il avait été requis, il avait au reste deviné qu'il se passait quelque chose d'extraordinaire à son endroit chez le révérend prieur.

—Frère Eusèbe, dit Gorenflot d'une voix sévère, écoutez ce que va vous dire M. Robert Briquet, mon ami. Vous vous négligez, à ce qu'il paraît. J'ai ouï parler d'incorrections graves dans votre dernière bisque, et d'une fatale négligence à propos du croquant de vos oreilles. Prenez garde, frère Eusèbe, prenez garde, un seul pas fait dans la mauvaise voie entraîne tout le corps.

Le moine rougit et pâlit tour à tour, et balbutia une excuse qui ne fut point admise.

— Assez, dit Gorenflot.

Frère Eusèbe se tut.

— Qu'avez-vous aujourd'hui pour déjeuner ? demanda le révérend prieur.

— J'aurai des œufs brouillés aux crêtes de coq.

— Après ?

— Des champignons farcis.

— Après ?

— Des écrevisses au vin de Madère.

— Menu pied que tout cela, menu pied; quelque chose qui fasse un fond, voyons, dites vite.

— J'aurai en outre un jambon aux pistaches.

— Peuh! fit Chicot.

— Pardon, interrompit timidement Eusèbe; il est cuit dans du vin de Xérès sec. Je l'ai piqué d'un bœuf attendri dans une marinade d'huile d'Aix, ce qui fait qu'avec le gras du bœuf on mange le maigre du jambon, et avec le gras du jambon le maigre du bœuf.

Gorenflot hasarda vers Chicot un regard accompagné d'un geste d'approbation.

— Bien cela, n'est-ce pas, dit-il, monsieu Robert ?

Chicot fit un geste de demi-satisfaction.

— Et après, demanda Gorenflot, qu'avez-vous encore ?

— On peut vous accommoder une anguille à la minute.

— Foin de l'anguille, dit Chicot.

— Je crois, monsieur Briquet, reprit Eusèbe en s'enhardissant peu à peu, je crois que vous pouvez goûter de mes anguilles sans trop vous en repentir.

— Qu'ont-elles donc de rare, vos anguilles ?

— Je les nourris d'une façon particulière.

— Oh! oh!

— Oui, ajouta Gorenflot, il paraît que les Romains ou les Grecs, je ne sais plus trop, un peuple d'Italie enfin, nourrissaient des lamproies comme fait Eusèbe. Il a lu cela dans un auteur ancien nommé Suétone, lequel a écrit sur la cuisine.

— Comment! frère Eusèbe, s'écria Chicot, vous donnez des hommes à manger à vos anguilles ?

— Non, monsieur, je hache menu les intestins et les foies des volailles et du gibier, j'y ajoute un peu de viande de porc, je fais de tout cela une espèce de chair à saucisse que je jette à mes anguilles, qui, dans l'eau douce et renouvelée sur un gravier fin, deviennent grasses en un mois, et, tout en engraissant, allongent considérablement. Celle que j'offrirai au seigneur prieur aujourd'hui, par exemple, pèse neuf livres.

— C'est un serpent alors, dit Chicot.

— Elle avalait d'une bouchée un poulet de six jours.

— Et comment l'avez-vous accommodée? demanda Chicot.

—Oui, comment l'avez-vous accommodée? répéta le prieur.

—Dépouillée, rissolée, passée au beurre d'anchois, roulée dans une fine chapelure, puis remise sur le gril, pendant dix secondes; après quoi j'aurai l'honneur de vous la servir baignant dans une sauce épicée de piment et d'ail.

—Mais la sauce?

— Oui, la sauce elle-même?

— Simple sauce d'huile d'Aix, battue avec des citrons et de la moutarde.

— Parfait, dit Chicot.

Frère Eusèbe respira.

— Maintenant il manque les confiteries, fit observer judicieusement Gorenflot.

—J'inventerai quelque mets capable d'agréer au seigneur prieur.

— C'est bien, je m'en rapporte à vous, dit Gorenflot; montrez-vous digne de ma confiance.

Eusèbe salua.

— Je puis donc me retirer? demanda-t-il.

Le prieur consulta Chicot.

— Qu'il se retire, dit Chicot.

— Retirez-vous et envoyez-moi le frère sommelier.

Eusèbe salua et sortit.

Le frère sommelier succéda au frère Eusèbe et reçut des ordres non moins précis et non moins détaillés.

Dix minutes après, devant la table couverte d'une fine nappe de lin, les deux convives, ensevelis dans deux larges fauteuils tout garnis de coussins, s'opposaient l'un à l'autre, fourchettes et couteaux en main, comme deux duellistes.

La table, suffisamment grande pour six personnes, était pourtant remplie, tant le sommelier avait accumulé les bouteilles de formes et d'étiquettes différentes.

Eusèbe, fidèle au programme, venait d'envoyer des œufs brouillés, des écrevisses et des champignons qui parfumaient l'air d'une moelleuse vapeur de truffe, de beurre frais comme la crème, de thym et de vin de Madère.

Chicot attaqua en homme affamé. Le prieur, au contraire, en homme qui se défie de lui-même, de son cuisinier et de son convive.

Mais, après quelques minutes, ce fut Gorenflot qui dévora, tandis que Chicot observait.

On commença par le vin du Rhin, puis l'on passa au bourgogne de 1550; on fit une excursion dans un ermitage dont on ignorait la date; on effleura le saint-perey; enfin l'on passa au vin de la pénitente.

— Qu'en dites-vous? demanda Gorenflot après en avoir goûté trois fois sans oser se prononcer.

— Velouté, mais léger, fit Chicot; et comment s'appelle votre pénitente?

— Je ne la connais pas, moi.

— Ouais! vous ne savez pas son nom?

— Non, ma foi, nous traitons par ambassadeur.

Chicot fit une pause pendant laquelle il ferma doucement les yeux comme pour savourer une gorgée de vin qu'il retenait dans sa bouche avant de l'avaler, mais en réalité pour réfléchir.

—Ainsi donc, dit-il au bout de cinq minutes, c'est en face d'un général d'armée que j'ai l'honneur de dîner?

— Oh! mon Dieu, oui!

— Comment, vous soupirez en disant cela?

— Ah! c'est bien fatigant, allez.

— Sans doute, mais c'est honorable, mais c'est beau.

— Superbe! seulement je n'ai plus de silence aux offices... et avant-hier j'ai été obligé de supprimer un plat au souper.

— Supprimer un plat... et pourquoi donc?

— Parce que plusieurs de mes meilleurs soldats, je dois l'avouer, ont eu l'audace de trouver insuffisant le plat de raisiné de Bourgogne qu'on donne en troisième le vendredi.

—Voyez-vous cela!... insuffisant!... et quelle raison donnaient-ils de cette insuffisance?

— Ils prétendaient qu'ils avaient encore faim, et réclamaient quelque chair maigre, comme sarcelle, homard, ou poisson de haut goût. Comprenez-vous ces dévorants?

— Dame! s'ils font des exercices, ce n'est point étonnant qu'ils aient faim, ces moines.

— Où serait donc le mérite? dit frère Modeste; bien manger et bien travailler, c'est ce que peut faire tout le monde. Que diable! il faut savoir offrir ses privations au Seigneur, continua le digne abbé en empilant un quartier de jambon et de bœuf sur une bouchée déjà respectable de galantine dont frère Eusèbe n'avait point parlé, le mets étant trop simple, non pour être servi, mais pour figurer sur la carte.

— Buvez, Modeste, buvez, dit Chicot, vous allez vous étrangler, mon cher ami; vous devenez cramoisi.

— C'est d'indignation, répliqua le prieur en vidant son verre qui contenait une demi-pinte. Chicot le laissa faire, puis lorsque Gorenflot eut reposé son verre sur la table:

— Voyons, dit Chicot, achevons votre histoire, elle m'intéresse vivement, parole d'honneur. Vous leur avez donc retiré un plat parce qu'ils trouvaient qu'ils n'avaient pas assez à manger.

— Tout juste.

— C'est ingénieux.

— Aussi la punition a-t-elle fait un rude effet; j'ai cru qu'on allait se révolter; les yeux brillaient, les dents claquaient.

— Ils avaient faim, dit Chicot; ventre de biche! c'est bien naturel.

— Ils avaient faim, n'est-ce pas?

— Sans doute.

— Vous le dites? vous le croyez?

— J'en suis sûr.

— Eh bien! j'ai remarqué, ce soir-là, un fait bizarre et que je recommanderai à l'analyse de la science; j'ai donc appelé frère Borromée, en le chargeant de mes instructions touchant cette privation d'un plat, à laquelle j'ai ajouté, voyant la rébellion, privation de vin.

— Enfin? demanda Chicot.

— Enfin, pour couronner l'œuvre, j'ai commandé un nouvel exercice, voulant terrasser l'hydre de la révolte : les psaumes disent cela, vous savez; attendez donc : *Cabis poriabis diagonem*, eh! vous ne connaissez que cela, mordieu!

— *Proculcabis draconem*, fit Chicot en versant à boire au prieur.

— *Draconem*, c'est cela, bravo! A propos de dragon, mangez donc de cette anguille, elle emporte la bouche, c'est merveilleux!

— Merci, je ne puis plus respirer; mais racontez, racontez.

— Quoi?

— Votre fait bizarre.

— Lequel? je ne m'en souviens plus.

— Celui que vous vouliez recommander aux savants.

— Ah! oui, j'y suis, très bien.

— J'écoute.

— Je prescris donc un exercice pour le soir; je m'attendais à voir mes drôles exténués, hâves, suants, et j'avais préparé un sermon assez beau sur ce texte : *Celui qui mange mon pain*.

— Pain sec, dit Chicot.

— Précisément, pain sec, s'écria Gorenflot, en dilatant, par un rire cyclopéen, ses robustes mâchoires. J'aurais joué sur le mot, et d'avance j'en avais ri tout seul une heure, quand je me trouve au milieu de la cour en présence d'une troupe de gaillards animés, nerveux, bondissants comme des sauterelles, et ceci est l'illusion sur laquelle je veux consulter les savants.

— Voyons l'illusion.

— Et sentant le vin d'une lieue.

— Le vin! Frère Borromée vous avait donc trahi?

— Oh! je suis sûr de Borromée, s'écria Gorenflot, c'est l'obéissance passive en personne : je dirais à frère Borromée de se brûler à petit feu, qu'il irait à l'instant même chercher le gril et chaufferait les fagots.

— Ce que c'est que d'être mauvais physionomiste, dit Chicot en se grattant le nez, il ne me fait pas du tout cet effet-là, à moi.

— C'est possible, mais moi, je connais mon Borromée, vois-tu, comme je te connais, mon cher Chicot, dit dom Modeste qui devenait tendre en devenant ivre.

— Et tu dis qu'ils sentaient le vin?

— Borromée?

— Non, tes moines.

— Comme des futailles, sans compter qu'ils étaient rouges comme des écrevisses; j'en ai fait l'observation à Borromée.

— Bravo!

— Ah! c'est que je ne m'endors pas, moi.

— Et qu'a-t-il répondu?

— Attends, c'est fort subtil.

— Je le crois.

— Il a répondu que l'appétence très vive produit des effets pareils à ceux de la satisfaction.

— Oh! oh! fit Chicot; en effet, c'est fort subtil, comme tu dis, ventre de biche! C'est un homme très fort que ton Borromée; je ne m'étonne plus s'il a le nez et les lèvres si minces; et cela t'a convaincu?

— Tout à fait, et tu vas être convaincu toi-même; mais voyons, approche-toi un peu de moi, car je ne me remue plus sans étourdissement.

Chicot s'approcha. Gorenflot fit de sa large main un cornet acoustique qu'il appliqua sur l'oreille de Chicot.

— Eh bien? demanda Chicot.

— Attends donc, je me résume. Vous souvenez-vous du temps où nous étions jeunes, Chicot?

— Je m'en souviens.

— Du temps où le sang brûlait... où les désirs immodestes?...

— Prieur! prieur! fit le chaste Chicot.

— C'est Borromée qui parle, et je maintiens qu'il a raison; l'appétence ne produisait-elle point parfois les illusions de la réalité?

Chicot se mit à rire si violemment que la table, avec toutes les bouteilles, trembla comme un plancher de navire.

— Bien, bien, dit-il, je vais me mettre à l'école de frère Borromée, et quand il m'aura bien pénétré de ses théories, je vous demanderai une grâce, mon révérend.

— Elle vous sera accordée, Chicot, comme tout ce que vous demanderez à votre ami. Maintenant, dites, quelle est cette grâce?

— Vous me chargerez de l'économat du prieuré pendant huit jours seulement.

— Et que ferez-vous pendant ces huit jours?

— Je nourrirai frère Borromée de ses théories; je lui servirai un plat, un verre vide, en lui disant: Désirez de toute la force de votre faim et de votre soif une dinde aux champignons et une bouteille de chambertin; mais prenez garde de vous griser avec ce chambertin, prenez garde d'avoir une indigestion de cette dinde, cher frère philosophe.

— Ainsi, dit Gorenflot, tu ne crois pas à l'appétence, païen?

— C'est bien! c'est bien! je crois ce que je crois; mais brisons sur les théories.

— Soit, dit Gorenflot, brisons et parlons un peu de la réalité.

Et Gorenflot se versa un verre plein.

— A ce bon temps dont tu parlais tout à l'heure, Chicot, dit-il, à nos soupers à la *Corne d'Abondance!*

— Bravo! je croyais que tu avais oublié tout cela, révérend.

— Profane! tout cela dort sous la majesté de ma position; mais, morbleu! je suis toujours le même.

Et Gorenflot se mit à entonner sa chanson favorite, malgré les chuts de Chicot.

Quand l'ânon est deslâché,
Quand le vin est débouché,
L'ânon dresse son oreille,
Le vin sort de la bouteille;
Mais rien n'est si éventé
Que le moine en pleine treille;
Mais rien n'est si débâté
Que le moine en liberté.

— Mais chut! donc, malheureux! dit Chicot; si frère Borromée entrait, il croirait qu'il y a huit jours que vous n'avez ni bu ni mangé.

— Si frère Borromée entrait, il chanterait avec nous.

— Je ne crois pas.

— Et moi, je te dis...

— De te taire et de répondre à mes questions.

— Parle alors.

— Tu ne m'en donnes pas le temps, ivrogne!

— Oh! ivrogne, moi!

— Voyons, il résulte de l'exercice des armes que ton couvent est changé en une véritable caserne.

— Oui, mon ami, c'est le mot, véritable caserne, caserne véritable; jeudi dernier, est-ce jeudi? oui, c'est jeudi; attends donc, je ne sais plus si c'est jeudi.

— Jeudi ou vendredi, la date n'y fait rien.

— C'est juste, le fait, voilà tout, n'est-ce pas?

— Eh bien! jeudi ou vendredi, dans le corridor, j'ai trouvé deux novices qui se battaient au sabre avec deux seconds qui se préparaient de leur côté à en découdre.

— Et qu'as-tu fait?

— Je me suis fait apporter un fouet pour

rosser les novices qui se sont enfuis ; mais Borromée...

— Ah ! ah ! Borromée, encore Borromée.

— Toujours.

— Mais Borromée?...

— Borromée les a rattrapés et vous les a fustigés de telle façon qu'ils sont encore au lit, les malheureux !

— Je demande à voir leurs épaules pour apprécier la vigueur du bras de frère Borromée, fit Chicot.

— Nous déranger pour voir d'autres épaules que des épaules de mouton, jamais ! Mangez donc de ces pâtes d'abricot.

— Non pas, morbleu ! j'étoufferais.

— Buvez alors.

— Non plus : j'ai à marcher, moi.

— Eh bien ! moi, crois-tu donc que je n'aie point à marcher? et cependant je bois.

— Oh ! vous, c'est différent ; et puis pour crier les commandements il vous faut des poumons.

— Alors, un verre, rien qu'un verre de cette liqueur digestive, dont Eusèbe a seul le secret.

— D'accord.

— Elle est si efficace, qu'eût-on dîné de façon gloutonne, on se trouverait nécessairement avoir faim deux heures après son dîner.

— Quelle recette pour les pauvres ! Savez-vous que si j'étais roi, je ferais trancher la tête à Eusèbe ; sa liqueur est capable d'affamer un royaume. Oh ! oh ! qu'est-ce que cela?

— C'est l'exercice qui commence, dit Gorenflot.

En effet, on venait d'entendre un grand bruit de voix et de ferraille venant de la cour.

— Sans le chef? dit Chicot. Oh ! oh ! voilà des soldats assez mal disciplinés, ce me semble.

— Sans moi? jamais ! dit Gorenflot ; d'ailleurs cela ne se peut pas, comprends-tu ? puisque c'est moi qui commande, puisque l'instructeur, c'est moi ; et, tiens, la preuve, c'est que j'entends frère Borromée qui vient prendre mes ordres.

En effet, au moment même, Borromée entrait, lançant à Chicot un regard oblique et prompt comme la flèche traîtresse du Parthe.

— Oh ! oh ! pensa Chicot, tu as eu tort de me lancer ce regard-là ; il t'a trahi.

— Seigneur prieur, dit Borromée, on n'attend plus que vous pour commencer la visite des armes et des cuirasses.

— Des cuirasses ! oh ! oh ! se dit tout bas Chicot, un instant, j'en suis, j'en suis !

Et il se leva précipitamment.

— Vous assisterez à mes manœuvres, dit Gorenflot en se soulevant à son tour, comme ferait un bloc de marbre qui prendrait des jambes ; votre bras, mon ami ; vous allez voir une belle instruction.

— Le fait est que le seigneur prieur est un tacticien profond, dit Borromée, sondant l'imperturbable physionomie de Chicot.

— Dom Modeste est un homme supérieur en toutes choses, répondit Chicot en s'inclinant.

Puis tout bas, à lui-même :

— Oh ! oh ! murmura-t-il, jouons serré, mon aiglon, ou voilà un milan qui t'arracherait les plumes.

XXII

FRÈRE BORROMÉE

L orsque Chicot, soutenant le révérend prieur, arriva par le grand escalier dans la cour du prieuré, le coup d'œil fut exactement celui d'une immense caserne en pleine activité.

Partagé en deux bandes de cent hommes chacune, les moines, la hallebarde, la pique ou le mousquet au pied, attendaient comme des soldats l'apparition de leur commandant.

Cinquante à peu près, parmi les plus forts et les plus zélés, avaient couvert leurs têtes de casques ou de salades : une ceinture attachait à leurs reins une longue épée; il ne leur manquait absolument qu'un bouclier de main pour ressembler aux anciens Mèdes, ou des yeux retroussés pour ressembler à des Chinois modernes.

D'autres étalaient avec orgueil des cuirasses bombées, sur lesquelles ils aimaient à faire bruir un gantelet de fer.

D'autres enfin, enfermés dans des brassards et dans des cuissards, s'exerçaient à développer leurs jointures privées d'élasticité par ces carapaces partielles.

Frère Borromée prit un casque des mains d'un novice, et se le posa sur la tête par un mouvement aussi prompt, aussi régulier que l'eût pu faire un reître ou un lansquenet.

Tandis qu'il en attachait les brides, Chicot ne pouvait s'empêcher de regarder le casque ; et tout en le regardant, sa bouche souriait ; enfin, tout en souriant, il tournait autour de Borromée, comme pour l'admirer sur toutes ses faces.

Il fit plus, il s'approcha du trésorier, et passa la main sur une des inégalités du heaume.

— Vous avez là un magnifique armet, frère Borromée, dit-il ; où l'avez-vous donc acheté, mon cher prieur ?

Gorenflot ne put répondre, parce qu'en ce moment on l'attachait dans une cuirasse resplendissante, laquelle, bien que spacieuse à loger l'Hercule Farnèse, étreignait douloureusement les ondulations luxuriantes de la chair du digne prieur.

— Ne bridez pas ainsi, mordieu ! s'écriait Gorenflot ; ne serrez pas de cette force, j'étoufferais, je n'aurais plus de voix; assez ! assez!

— Vous demandiez, je crois, au révérend prieur, dit Borromée, où il avait acheté mon casque?

— Je demandais cela au révérend prieur et non à vous, reprit Chicot, parce que je présume qu'en ce couvent, comme dans tous les autres, rien ne se fait que sur l'ordre du supérieur.

— Certainement, dit Gorenflot, rien ici ne se fait que par mon ordre. Que demandez-vous, cher monsieur Briquet?

— Je demande à frère Borromée s'il sait d'où vient ce casque.

— Il faisait partie d'un lot d'armures que le révérend prieur a achetées hier pour armer le couvent.

— Moi? fit Gorenflot.

— Votre Seigneurie a commandé, elle se le rappelle, que l'on apportât ici plusieurs casques et plusieurs cuirasses, et l'on a exécuté les ordres de Votre Seigneurie.

— C'est vrai, c'est vrai, dit Gorenflot.

— Ventre de biche ! dit Chicot, mon casque

était donc bien attaché à son maître, qu'après l'avoir conduit moi-même à l'hôtel de Guise, il vienne comme un chien perdu me retrouver au prieuré des Jacobins !

En ce moment, sur un geste de frère Borromée, les lignes se faisaient régulières et le silence s'établit dans les rangs.

Chicot s'assit sur un banc, afin d'assister à son aise aux manœuvres.

Gorenflot se tint debout, d'aplomb sur ses jambes comme sur deux poteaux.

— Attention ! dit tout bas frère Borromée.

Dom Modeste tira un sabre gigantesque de son fourreau de fer, et, le brandissant en l'air, il cria d'une voix de Stentor :

— Attention !

— Votre Révérence se fatiguerait peut-être à faire les commandements, dit alors frère Borromée avec une douce prévenance. Votre Révérence souffrait ce matin : s'il lui plaît ménager sa précieuse santé, je commanderai aujourd'hui l'exercice.

— Je le veux bien, dit dom Modeste : en effet je suis souffrant, j'étouffe ; allez.

Borromée s'inclina, et, en homme habitué à ces sortes de consentements, il vint se placer au front de la troupe.

— Quel serviteur complaisant ! dit Chicot ; c'est une perle que ce gaillard-là.

— Il est charmant ! je te le disais bien, répondit dom Modeste.

— Je suis sûr qu'il te fait la même chose tous les jours, dit Chicot.

— Oh ! tous les jours. Il est soumis comme un esclave ; je ne fais que lui reprocher ses prévenances. L'humilité n'est pas la servitude, ajouta sentencieusement Gorenflot.

— En sorte que tu n'as vraiment rien à faire ici, et que tu peux dormir sur les deux oreilles : frère Borromée veille pour toi.

— Oh ! mon Dieu, oui.

— Voilà ce que je voulais savoir, dit Chicot dont l'attention se porta sur Borromée tout seul.

C'était merveille que de voir, pareil à un cheval de guerre, se redresser sous le harnais le trésorier des moines.

Son œil dilaté lançait des flammes, son bras vigoureux imprimait à l'épée des secousses tellement savantes qu'on eût dit un maître en fait d'armes s'escrimant devant un peloton de soldats. Chaque fois que frère Borromée faisait une

démonstration, Gorenflot la répétait en ajoutant :

— Borromée a raison ; mais je vous ai déjà dit cela, moi ; rappelez-vous donc ma leçon d'hier. Passez l'arme d'une main dans l'autre soutenez la pique, soutenez-la donc : le fer à la hauteur de l'œil ; de la tenue, par saint Georges ! du jarret ; demi-tour à gauche est exactement la même chose que demi-tour à droite, excepté que c'est tout le contraire.

— Ventre de biche ! dit Chicot, tu es un habile démonstrateur.

— Oui, oui, fit Gorenflot en caressant son triple menton, j'entends assez bien la manœuvre.

— Et tu as dans Borromée un excellent élève.

— Il m'a compris, dit Gorenflot ; il est on ne peut plus intelligent.

Les moines exécutèrent la course militaire, sorte de manœuvre fort en vogue à cette époque, les passes d'armes, les passes d'épée, les passes de pique et les exercices à feu.

Lorsqu'on en fut à cette dernière épreuve :

— Tu vas voir mon petit Jacques, dit le prieur à Chicot.

— Qu'est-ce que c'est que ton petit Jacques ?

— Un gentil garçon que j'ai voulu attacher à ma personne, parce qu'il a des dehors calmes et une main vigoureuse, et avec tout cela la vivacité du salpêtre.

— Ah ! vraiment ! Et où donc est-il, ce charmant enfant ?

— Attends, attends, je vais te le montrer ; là, tiens, là-bas ; celui qui tient un mousquet à la main et qui s'apprête à tirer le premier.

— Et il tire bien ?

— C'est-à-dire qu'à cent pas le drôle ne manque pas un noble à la rose.

— Voilà un gaillard qui doit vertement servir une messe ; mais attends donc, à ton tour.

— Quoi donc ?

— Mais si, mais non.

— Tu connais mon petit Jacques ?

— Moi, pas le moins du monde.

— Mais tu croyais le connaître d'abord ?

— Oui, il me semblait l'avoir vu dans certaine église, un jour, ou plutôt une nuit que j'étais renfermé dans un confessionnal ; mais non, je me trompais, ce n'était pas lui.

Cette fois, nous devons l'avouer, les paroles de Chicot n'étaient pas exactement d'accord avec la vérité. Chicot était trop bon physionomiste, quand il avait vu une figure une fois, pour oublier jamais cette figure.

Pendant qu'il était, sans s'en douter, l'objet de l'attention du prieur et de son ami, le petit Jacques, comme l'appelait Gorenflot, chargeait en effet un mousquet pesant, long comme lui-même, puis le mousquet chargé, il vint se camper fièrement à cent pas du but, et là, ramenant sa jambe droite en arrière, avec une précision toute militaire, il ajusta.

Le coup partit, et la balle alla se loger au milieu du but, au grand applaudissement des moines.

— Tudieu! c'est bien visé, dit Chicot, et sur ma parole, voilà un joli garçon.

— Merci, monsieur, répondit Jacques, dont les joues pâles se colorèrent d'une rougeur de plaisir.

— Tu manies les armes habilement, mon enfant, reprit Chicot.

— Mais, monsieur, j'étudie, fit Jacques.

Et sur ces mots, laissant son mousquet inutile, après la preuve d'adresse qu'il avait donnée, il prit une pique des mains de son voisin, et fit un moulinet que Chicot trouva parfaitement exécuté.

Chicot renouvela ses compliments.

— C'est surtout à l'épée qu'il excelle, dit dom Modeste. Ceux qui s'y connaissent le jugent très fort; il est vrai que le drôle a des jarrets de fer, des poignets d'acier, et qu'il gratte le fer depuis le matin jusqu'au soir.

— Ah! voyons cela, dit Chicot.

— Vous voulez essayer sa force? dit Borromée.

— Je voudrais en avoir la preuve, répondit Chicot.

— Ah! continua le trésorier, c'est qu'ici personne, excepté moi peut-être, n'est capable de lutter contre lui; êtes-vous d'une certaine force, vous?

— Je ne suis qu'un pauvre bourgeois, dit Chicot en secouant la tête; autrefois j'ai poussé ma brette comme un autre; mais aujourd'hui mes jambes tremblent, mon bras vacille et ma tête n'est plus fort présente.

— Mais cependant vous pratiquez toujours? dit Borromée.

— Un peu, répondit Chicot en lançant à Gorenflot qui souriait un coup d'œil qui arracha aux lèvres de celui-ci le nom de Nicolas David.

Mais Borromée ne vit point le sourire, Borromée n'entendit pas ce nom, et avec un sourire plein de tranquillité, il ordonna que l'on apportât les fleurets et les masques d'escrime.

Jacques, tout pétillant de joie sous son enveloppe froide et sombre, releva sa robe jusqu'aux genoux et assura sa sandale sur le sable en faisant un appel.

— Décidément, dit Chicot, comme n'étant ni moine ni soldat, il y a quelque temps que je n'ai fait des armes, veuillez, je vous prie, frère Borromée, vous qui n'êtes que muscles et tendons, donner la leçon à frère Jacques. Y consentez-vous, cher prieur? demanda Chicot à dom Modeste.

— Je l'ordonne! déclama le prieur, toujours enchanté de placer ce mot.

Borromée ôta son casque, Chicot se hâta de tendre les deux mains, et le casque, déposé entre les mains de Chicot, permit de nouveau à son ancien maître de constater son identité; puis, tandis que notre bourgeois accomplissait cet examen, le trésorier relevait sa robe dans sa ceinture et se préparait.

Tous les moines, animés de l'esprit de corps, vinrent faire cercle autour de l'élève et du professeur.

Gorenflot se pencha à l'oreille de son ami.

— C'est aussi amusant que de chanter vêpres, n'est-ce pas? dit-il naïvement.

— C'est ce que disent les chevau-légers, répondit Chicot avec la même naïveté.

Les deux combattants se mirent en garde; Borromée, sec et nerveux, avait l'avantage de la taille; il avait en outre celui que donnent l'aplomb et l'expérience.

Le feu montait par vives lueurs aux yeux de Jacques, et animait les pommettes de ses joues d'une rougeur fébrile.

On voyait peu à peu tomber le masque religieux de Borromée, qui, le fleuret à la main, emporté par l'action si entraînante de la lutte d'adresse, se transformait en homme d'armes; il entremêlait chaque coup d'une exhortation, d'un conseil, d'un reproche; mais souvent la vigueur, la promptitude, l'élan de Jacques triomphaient des qualités de son maître, et frère Borromée recevait quelque bon coup en pleine poitrine.

Chicot dévorait ce spectacle des yeux, et comptait les coups de bouton.

Lorsque l'assaut fut fini, ou plutôt lorsque les tireurs firent une première pause : — Jacques a touché six fois, dit Chicot, frère Borromée, neuf; c'est fort joli pour l'écolier, mais ce n'est point assez pour le maître.

Un éclair inaperçu à tout le monde, excepté à Chicot, passa dans les yeux de Borromée, et vint révéler un nouveau trait de son caractère.

— Bon! pensa Chicot, il est orgueilleux.

— Monsieur, répliqua Borromée d'une voix qu'à grand'peine il parvint à faire doucereuse, l'exercice des armes est bien rude pour tout le monde, et surtout pour de pauvres moines comme nous.

— N'importe, dit Chicot, décidé à pousser maître Borromée jusqu'en ses derniers retranchements; le maître ne doit pas avoir moins de la moitié en avantage sur son élève.

— Ah! monsieur Briquet, fit Borromée, tout pâle et se mordant les lèvres, vous êtes bien absolu, ce me semble.

— Bon! il est colère, pensa Chicot, deux péchés mortels; on dit qu'un seul suffit pour perdre un homme; j'ai beau jeu.

Puis tout haut :

— Et si Jacques avait plus de calme, continua-t-il, je suis certain qu'il ferait jeu égal.

— Je ne crois pas, dit Borromée.

— Eh bien! j'en suis sûr, moi.

— Monsieur Briquet, qui connaît les armes, dit Borromée avec un ton amer, devrait peut-être essayer la force de Jacques par lui-même; il s'en rendrait mieux compte alors.

— Oh! moi, je suis vieux, dit Chicot.

— Oui, mais savant, dit Borromée.

— Ah! tu railles, pensa Chicot; attends, attends. Mais, continua-t-il, il y a une chose qui ôte de la valeur à mon observation.

— Laquelle?

— C'est que frère Borromée, en digne maître, a, j'en suis sûr, laissé toucher Jacques un peu par complaisance.

— Ah! ah! fit Jacques à son tour en fronçant le sourcil.

— Non certes, répondit Borromée en se contenant, mais exaspéré au fond; j'aime Jacques

certainement, mais je ne le perds point avec ces sortes de complaisances.

— C'est étonnant, fit Chicot comme se parlant à lui-même, je l'avais cru, excusez-moi.

— Mais enfin, vous qui parlez, dit Borromée, essayez donc, monsieur Briquet.

— Oh! ne m'intimidez pas, dit Chicot.

— Soyez tranquille, monsieur, dit Borromée, on aura de l'indulgence pour vous; on connaît les lois de l'Église.

— Païen! murmura Chicot.

— Voyons, monsieur Briquet, une passe seulement.

— Essaie, dit Gorenflot, essaie.

— Je ne vous ferai point de mal, monsieur, dit Jacques prenant à son tour le parti de son maître, et désirant de son côté donner son petit coup de dent; j'ai la main très douce.

— Cher enfant! murmura Chicot en attachant sur le jeune moine un inexprimable regard qui se termina par un silencieux sourire.

— Voyons, dit-il, puisque tout le monde le veut.....

— Ah! bravo! firent les intéressés avec l'appétit du triomphe.

— Seulement, dit Chicot, je vous préviens que je n'accepte pas plus de trois passes.

— Comme il vous plaira, monsieur, fit Jacques.

Et se levant lentement du banc sur lequel il était retourné s'asseoir, Chicot serra son pourpoint, passa son gant d'arme, et assujettit son masque avec l'agilité d'une tortue qui attrape des mouches.

— Si celui-là arrive à la parade sur tes coups droits, souffla Borromée à Jacques, je ne fais plus assaut avec toi, je t'en préviens.

Jacques fit un signe de tête, accompagné d'un sourire qui signifiait :

— Soyez tranquille, maître.

Chicot, toujours avec la même lenteur et la même circonspection, se mit en garde, allongeant ses grands bras et ses longues jambes, que, par un miracle de précision, il disposa de manière à en dissimuler l'énorme ressort et l'incalculable développement.

XXIII

LA LEÇON

'escrime n'était point, à l'époque dont nous essayons, non-seulement de raconter les événements, mais encore de peindre les mœurs et les habitudes, ce qu'elle est aujourd'hui. Les épées, tranchantes des deux côtés, faisaient que l'on frappait presque aussi souvent de taille que de pointe; en outre, la main gauche, armée d'une dague, était à la fois défensive et offensive : il en résultait une foule de blessures, ou plutôt d'égratignures, qui étaient dans un combat réel un puissant motif d'excitation. Quélus, perdant son sang par dix-huit blessures, se tenait debout encore, continuait de combattre, et ne fût pas tombé, si une dix-neuvième blessure ne l'eût couché dans le lit qu'il ne quitta plus que pour le tombeau.

L'escrime, apportée d'Italie, mais encore dans l'enfance de l'art, consistait donc à cette époque dans une foule d'évolutions qui déplaçaient considérablement le tireur et devaient, sur un terrain choisi par le hasard, rencontrer une foule d'obstacles dans les moindres accidents du sol.

Il n'était point rare de voir le tireur s'allonger, se raccourcir, sauter à droite, sauter à gauche, appuyer une main à terre; l'agilité non-seulement de la main, mais encore des jambes, mais de tout le corps, devait être une des premières conditions de l'art.

Chicot ne paraissait pas avoir appris l'escrime à cette école; on eût dit, au contraire, qu'il avait pressenti l'art moderne, dont toute la supério-rité, et surtout toute la grâce, est dans l'agilité des mains et la presque immobilité du corps. Il se posa droit et ferme sur l'une et l'autre jambe, avec un poignet souple et nerveux à la fois, avec une épée qui semblait un jonc flexible et pliant, depuis la pointe jusqu'à la moitié de la lame, et qui était d'un inflexible acier depuis la garde jusqu'au milieu.

Aux premières passes, en voyant devant lui cet homme de bronze dont le poignet seul semblait vivant, frère Jacques eut des impatiences de fer qui ne produisirent sur Chicot d'autre effet que de faire détendre son bras et sa jambe au moindre jour qu'il apercevait dans le jeu de son adversaire, et l'on comprend qu'avec cette habitude de frapper autant d'estoc que de pointe, ces jours étaient fréquents. A chacun de ces jours, ce grand bras s'allongeait donc de trois pieds, et poussait droit dans la poitrine du frère un coup de bouton aussi méthodique que si un mécanisme l'eût dirigé, et non un organe de chair incertain et inégal.

A chacun de ces coups de bouton, Jacques, rouge de colère et d'émulation, faisait un bond en arrière.

Pendant dix minutes, l'enfant déploya toutes les ressources de son agilité prodigieuse; il s'élançait comme un chat-tigre, il se repliait comme un serpent, il se glissait sous la poitrine de Chicot, bondissait à droite et à gauche; mais celui-ci, avec son air calme et son grand bras, saisissait son temps, et, tout en écartant le fleuret de son adversaire, envoyait toujours le terrible bouton à son adresse.

Frère Borromée pâlissait du refoulement de

toutes les passions qui l'avaient surexcité naguère.

Enfin Jacques se rua une dernière fois sur Chicot, qui, le voyant mal d'aplomb sur ses jambes, lui présenta un jour pour qu'il se fendît à fond. Jacques n'y manqua point, et Chicot parant avec raideur, écarta le pauvre élève de la ligne d'équilibre, à tel point qu'il perdit contenance et tomba.

Chicot, immobile comme un roc, était resté à la même place.

Frère Borromée se rongeait les doigts jusqu'au sang.

— Vous ne nous aviez pas dit, monsieur, que vous étiez un pilier de salle d'armes, dit-il.

— Lui! s'écria Gorenflot ébahi, mais triomphant par un sentiment d'amitié facile à comprendre; lui, il ne sort jamais!

— Moi, un pauvre bourgeois, dit Chicot; moi, Robert Briquet, un pilier de salle d'armes, ah! monsieur le trésorier!

— Mais enfin, monsieur, s'écria frère Borromée, pour manier une épée comme vous le faites, il faut avoir énormément exercé.

— Eh! mon Dieu, oui, monsieur, répondi Chicot avec bonhomie; j'ai en effet tenu quelquefois l'épée; mais en la tenant j'ai toujours vu une chose.

— Laquelle?

— C'est que, pour celui qui la tient, l'orgueil est un mauvais conseiller, et la colère un mauvais aide; maintenant écoutez, mon petit frère Jacques, ajouta-t-il, vous avez un joli poignet, mais vous n'avez ni jambes ni tête; vous êtes vif, mais ne raisonnez pas. Il y a dans les armes trois choses essentielles : la tête d'abord, puis la main et les jambes; avec la première on peut se défendre, avec la première et la seconde on peut vaincre; mais en réunissant les trois on vainc toujours.

— Oh! monsieur, dit Jacques, faites donc assaut avec frère Borromée; ce sera certainement bien beau à voir.

Chicot, dédaigneux, allait refuser la proposition; mais il réfléchit que peut-être l'orgueilleux trésorier en prendrait-il davantage.

— Soit, dit-il, et si frère Borromée y consent, je suis à ses ordres.

— Non, monsieur, répondit le trésorier, je serais battu; j'aime mieux l'avouer que de faire preuve.

— Oh! qu'il est modeste, qu'il est aimable! dit Gorenflot.

— Tu te trompes, lui répondit à l'oreille l'impitoyable Chicot, il est fou de vanité; à son âge, si j'eusse trouvé pareille occasion, j'eusse demandé à genoux la leçon que Jacques vient de recevoir.

Cela dit, Chicot reprit son gros dos, ses jambes circonflexes, sa grimace éternelle, et revint s'asseoir sur son banc.

— Jacques le suivit; l'admiration l'emportait chez le jeune homme sur la honte de la défaite.

— Donnez-moi donc des leçons, monsieur Robert, disait-il; le seigneur prieur le permettra : n'est-ce pas, Votre Révérence?

— Oui, mon enfant, répondit Gorenflot; avec plaisir.

— Je ne veux point marcher sur les brisées de votre maître, mon ami, dit Chicot; et il salua Borromée.

Borromée prit la parole.

— Je ne suis pas le seul maître de Jacques, dit-il, je n'enseigne pas seul les armes ici; n'ayant pas seul l'honneur, permettez que je n'aie pas seul la défaite.

— Qui donc est son autre professeur? se hâta de demander Chicot, voyant chez Borromée la rougeur qui décelait la crainte d'avoir commis une imprudence.

— Mais personne, reprit Borromée, personne.

— Si fait! si fait, dit Chicot, j'ai parfaitement entendu. Quel est donc votre autre maître, Jacques?

— Eh! oui, oui, dit Gorenflot; un gros court que vous m'avez présenté, Borromée, et qui vient ici quelquefois; une bonne figure, et qui boit agréablement.

— Je ne me rappelle plus son nom, dit Borromée.

Frère Eusèbe, avec sa mine béate et son couteau passé dans sa ceinture, s'avança niaisement.

— Je le sais, moi, dit-il.

Borromée lui fit des signes multipliés qu'il ne vit pas.

— C'est maître Bussy-Leclerc, continua-t-il, lequel a été professeur d'armes à Bruxelles.

— Ah! oui-dà, fit Chicot, maître Bussy-Leclerc! une bonne lame, ma foi!

Et tout en disant cela avec toute la naïveté dont il était capable, Chicot attrapait au passage le coup d'œil furibond que dardait Borromée sur le malencontreux complaisant.

— Tiens, je ne savais pas qu'il s'appelât Bussy-Leclerc. On avait oublié de m'en informer, dit Gorenflot.

— Je n'avais pas cru que le nom intéressât le moins du monde Votre Seigneurie, dit Borromée.

— En effet, reprit Chicot, un maître d'armes ou un autre, pourvu qu'il soit bon, n'importe.

— En effet, n'importe, reprit Gorenflot, pourvu qu'il soit bon.

Et là-dessus il prit le chemin de l'escalier de son appartement, escorté de l'admiration générale.

L'exercice était terminé.

Au pied de l'escalier, Jacques réitéra sa demande à Chicot, au grand déplaisir de Borromée; mais Chicot répondit :

— Je ne sais pas démontrer, mon ami; je me suis fait tout seul avec de la réflexion et de la pratique; faites comme moi : à tout sain esprit le bien profite.

Borromée commanda un mouvement qui tourna tous les moines vers les bâtiments pour la rentrée. Gorenflot s'appuya sur Chicot et monta majestueusement l'escalier.

— J'espère, dit-il avec orgueil, que voilà une maison dévouée au service du roi, et bonne à quelque chose, heim !

— Peste ! je le crois bien, dit Chicot; on en voit de belles, révérend prieur, lorsque l'on vient chez vous.

— En un mois tout cela, en moins d'un mois même.

— Et fait par vous?

— Fait par moi, par moi seul, comme vous voyez, dit Gorenflot en se redressant.

— C'est plus que je n'attendais, mon ami, et quand je reviendrai de ma mission...

— Ah ! c'est vrai, cher ami ! parlons donc de votre mission.

— D'autant plus volontiers que j'ai un message, ou plutôt un messager, à envoyer au roi avant mon départ.

— Au roi, cher ami, un messager? vous correspondez donc avec le roi?

— Directement.

— Et il vous faut un messager, dites-vous?

— Il me faut un messager.

— Voulez-vous un de nos frères? Ce serait

un honneur pour le couvent si un de nos frères voyait le roi.

Assurément.

— Je vais mettre deux de nos meilleures jambes à vos ordres. Mais contez-moi, Chicot, comment le roi qui vous croyait mort...

— Je vous l'ai déjà dit, je n'étais qu'en léthargie... et au moment venu j'ai ressuscité.

— Et pour rentrer en faveur? demanda Gorenflot.

— Plus que jamais, dit Chicot.

— Alors, fit Gorenflot en s'arrêtant, vous pourrez donc dire au roi tout ce que nous faisons ici dans son intérêt?

— Je n'y manquerai pas, mon ami, je n'y manquerai pas, soyez tranquille.

— Oh ! cher Chicot, s'écria Gorenflot qui se voyait évêque.

— Mais d'abord, j'ai deux choses à vous demander.

— Lesquelles?

— La première, de l'argent, que le roi vous rendra.

— De l'argent! s'écria Gorenflot en se levant avec précipitation, j'en ai plein mes coffres.

— Vous êtes bien heureux, par ma foi, dit Chicot.

— Voulez-vous mille écus ?

— Non pas, c'est beaucoup trop, cher ami, je suis modeste dans mes goûts, humble dans mes désirs ; mon titre d'ambassadeur ne m'enorgueillit pas, et je le cache plutôt que je ne m'en vante: cent écus me suffiront.

— Les voilà. Et la seconde chose?

— Un écuyer.

— Un écuyer?

— Oui, pour m'accompagner; j'aime la société, moi.

— Ah ! mon ami, si j'étais encore libre comme autrefois, dit Gorenflot en poussant un soupir.

— Oui, mais vous ne l'êtes plus.

— La grandeur m'enchaîne, murmura Gorenflot.

— Hélas ! dit Chicot, on ne peut pas tout faire à la fois; ne pouvant avoir votre honorable compagnie, très cher prieur, je me contenterai donc de celle du petit frère Jacques.

— Du petit frère Jacques?

— Oui, il me plaît, le gaillard.

— Et tu as raison, Chicot, c'est un sujet rare et qui ira loin.

— Je vais d'abord le mener à deux cent cinquante lieues, moi, si tu me l'accordes.

— Il est à toi, mon ami.

Le prieur frappa sur un timbre, au bruit duquel accourut un frère servant.

— Qu'on fasse monter le frère Jacques et le frère chargé des courses de la ville.

Dix minutes après, tous deux parurent sur le seuil de la porte.

— Jacques, dit Gorenflot, je vous donne une mission extraordinaire.

— A moi, monsieur le prieur? demanda le jeune homme étonné.

— Oui, vous allez accompagner M. Robert Briquet dans un grand voyage.

— Oh! s'écria dans un enthousiasme nomade le jeune frère, moi en voyage avec M. Briquet, moi au grand air, moi en liberté! Ah! monsieur Robert Briquet, nous ferons des armes tous les jours, n'est-ce pas ?

— Oui, mon enfant.

— Et je pourrai emporter mon arquebuse?

— Tu l'emporteras.

Jacques bondit et s'élança hors de la chambre avec des cris de joie.

— Quant à la commission, dit Gorenflot, je vous prie de donner vos ordres. Avancez, frère Panurge.

— Panurge, dit Chicot à qui ce nom rappelait des souvenirs qui n'étaient pas exempts de douceur ; Panurge !

— Hélas! oui, fit Gorenflot, j'ai choisi ce frère qui s'appelle comme l'autre, Panurge, pour lui faire faire les courses que l'autre faisait.

— Il est donc hors de service, notre ancien ami?

— Il est mort, dit Gorenflot, il est mort.

— Oh ! fit Chicot avec commisération, le fait est qu'il devait se faire vieux.

— Dix-neuf ans, mon ami, il avait dix-neuf ans.

— C'est un fait de longévité remarquable, dit Chicot; il n'y a que les couvents pour offrir de pareils exemples.

XXIV

LA PÉNITENTE

anurge, ainsi annoncé par le prieur, se montra bientôt.

Ce n'était certes pas en raison de sa configuration morale ou physique qu'il avait été admis à remplacer son défunt homonyme, car jamais figure plus intelligente n'avait été déshonorée par l'application d'un nom d'âne.

C'était à un renard que ressemblait frère Panurge, avec ses petits yeux, son nez pointu et sa mâchoire en avant.

Chicot le regarda un instant, et pendant cet instant, si court qu'il fût, il parut avoir apprécié à sa valeur le messager du couvent.

Panurge resta humblement près de la porte

— Venez là, monsieur le courrier, dit Chicot; connaissez-vous le Louvre?

— Mais oui, monsieur, répondit Panurge.

— Et dans le Louvre, connaissez-vous un certain Henri de Valois?

— Le roi?

— Je ne sais pas si c'est bien le roi, en effet, dit Chicot; mais enfin on a l'habitude de le nommer ainsi.

— C'est au roi que j'aurai affaire!

— Justement: le connaissez-vous?

— Beaucoup, monsieur Briquet.

— Eh bien, vous demanderez à lui parler.

— On me laissera arriver?

— Jusqu'à son valet de chambre, oui; votre habit est un passeport; Sa Majesté est fort religieuse, comme vous savez.

— Et que dirai-je au valet de chambre de Sa Majesté?

— Vous direz que vous êtes envoyé par l'ombre.

— Par quelle ombre?

— La curiosité est un vilain défaut, mon frère.

— Pardon.

— Vous direz donc que vous êtes envoyé par l'ombre.

— Oui.

— Et que vous attendez la lettre.

— Quelle lettre?

— Encore!

— Ah! c'est vrai.

— Mon révérend, dit Chicot en se retournant vers Gorenflot, décidément j'aimais mieux l'autre Panurge.

— Voilà tout ce qu'il y a à faire? demanda le courrier.

— Vous ajouterez que l'ombre attendra en suivant tout doucement la route de Charenton.

— C'est sur cette route que j'aurai à vous rejoindre, alors.

— Parfaitement.

Panurge s'achemina vers la porte et souleva a portière pour sortir: il sembla à Chicot qu'en accomplissant ce mouvement, frère Panurge avait démasqué un écouteur.

Au reste, la portière retomba si rapidement que Chicot n'eût pas pu répondre que ce qu'il prenait pour une réalité n'était pas une vision.

L'esprit subtil de Chicot le conduisit bien vite à la presque certitude que c'était frère Borromée qui écoutait.

— Ah! tu écoutes, pensa-t-il; tant mieux, en ce cas je vais parler pour toi.

— Ainsi, dit Gorenflot, vous voilà honoré d'une mission du roi, cher ami.

— Confidentielle, oui.

- Qui a rapport à la politique, je le présume?

— Et moi aussi.

— Comment! vous ne savez pas de quelle mission vous êtes chargé?

— Je sais que je porte une lettre, voilà tout.

— Un secret d'État sans doute?

— Je le crois.

— Et vous ne vous doutez pas?...

— Nous sommes assez seuls pour que je vous dise ce que je pense, n'est-ce pas?

— Dites; je suis un tombeau pour les secrets.

— Eh bien, le roi s'est enfin décidé à secour le duc d'Anjou.

— En vérité?

— Oui; M. de Joyeuse a dû partir cette nui pour cela.

— Mais vous, mon ami?

— Moi, je vais du côté de l'Espagne.

— Et comment voyagez-vous?

— Dame! comme nous faisions autrefois, à pied, à cheval, en chariot, selon que cela se trouvera.

— Jacques vous sera d'une bonne compagnie pour le voyage, et vous avez bien fait de le demander, il comprend le latin, le petit drôle!

— J'avoue, quant à moi, qu'il me plaît fort.

— Cela suffirait pour que je vous le donnasse, mon ami; mais je crois, en outre, qu'il vous serait un rude second, en cas de rencontre.

— Merci, cher ami, maintenant je n'ai plus, je crois, qu'à vous faire mes adieux.

— Adieu!

— Que faites-vous?

— Je m'apprête à vous donner ma bénédiction.

— Bah! entre nous, dit Chicot, inutile.

— Vous avez raison, répliqua Gorenflot, c'est bon pour des étrangers.

Et les deux amis s'embrassèrent tendrement.

— Jacques! cria le prieur, Jacques!

Panurge montra son visage de fouine entre les deux portières.

— Quoi! vous n'êtes pas encore parti? s'écria Chicot.

Un homme prenait des mesures avec un long bâton. — PAGE 124.

— Pardon, monsieur.

— Partez vite, dit Gorenflot, M. Briquet est pressé; où est Jacques?

Frère Borromée apparut à son tour, l'air doucereux et la bouche riante.

— Frère Jacques? répéta le prieur.

— Frère Jacques est parti, dit le trésorier.

— Comment, parti! s'écria Chicot.

— N'avez-vous pas désiré que quelqu'un allât au Louvre, monsieur?

— Mais c'était frère Panurge, dit Gorenflot.

— Oh! sot que je suis! j'avais entendu Jacques, dit Borromée en se frappant le front.

Chicot fronça le sourcil; mais le regret de Borromée était en apparence si sincère qu'un reproche eût paru cruel.

— J'attendrai donc, dit-il, que Jacques soit revenu.

Borromée s'inclina en fronçant le sourcil à son tour.

— A propos, dit-il, j'oubliais d'annoncer au seigneur prieur, et j'étais même monté pour cela, que la dame inconnue vient d'arriver et qu'elle désire obtenir audience de Votre Révérence.

Chicot ouvrit des oreilles immenses.

— Seule? demanda Gorenflot,

— Avec un écuyer.

— Est-elle jeune? demanda Gorenflot.

Borromée baissa pudiquement les yeux.

— Bon ! il est hypocrite, pensa Chicot.

— Elle paraît encore jeune ! dit Borromée.

— Mon ami, dit Gorenflot se tournant du côté du faux Robert Briquet, tu comprends?

— Je comprends, dit Chicot, et je vous laisse; j'attendrai dans une chambre voisine ou dans la cour.

— C'est cela, mon cher ami.

— Il y a loin d'ici au Louvre, monsieur, fit observer Borromée, et frère Jacques peut tarder beaucoup, d'autant plus que la personne à laquelle vous écrivez hésitera peut-être à confier une lettre d'importance à un enfant.

— Vous faites cette réflexion un peu tard, frère Borromée.

— Dame! je ne savais pas; si l'on m'eût confié...

— C'est bien, c'est bien; je vais me mettre en route à petits pas vers Charenton; l'envoyé, quel qu'il soit, me rejoindra sur le chemin.

Et il se dirigea vers l'escalier.

— Pas de ce côté, monsieur, s'il vous plaît, dit vivement Borromée; la dame inconnue monte par là, et elle désire bien ne rencontrer personne.

— Vous avez raison, dit Chicot en souriant, je prendrai par le petit escalier.

Et il s'avança vers une porte de dégagement, donnant dans un petit cabinet.

— Et moi, dit Borromée, je vais avoir l'honneur d'introduire la pénitente près du révérend prieur.

— C'est cela, dit Gorenflot.

— Vous savez le chemin ? demanda Borromée avec inquiétude.

— A merveille.

Et Chicot sortit par le cabinet.

Après ce cabinet venait une chambre : l'escalier dérobé donnait sur le palier de cette chambre.

Chicot avait dit vrai, il connaissait le chemin, mais il ne connaissait plus la chambre.

En effet, elle était bien changée depuis sa dernière visite : de pacifique elle s'était faite belliqueuse; les parois des murailles étaient tapissées d'armes, les tables et les consoles étaient chargées de sabres, d'épées et de pistolets; tous les angles contenaient un nid de mousquets et d'arquebuses.

Chicot s'arrêta un instant dans cette chambre; il éprouvait le besoin de réfléchir.

— On me cache Jacques, on me cache la dame, on me pousse par les petits degrés pour laisser le grand escalier libre, cela veut dire que l'on veut m'éloigner du moinillon et me cacher la dame, c'est clair.

Je dois donc, en bonne stratégie, faire exactement le contraire de ce que l'on désire que je fasse.

En conséquence, j'attendrai le retour de Jacques; et je me posterai de manière à voir la dame mystérieuse.

Oh! oh! voici une belle chemise de mailles jetée dans ce coin, fine et d'une trempe exquise.

Il la souleva en l'admirant,

— Justement j'en cherchais une, dit-il : légère comme du lin, trop étroite de beaucoup pour le prieur; en vérité on dirait que c'est pour moi que cette chemise a été faite : empruntons-la donc à dom Modeste; je la lui rendrai à mon retour.

Et Chicot plia prestement la tunique qu'il glissa sous son pourpoint.

Il rattachait la dernière aiguillette quand frère Borromée parut sur le seuil.

— Oh! oh! murmura Chicot, encore toi; mais tu arrives trop tard, l'ami.

Et croisant ses grands bras derrière son dos et se renversant en arrière, Chicot fit comme s'il admirait les trophées.

— Monsieur Robert Briquet cherche quelque arme à sa convenance? demanda Borromée.

— Moi, cher ami, dit Chicot, et pourquoi faire, mon Dieu, une arme?

— Dame! quand on s'en sert si bien.

— Théorie, cher frère, théorie, voilà tout : un pauvre bourgeois comme moi peut être adroit de ses bras et de ses jambes; mais ce qui lui manque, et ce qui lui manquera toujours, c'est le cœur d'un soldat. Le fleuret brille assez élégamment dans ma main; mais Jacques, croyez-le bien, me ferait rompre d'ici à Charenton avec la pointe d'une épée.

— Vraiment? fit Borromée à demi convaincu

par l'air si simple et si bonhomme de Chicot, lequel, disons-le, venait de se faire plus bossu, plus tors et plus louche que jamais.

— Et puis, le souffle me manque, continua Chicot : vous avez remarqué que je ne puis pas rompre; les jambes sont exécrables, voilà surtout mon défaut.

— Me permettrez-vous de vous faire observer, monsieur, que ce défaut est plus grand encore pour voyager que pour faire des armes?

— Ah! vous savez que je voyage, répondit négligemment Chicot.

— Panurge me l'a dit, répliqua Borromée en rougissant.

— Tiens, c'est drôle, je ne croyais pas avoir parlé de cela à Panurge; mais n'importe, je n'ai pas de raison de me cacher. Oui, mon frère, je fais un petit voyage; je vais dans mon pays où j'ai du bien.

— Savez-vous, monsieur Briquet, que vous procurez un bien grand honneur au frère Jacques?

— Celui de m'accompagner?

— D'abord, mais ensuite de voir le roi.

— Ou son valet de chambre, car il est possible et même probable que frère Jacques ne verra pas autre chose.

— Vous êtes donc un familier du Louvre?

— Oh! un des plus familiers, monsieur; c'est moi qui fournissais le roi et les jeunes seigneurs de la cour de bas drapés.

— Le roi?

— J'avais déjà sa pratique qu'il n'était encore que duc d'Anjou. A son retour de Pologne, il s'est souvenu de moi et m'a fait fournisseur de la cour.

— C'est une belle connaissance que vous avez là, monsieur Briquet.

— La connaissance de Sa Majesté?

— Oui.

— Tout le monde ne dit pas cela, frère Borromée.

— Oh! les ligueurs.

— Tout le monde l'est peu ou prou aujourd'hui.

— Vous l'êtes peu, vous, à coup sûr?

— Moi, pourquoi cela?

— Quand on connaît personnellement le roi.

— Eh! eh! j'ai ma politique comme les autres, fit Chicot.

— Oui, mais votre politique est en harmonie avec celle du roi?

— Ne vous y fiez pas; nous disputons souvent.

— Si vous disputez, comment vous confie-t-il une mission?

— Une commission, vous voulez dire?

— Mission ou commission, peu importe; l'une ou l'autre implique confiance.

— Peuh! pourvu que je sache bien prendre mes mesures, voilà tout ce qu'il faut au roi.

— Vos mesures!

— Oui.

— Mesures politiques, mesures de finances?

— Non, mesures d'étoffes.

— Comment? fit Borromée stupéfait.

— Sans doute; vous allez comprendre.

— J'écoute.

— Vous savez que le roi a fait un pèlerinage à Notre-Dame de Chartres.

— Oui, pour obtenir un héritier.

— Justement. Vous savez qu'il y a un moyen sûr d'arriver au résultat que poursuit le roi.

— Il paraît, en tout cas, que le roi n'emploie pas ce moyen.

— Frère Borromée! fit Chicot.

— Quoi?

— Vous savez parfaitement qu'il s'agit d'obtenir un héritier de la couronne par miracle, et non autrement.

— Et ce miracle, on le demande?...

— A Notre-Dame de Chartres.

— Ah! oui, la chemise?

— Allons donc! c'est cela. Le roi lui a pris sa chemise, à cette bonne Notre-Dame, et l'a donnée à la reine, de sorte qu'en échange de cette chemise, il veut lui donner une robe pareille à celle de la Notre-Dame de Tolède, qui est, dit-on, la plus belle et la plus riche robe de vierge qui existe au monde.

— De sorte que vous allez...

— A Tolède, cher frère Borromée, à Tolède, prendre mesure de cette robe et en faire une pareille.

Borromée parut hésiter s'il devait croire ou ne pas croire Chicot sur parole.

Après de mûres réflexions, nous sommes autorisés à penser qu'il ne le crut pas.

— Vous jugez donc, continua Chicot, comme s'il ignorait entièrement ce qui se passait dans l'esprit du frère trésorier, vous jugez donc que la compagnie des hommes d'église m'eût été fort agréable en pareille circonstance. Mais le temps passe, et frère Jacques ne peut tarder maintenant. Au surplus, je vais l'attendre dehors, à la Croix-Faubin, par exemple.

— Je crois que cela vaut mieux, dit Borromée.

— Vous aurez donc la complaisance de le prévenir, aussitôt son arrivée?

— Oui.

— Et vous me l'enverrez?

— Je n'y manquerai pas.

— Merci, cher frère Borromée, enchanté d'avoir fait votre connaissance!

Tous deux s'inclinèrent : Chicot sortit par le petit escalier; derrière lui, frère Borromée ferma la porte au verrou.

— Allons, allons, dit Chicot, il est important, à ce qu'il paraît, que je ne voie pas la dame; il s'agit donc de la voir.

Et pour mettre ce projet à exécution, Chicot sortit du prieuré des Jacobins le plus ostensiblement possible, causa un instant avec le frère portier et s'achemina vers la Croix-Faubin en suivant le milieu de la route.

Seulement, arrivé à la Croix Faubin, il disparut à l'angle du mur d'une ferme, et là, sentant qu'il pouvait défier tous les argus du prieur, eussent-ils des yeux de faucon comme Borromée, il se glissa le long des bâtiments, suivit dans un fossé une haie qui faisait retour, et gagna, sans avoir été aperçu, une charmille assez bien garnie qui s'étendait juste en face du couvent.

Arrivé à ce point, qui lui présentait un centre d'observation tel qu'il le pouvait désirer, il s'assit ou plutôt se coucha, et attendit que frère Jacques rentrât au couvent et que la dame en sortît.

XXV

L'EMBUSCADE

hicot, on le sait, n'était pas long à prendre un parti. Il prit celui d'attendre, et cela le plus commodément possible.

A travers l'épaisseur de la charmille, il se fit une fenêtre pour ne point laisser passer inaperçus les allants et les venants qui pouvaient l'intéresser.

La route était déserte. Au plus loin que la vue de Chicot pouvait s'étendre, il n'apparaissait ni cavalier, ni curieux, ni paysan. Toute la foule de la veille s'était évanouie avec le spectacle qui l'avait causée.

Chicot ne vit donc rien qu'un homme assez mesquinement vêtu, qui se promenait transversalement sur la route, et prenait des mesures avec un long bâton pointu, sur le pavé de Sa Majesté le roi de France.

Cette femme, eh oui, c'est la duchesse. — PAGE 126.

Chicot n'avait absolument rien à faire. Il fut enchanté d'avoir trouvé ce bonhomme pour lui servir de point de mire.

— Que mesurait-il? pourquoi mesurait-il? voilà quelles furent, pendant une ou deux minutes, les plus sérieuses réflexions de maître Robert Briquet.

Il se résolut à ne point le perdre de vue.

Malheureusement, au moment où, arrivé au bout de sa mesure, l'homme allait relever la tête, une plus importante découverte vint absorber toute son attention, en le forçant de lever les yeux vers un autre point.

La fenêtre du balcon de Gorenflot s'ouvrit à deux battants, et l'on vit apparaître la respectable rotondité de dom Modeste, lequel, avec ses gros yeux écarquillés, son sourire des jours de fête et ses plus galantes façons, conduisait une dame presque ensevelie sous une mante de velours garnie de fourrure.

— Oh! oh! se dit Chicot, voici la pénitente. L'allure e jeune; voyons un peu la tête : là, bien, tournez-vous encore un peu de ce côté; à merveille! Il est vraiment·singulier que je trouve des· ressemblances à toutes les figures que je vois. Fâcheuse manie que j'ai là! bon. voilà l'écuyer à présent. Oh! oh! quant à lui, je ne me trompe pas, c'est bien Mayneville. Oui, oui, la moustache retroussée, l'épée à coquille, c'est lui-même; mais raisonnons un peu : si je ne me trompe pas pour Mayneville, ventre de biche! pourquoi me tromperais-je pour madame de Montpensier? car cette femme, eh oui! morbleu! c'est la duchesse.

Chicot, on peut le croire, abandonna dès ce moment l'homme aux mesures, pour ne pas perdre de vue les deux illustres personnages.

Au bout d'une seconde, il vit apparaître derrière eux la face pâle de Borromée, que Mayneville interrogea à plusieurs reprises.

— C'est cela, dit-il, tout le monde en est; bravo! conspirons, c'est la mode; mais, que diable! la duchesse veut-elle par hasard prendre pension chez dom Modeste, elle qui a déjà la maison de Belesbat, à cent pas d'ici?

En ce moment, l'attention de Chicot éprouva un nouveau motif d'excitation. Tandis que la duchesse causait avec Gorenflot, ou plutôt le faisait causer, M. de Mayneville fit un geste à quelqu'un du dehors.

Chicot, pourtant, n'avait vu personne, excepté l'homme aux mesures.

C'est qu'en effet c'était à lui que ce geste était adressé; il en résultait que l'homme aux mesures ne mesurait plus.

Il s'était arrêté.en face du balcon, de profil et la face tournée du côté de Paris.

Gorenflot continuait ses amabilités avec la pénitente.

M. de Mayneville glissa quelques mots à l'oreille de Borromée, et celui-ci se mit à l'instant même à gesticuler derrière le prieur, d'une façon inintelligible pour Chicot, mais claire, à ce qu'il paraît, pour l'homme aux mesures, car il s'éloigna, se posta dans un autre endroit où un nouveau geste de Borromée et de Mayneville le cloua comme une statue.

Après quelques secondes d'immobilité, sur un nouveau signe fait par frère Borromée, il se livra à un genre d'exercice qui préoccupa d'autant plus Chicot qu'il lui était impossible d'en deviner le but. De l'endroit qu'il occupait, l'homme aux mesures se mit à courir jusqu'à la porte du prieuré, tandis que M. de Mayneville tenait sa montre à la main.

— Diable! diable! murmura Chicot, tout cela me paraît suspect; l'énigme est bien posée; mais, si bien posée qu'elle soit, peut-être en voyant le visage de l'homme aux mesures, la devinerais-je.

En ce moment, comme si le démon familier de Chicot eût tenu à exaucer son vœu, l'homme aux mesures se retourna, et Chicot reconnut en lui Nicolas Poulain, lieutenant de la prévôté, le même à qui il avait vendu la veille ses vieilles cuirasses.

— Allons, fit-il, vive la Ligue! j'en ai assez vu maintenant pour deviner le reste avec un peu de travail! eh bien! soit, on travaillera.

Après quelques pourparlers entre la duchesse, Gorenflot et Mayneville, Borromée referma la fenêtre et le balcon demeura désert.

La duchesse et son écuyer sortirent du prieuré pour monter dans la litière qui les attendait. Dom Modeste, qui les avait accompagnés jusqu'à la porte, s'épuisait en révérences.

La duchesse tenait encore ouverts les rideaux de cette litière pour répondre aux compliments du prieur, lorsqu'un moine jacobin, sortant de Paris par la porte Saint-Antoine, vint à la tête des chevaux qu'il regarda curieusement, puis au côté de la litière dans laquelle il plongea son regard.

Chicot reconnut dans ce moine le petit frère Jacques, revenu à grands pas du Louvre, et demeuré en extase devant madame de Montpensier.

— Allons, allons, dit-il, j'ai de la chance. Si Jacques était revenu plus tôt, je n'eusse pu voir la duchesse, forcé que j'eusse été de courir à mon rendez-vous de la Croix-Faubin. Maintenant, voici madame de Montpensier partie après sa petite conspiration faite; c'est le tour de maître Nicolas Poulain. Celui-là, je vais l'expédier en dix minutes.

En effet, la duchesse, après avoir passé devant Chicot sans le voir, roulait vers Paris, et Nicolas Poulain s'apprêtait à la suivre.

Comme la duchesse, il lui fallait passer devant la haie habitée par Chicot.

Chicot le vit venir, comme le chasseur voit venir la bête, s'apprêtant à la tirer quand elle serait à sa portée.

Quand Poulain fut à la portée de Chicot, Chicot tira.

—Eh ! l'homme de bien, dit-il de son trou, un regard par ici, s'il vous plaît.

Poulain tressaillit et tourna la tête du côté du fossé.

— Vous m'avez vu : très bien ! continua Chicot. Maintenant, n'ayez l'air de rien, maître Nicolas... Poulain.

Le lieutenant de la prévôté bondit comme un daim, au coup de fusil.

— Qui êtes-vous ? demanda-t-il, et que désirez-vous ?

— Qui je suis ?

— Oui.

— Je suis un de vos amis, nouveau, mais intime ; ce que je veux, ah ! ça c'est un peu plus long à vous expliquer.

— Mais enfin, que désirez-vous ? parlez.

— Je désire que vous veniez à moi.

— A vous ?

— Oui, ici; que vous descendiez dans le fossé.

— Pourquoi faire ?

— Vous le saurez ; descendez d'abord.

— Mais...

— Et que vous veniez vous asseoir le dos contre cette haie.

— Enfin...

— Sans regarder de mon côté, sans que vous ayez l'air de vous douter que je suis là.

— Monsieur...

— C'est beaucoup exiger, je le sais bien; mais, que voulez-vous, maître Robert Briquet a le droit d'être exigeant.

— Robert Briquet ! s'écria Poulain exécutant à l'instant même la manœuvre commandée.

— Là, bien, asseyez-vous, c'est cela... Ah ! ah ! il paraît que nous prenions nos petites dimensions sur la route de Vincennes ?

—Moi !

—Sans aucun doute ; après cela, qu'y a-t-il d'étonnant à ce qu'un lieutenant de la prévôté fasse l'office de voyer quand l'occasion s'en présente ?

— C'est vrai, dit Poulain un peu rassuré, vous voyez, je mesurais.

D'autant mieux, continua Chicot, que vous opériez sous les yeux de très illustres personnages.

— De très illustres personnages ? Je ne comprends pas.

— Comment ! vous ignoriez ?...

— Je ne sais ce que vous voulez dire.

— Cette dame et ce monsieur qui étaient sur le balcon, et qui viennent de reprendre leur course vers Paris, vous ne savez point ce qu'ils étaient?

— Je vous jure.

— Ah ! comme c'est heureux pour moi d'avoir à vous apprendre une si riche nouvelle ! Figurez-vous, monsieur Poulain, que vous aviez pour admirateurs dans vos fonctions de voyer, madame la duchesse de Montpensier et M. le comte de Mayneville. Ne remuez pas, s'il vous plaît.

—Monsieur, dit Nicolas Poulain, essayant de lutter, ces propos, la façon dont vous me les adressez...

— Si vous bougez, mon cher monsieur Poulain, reprit Chicot, vous m'allez pousser à quelque extrémité. Tenez-vous donc tranquille.

Poulain poussa un soupir.

— Là, bien, continua Chicot. Je vous disais donc que, venant de travailler ainsi sous les yeux de ces personnages, et n'en ayant pas été remarqué, c'est vous qui le prétendez ainsi ; je disais donc, mon cher monsieur, qu'il serait fort avantageux pour vous qu'un autre personnage illustre, le roi, par exemple, vous remarquât.

— Le roi ?

— Sa Majesté, oui, monsieur Poulain ; elle est fort portée, je vous assure, à admirer tout travail et à récompenser toute peine.

— Ah ! monsieur Briquet, par pitié !

— Je vous répète, cher monsieur Poulain, que si vous remuez vous êtes un homme mort: demeurez donc calme pour éviter cette disgrâce.

—Mais que voulez-vous donc de moi, au nom du ciel ?

— Votre bien, pas autre chose; ne vous ai-je pas dit que j'étais votre ami ?

— Monsieur ! s'écria Nicolas Poulain au désespoir, je ne sais en vérité quel tort je fais à Sa Majesté, à vous, ni à qui que ce soit au monde !

— Cher monsieur Poulain, vous vous expliquerez avec qui de droit ; ce ne sont point mes affaires ; j'ai mes idées, voyez-vous, et j'y tiens; ces idées sont que le roi ne saurait approuver que son lieutenant de la prévôté obéisse, quand

Vous, mon ami, vous êtes un lansquenet ou un gendarme. — PAGE 130.

il fait fonctions de voyer, aux gestes et indications de M. de Mayneville : qui sait, au reste,
si le roi ne trouverait pas mauvais que son lieutenant de la prévôté ait omis de consigner dans
son rapport quotidien que madame de Montpensier et M. de Mayneville sont entrés hier
matin dans sa bonne ville de Paris ? Rien que
cela, tenez, monsieur Poulain, vous brouille-
rait bien certainement avec Sa Majesté.

— Monsieur Briquet, une omission n'est pas
un crime, et certes Sa Majesté est trop éclairée...

— Cher monsieur Poulain, vous vous faites,
je crois, des chimères ; je vois plus clairement,
moi, dans cette affaire-là.

— Que voyez-vous ?

— Une belle et bonne potence.

— Monsieur Briquet !

— Attendez-donc, que diable ! avec une corde
neuve, quatre soldats aux quatre points cardinaux, pas mal de Parisiens autour de la potence,
et certain lieutenant de la prévôté de ma con
naissance au bout de la corde.

Nicolas Poulain tremblait si fort que de ce tremblement il ébranlait toute la charmille.

— Monsieur! dit-il en joignant les mains.

— Mais je suis votre ami, cher monsieur Poulain, continua Chicot, et, en cette qualité d'ami, voilà un conseil que je vous donne.

— Un conseil?

— Oui, bien facile à suivre, Dieu merci! Vous allez de ce pas, entendez-vous bien? aller trouver...

— Trouver... interrompit Nicolas plein d'angoisses, trouver qui?

— Un moment que je réfléchisse, interrompit Chicot, trouver... M. d'Epernon.

— M. d'Epernon, l'ami du roi?

— Précisément; vous le prendrez à part.

— M. d'Epernon?

— Oui, et vous lui conterez toute l'affaire du toisé de la route.

— Est-ce folie, monsieur?

— C'est sagesse, au contraire, suprême sagesse.

— Je ne comprends pas.

— C'est limpide, cependant. Si je vous dénonce purement et simplement comme l'homme aux mesures et l'homme aux cuirasses, on vous branchera; si, au contraire, vous vous exécutez de bonne grâce, on vous couvrira de récompenses et d'honneurs... Vous ne paraissez pas convaincu... A merveille, cela va me donner la peine de retourner au Louvre; mais, ma foi, j'irai quand même; il n'est rien que je ne fasse pour vous.

Et Nicolas Poulain entendit le bruit que faisait Chicot en dérangeant les branches pour se lever.

— Non, non, dit-il, restez ici; j'irai.

— A la bonne heure; mais vous comprenez, cher monsieur Poulain, pas de subterfuges, car demain, moi, j'enverrai une petite lettre au roi, dont j'ai l'honneur, tel que vous me voyez, ou plutôt tel que vous ne me voyez pas, d'être l'ami intime, de sorte que, pour n'être pendu qu'après-demain, vous serez pendu aussi haut et plus court.

— Je pars, monsieur, dit le lieutenant atterré; mais vous abusez étrangement...

— Moi?

— Oh!

— Eh! cher monsieur Poulain, élevez-moi des autels; vous étiez un traître il y a cinq mi-

nutes, je fais de vous un sauveur de la patrie. A propos, courez vite, cher monsieur Poulain, car je suis très pressé de partir d'ici; pourtant je ne le puis faire que quand vous serez parti. Hôtel d'Epernon : n'oubliez pas.

Nicolas Poulain se leva, et, avec le visage d'un homme désespéré, s'élança comme une flèche dans la direction de la porte Saint-Antoine.

— Ah! il était temps, dit Chicot, car voilà que l'on sort du prieuré.

Mais ce n'est pas mon petit Jacques.

— Eh! eh! dit Chicot, quel est ce drôle, taillé comme l'architecte d'Alexandre voulait tailler le mont Athos? Ventre de biche! c'est un bien gros chien pour accompagner un pauvre roquet comme moi!

En voyant cet émissaire du prieur, Chicot se hâta de courir vers la Croix-Faubin, lieu du rendez-vous.

Comme il était forcé de s'y rendre par un chemin circulaire, la ligne droite eut sur lui l'avantage de la rapidité, c'est-à-dire le moine géant, qui coupait la route à grandes enjambées, arriva le premier à la croix.

Chicot, d'ailleurs, perdait un peu de temps à examiner, tout en marchant, son homme, dont la physionomie ne lui revenait pas le moins du monde.

En effet, c'était un véritable Philistin que ce moine. Dans la précipitation qu'il avait mise à venir trouver Chicot, sa robe de Jacobin n'était pas même fermée, et l'on entrevoyait par une fente ses jambes musculeuses, affublées d'un haut-de-chausse tout laïque.

Son capuchon mal rabattu laissait voir une crinière sur laquelle n'avait point encore passé le ciseau du prieuré.

En outre, certaine expression des moins religieuses crispait les coins profonds de sa bouche, et lorsqu'il voulait passer du sourire au rire, il laissait apercevoir trois dents, lesquelles semblaient des palissades plantées derrière le rempart de ses grosses lèvres.

Des bras longs comme ceux de Chicot, mais plus gros, des épaules capables d'enlever les portes de Gaza, un grand couteau de cuisine passé dans la corde de sa ceinture, telles étaient, avec un sac roulé comme un bouclier autour de sa poitrine, les armes défensives et offensives de ce Goliath des Jacobins.

— Décidément, dit Chicot, il est fort laid, et s'il ne m'apporte pas une excellente nouvelle, avec une tête comme celle-là, je trouverai qu'une pareille créature est fort inutile sur la terre.

Le moine, voyant toujours approcher Chicot, le salua presque militairement.

— Que voulez-vous, mon ami? demanda Chicot.

— Vous êtes monsieur Robert Briquet?

— En personne.

— En ce cas, j'ai pour vous une lettre du révérend prieur.

— Donnez.

Chicot prit la lettre; elle était conçue en ces termes:

« Mon cher ami, j'ai bien réfléchi depuis « notre séparation, il m'est, en vérité, impos-« sible de laisser aller aux loups dévorants du « monde la brebis que le Seigneur m'a confiée. « J'entends parler, vous le comprenez bien, de « notre petit Jacques Clément, qui tout à l'heure « a été reçu par le roi, et s'est parfaitement ac-« quitté de votre message.

« Au lieu de Jacques, dont l'âge est encore « tendre, et qui doit ses services au prieuré, je « vous envoie un bon et digne frère de notre « communauté; ses mœurs sont douces et son « humeur innocente: je suis sûr que vous l'a-« gréerez pour compagnon de route... »

— Oui, oui, pensa Chicot en jetant de côté un regard sur le moine: compte là-dessus.

« Je joins à cette lettre ma bénédiction, que « je regrette de ne vous avoir pas donnée de « vive voix.

« Adieu, cher ami. »

— Voilà une bien belle écriture! dit Chicot lorsqu'il eut fini sa lecture. Je gagerais que la lettre a été écrite par le trésorier: il a une main superbe.

— C'est, en effet, frère Borromée qui a écrit la lettre, répondit le Goliath.

— Eh bien, en ce cas, mon ami, reprit Chicot en souriant agréablement au grand moine, vous allez retourner au prieuré.

— Moi?

— Oui, et vous direz à Sa Révérence que j'ai changé d'avis, et que je désire voyager seul.

— Comment! vous ne m'emmènerez pas, monsieur? fit le moine avec un étonnement qui n'était point exempt de menace.

— Non, mon ami, non.

— Et pourquoi cela, s'il vous plaît?

— Parce que j'ai à faire des économies; les temps sont durs, et vous devez manger énormément.

Le géant montra ses trois défenses.

— Jacques mange tout autant que moi, dit-il.

— Oui, mais Jacques était un moine, fit Chicot.

— Et moi, que suis-je donc?

— Vous, mon ami, vous êtes un lansquenet ou un gendarme, ce qui, entre nous soit dit, pourrait scandaliser la Notre-Dame vers qui je suis député.

— Que parlez-vous donc de lansquenet et de gendarme? répondit le moine. Je suis un jacobin, moi; est-ce que ma robe n'est pas reconnaissable?

— L'habit ne fait pas le moine, mon ami, répliqua Chicot; mais le couteau fait le soldat: dites cela au frère Borromée, s'il vous plaît.

Et Chicot tira sa révérence au géant qui reprit le chemin du prieuré, en grondant comme un chien qu'on chasse.

Quant à notre voyageur, il laissa disparaître celui qui devait être son compagnon, et lorsqu'il l'eut vu s'engouffrer dans la grande porte du couvent, il alla se cacher derrière une haie, s'y dépouilla de son pourpoint, et passa la fine chemise de mailles que nous connaissons sous sa chemise de toile.

Sa toilette achevée, il coupa à travers champs pour rejoindre le chemin de Charenton.

XXVI

LES GUISES

L e soir même du jour où Chicot partait pour la Navarre, nous retrouverons dans la grande chambre de l'hôtel de Guise où nous avons déjà, dans nos précédents récits, conduit plus d'une fois nos lecteurs; nous retrouverons, disons-nous, dans la grande chambre de l'hôtel de Guise, ce petit jeune homme à l'œil vif, que nous avons vu entrer dans Paris en croupe sur le cheval de Carmainges, et qui n'était autre, nous le savons déjà, que la belle pénitente de dom Gorenflot.

Cette fois elle n'avait pris aucune précaution pour dissimuler sa personne ou son sexe. Madame de Montpensier, vêtue d'une robe élégante, le col évasé, les cheveux tout constellés d'étoiles de pierreries, comme c'était la mode à cette époque, attendait avec impatience, debout dans l'embrasure d'une fenêtre, quelqu'un qui tardait à venir.

L'ombre commençait à s'épaissir, la duchesse ne distinguait plus qu'à grand'peine la porte de l'hôtel, sur laquelle ses yeux étaient constamment attachés.

Enfin le pas d'un cheval se fit entendre, et dix minutes après la voix de l'huissier annonçait mystérieusement chez la duchesse M. de Mayenne.

Madame de Montpensier se leva et courut au devant de son frère avec une telle précipitation, qu'elle oublia de marcher sur la pointe du pied droit, comme c'était son habitude lorsqu'elle tenait à ne pas boiter.

— Seul, mon frère? dit-elle, vous êtes seul?

— Oui, ma sœur, dit le duc en s'asseyant après avoir baisé la main de la duchesse.

— Mais, Henri, où donc est Henri? Savez-vous bien que tout le monde l'attend ici?

— Henri, ma sœur, n'a que faire encore à Paris, tandis qu'au contraire il a encore fort à faire dans les villes de Flandre et de Picardie. Notre travail est lent et souterrain; nous avons de l'ouvrage là-bas : pourquoi quitterions-nous cet ouvrage pour venir à Paris, où tout est fait?

— Oui, mais où tout se défera si vous ne vous hâtez.

— Bah!

— Bah! tant que vous voudrez, mon frère. Je vous dis, moi, que les bourgeois ne se contentent plus de toutes ces raisons, qu'ils veulent voir leur duc Henri, que voilà leur soif, leur délire.

— Ils le verront au bon moment. Mayneville ne leur a-t-il donc point expliqué tout cela?

— Sans contredit; mais vous le savez, sa voix ne vaut pas les vôtres.

— Au plus pressé, ma sœur. Et Salcède?

— Mort.

— Sans parler?

— Sans souffler une parole.

— Bien. Et l'armement?

— Achevé.

— Paris?

— Divisé en seize quartiers.

— Et chaque quartier a le chef que nous avons désigné?

— Oui.

— Vivons donc en repos, Pâque-Dieu! c'est ce que je viens dire à nos bons bourgeois.

— Ils ne vous écouteront pas.

— Bah !

— Je vous dis qu'ils sont endiablés.

— Ma sœur, vous avez un peu trop l'habitude de juger la précipitation d'autrui d'après vos propres impatiences.

— M'en ferez-vous un reproche sérieux ?

— A Dieu ne plaise ! mais ce que dit mon frère Henri doit être exécuté. Or, mon frère Henri veut qu'on ne se hâte aucunement.

— Que faire alors ? demanda la duchesse avec impatience.

— Quelque chose presse-t-il, ma sœur ?

— Tout, si l'on veut.

— Par quoi commencer, à votre avis ?

— Par prendre le roi.

— C'est votre idée fixe ; je ne dis pas qu'elle soit mauvaise, si l'on pouvait la mettre à exécution ; mais projeter et faire sont deux : rappelez-vous combien de fois nous avons échoué déjà.

— Les temps sont changés ; le roi n'a plus personne pour le défendre.

— Non, excepté les Suisses, les Écossais, les gardes françaises.

— Mon frère, quand vous voudrez, moi, moi qui vous parle, je vous le montrerai sur une grande route, escorté de deux laquais seulement.

— On m'a dit cela cent fois, et je ne l'ai pas vu une seule.

— Vous le verrez donc si vous restez seulement à Paris trois jours.

— Encore un projet !

— Un plan, voulez-vous dire.

— Veuillez me le communiquer, en ce cas.

— Oh ! c'est une idée de femme, et par conséquent elle vous fera rire.

— A Dieu ne plaise que je blesse votre amour-propre d'auteur ! Voyons le plan.

— Vous vous moquez de moi, Mayenne.

— Non, je vous écoute.

— Eh bien ! en quatre mots, voici...

En ce moment l'huissier souleva la tapisserie.

— Plaît-il à Leurs Altesses de recevoir M. de Mayneville ? demanda-t-il.

— Mon complice ? dit la duchesse, qu'il entre.

M. de Mayneville entra en effet, et vint baiser la main du duc de Mayenne.

— Un seul mot, monseigneur, dit-il ; j'arrive du Louvre.

— Eh bien ! s'écrièrent à la fois Mayenne et la duchesse.

— On se doute de votre arrivée.

— Comment cela ?

— Je causais avec le chef du poste de Saint-Germain-l'Auxerrois, deux Gascons passèrent.

— Les connaissez-vous ?

— Non ; ils étaient tout flambants neufs. Cap de bious ! dit l'un, vous avez là un pourpoint qui est magnifique, mais qui, dans l'occasion, ne vous rendrait pas les mêmes services que votre cuirasse d'hier.

— Bah ! bah ! si solide que soit l'épée de M. de Mayenne, dit l'autre, gageons qu'elle n'entamera pas plus ce satin qu'elle n'eût entamé la cuirasse.

Et là-dessus le Gascon se répandit en bravades qui indiquaient que l'on vous savait proche.

— Et à qui appartiennent ces Gascons ?

— Je n'en sais rien.

— Et ils se sont retirés ?

— Oh ! pas ainsi, ils criaient haut ; le nom de Votre Altesse fut entendu : quelques passants s'arrêtèrent et demandèrent si effectivement vous arriviez. Ils allaient répondre à la question, quand tout à coup un homme s'approcha du Gascon et lui toucha l'épaule : ou je me trompe bien, monseigneur, ou cet homme, c'était Loignac.

— Après ? demanda la duchesse.

— A quelques mots dits tout bas, le Gascon ne répondit que par un geste de soumission, et suivit son interrupteur.

— De sorte que ?

— De sorte que je n'ai pas pu en savoir davantage ; mais, en attendant, défiez-vous.

— Vous ne les avez pas suivis ?

— Si fait, mais de loin ; je craignais d'être reconnu comme gentilhomme de Votre Altesse. Ils se sont dirigés du côté du Louvre, et ont disparu derrière l'hôtel des Meubles. Mais après eux, toute une traînée de voix répétait : Mayenne ! Mayenne !

— J'ai un moyen tout simple de répondre, dit le duc.

— Lequel ? demanda sa sœur.

— C'est d'aller saluer le roi ce soir.

— Saluer le roi ?

— Sans doute, je viens à Paris ; je lui donne des nouvelles de ses bonnes villes de Picardie, il n'y a rien à dire.

— Le moyen est bon, dit Mayneville.

— Il est imprudent, dit la duchesse.

— Il est indispensable, ma sœur, si en effet on se doute de mon arrivée à Paris. C'était d'ailleurs l'opinion de notre frère Henri, que je descendisse tout botté devant le Louvre, pour présenter au roi les hommages de toute la famille. Une fois ce devoir accompli, je suis libre, et je puis recevoir qui bon me semble.

— Les membres du comité, par exemple; ils vous attendent.

— Je les recevrai à l'hôtel Saint-Denis, à mon retour du Louvre, dit Mayenne. Donc, Mayneville, qu'on me rende mon cheval tel qu'il est, sans le bouchonner. Vous viendrez avec moi au Louvre. Vous, ma sœur, attendez-nous, s'il vous plaît.

— Ici, mon frère?

— Non, à l'hôtel Saint-Denis, où j'ai laissé mes équipages et où l'on me croit couché. Nous y serons dans deux heures.

XXVII

AU LOUVRE

C e jour-là aussi, jour de grandes aventures, le roi sortit de son cabinet et fit appeler M. d'Épernon.

Il pouvait être midi.

Le duc s'empressa d'obéir et de passer chez le roi.

Il trouva Sa Majesté debout dans une première chambre, considérant avec attention un moine jacobin qui rougissait et baissait les yeux sous le regard perçant du roi.

Le roi prit d'Épernon à part.

— Regarde donc, duc, dit-il en lui montrant le jeune homme, la drôle de figure de moine que voilà.

— De quoi s'étonne Votre Majesté? dit d'Épernon; je trouve la figure fort ordinaire, moi.

— Vraiment?

Et le roi se prit à rêver.

— Comment t'appelles-tu? lui dit-il.

— Frère Jacques, sire.

— Tu n'as pas d'autre nom?

— Mon nom de famille, Clément.

— Frère Jacques Clément? répéta le roi.

— Votre Majesté ne trouve-t-elle pas aussi quelque chose d'étrange dans le nom? dit en riant le duc.

Le roi ne répondit point.

— Tu as très bien fait la commission, dit-il au moine sans cesser de le regarder.

— Quelle commission, sire? demanda le duc avec cette hardiesse qu'on lui reprochait, et que lui donnait une familiarité de tous les jours.

— Rien, dit Henri, un petit secret entre moi et quelqu'un que tu ne connais pas, ou plutôt que tu ne connais plus.

— En vérité, sire, dit d'Épernon, vous regardez étrangement cet enfant, et vous l'embarrassez.

— C'est vrai, oui. Je ne sais pourquoi mes regards ne peuvent pas se défendre de lui ; il me semble que je l'ai déjà vu ou que je le verrai. Il m'est apparu dans un rêve, je crois. Allons, voilà que je déraisonne. Va-t'en, petit moine, tu as fini ta mission. On enverra la lettre demandée à celui qui la demande ; sois tranquille. D'Épernon ?

— Sire ?

— Qu'on lui donne dix écus.

— Merci, dit le moine.

— On dirait que tu as dit merci du bout des dents ! reprit d'Épernon qui ne comprenait point qu'un moine parût mépriser dix écus.

— Je dis merci du bout des dents, reprit le petit Jacques, parce que j'aimerais bien mieux un de ces beaux couteaux d'Espagne qui sont là appendus au mur.

— Comment, tu n'aimes pas mieux l'argent pour aller courir les farceurs de la foire Saint-Laurent, ou les clapiers de la rue Sainte-Marguerite ? demanda d'Épernon.

— J'ai fait vœu de pauvreté et de chasteté, répliqua Jacques.

— Donne-lui donc une de ces lames d'Espagne, et qu'il s'en aille, Lavalette, dit le roi.

Le duc, en homme parcimonieux, choisit parmi les couteaux celui qui lui paraissait le moins riche et le donna au petit moine.

C'était un couteau catalan, à la lame large, effilée, solidement emmanchée dans un morceau de belle corne ciselée.

Jacques le prit, tout joyeux de posséder une si belle arme, et se retira.

Jacques parti, le duc essaya de nouveau de questionner le roi.

— Duc, interrompit le roi, as-tu, parmi tes quarante-cinq, deux ou trois hommes qui sachent monter à cheval ?

— Douze au moins, sire, et tous seront cavaliers dans un mois.

— Choisis-en deux de ta main, et qu'ils viennent me parler à l'instant même.

Le duc salua, sortit, et appela Loignac dans l'antichambre.

Loignac parut au bout de quelques secondes.

— Loignac, dit le duc, envoyez-moi à l'instant même deux cavaliers solides ; c'est pour accomplir une mission directe de Sa Majesté.

Loignac traversa rapidement la galerie, arriva près du bâtiment, que nous nommerons désormais le logis des Quarante-Cinq.

Là, il ouvrit la porte et appela d'une voix de maître :

— Monsieur de Carmainges !

Monsieur de Biran !

— M. de Biran est sorti, dit le factionnaire.

— Comment ! sorti sans permission ?

— Il étudie le quartier que monseigneur le duc d'Épernon lui a recommandé ce matin.

— Fort bien ! Appelez M. de Sainte-Maline, alors.

Les deux noms retentirent sous les voûtes, et les deux élus apparurent aussitôt.

— Messieurs, dit Loignac, suivez-moi chez M. le duc d'Épernon.

Et il les conduisit au duc, lequel, congédiant Loignac, les conduisit à son tour au roi.

Sur un geste de Sa Majesté, le duc se retira et les deux jeunes gens restèrent.

C'était la première fois qu'ils se trouvaient devant le roi. Henri avait un aspect fort imposant.

L'émotion se trahissait chez eux de façon différente.

Sainte-Maline avait l'œil brillant, le jarret tendu, la moustache hérissée.

Carmainges, pâle, mais tout aussi résolu, bien que moins fier, n'osait arrêter son regard sur Henri.

— Vous êtes de mes quarante-cinq, messieurs ? dit le roi.

— J'ai cet honneur, sire, répliqua Sainte-Maline.

— Et vous, monsieur ?

— J'ai cru que monsieur répondait pour nous deux, sire ; voilà pourquoi ma réponse s'est fait attendre ; mais quant à être au service de Votre Majesté, j'y suis autant que qui que ce soit au monde.

— Bien. Vous allez monter à cheval et prendre la route de Tours : la connaissez-vous ?

— Je demanderai, dit Saint-Maline.

— Je m'orienterai, dit Carmainges.

— Pour vous mieux guider, passez par Charenton, d'abord.

— Oui, sire.

— Vous pousserez jusqu'à ce que vous rencontriez un homme voyageant seul.

— Votre Majesté veut-elle nous donner son signalement ? demanda Sainte-Maline.

— Une grande épée au côté ou au dos, de grands bras, de grandes jambes.

— Pouvons-nous savoir son nom, sire? demanda Ernauton de Carmainges, que l'exemple de son compagnon entraînait, malgré les habitudes de l'étiquette, à interroger le roi.

— Il s'appelle l'Ombre, dit Henri.

— Nous demanderons le nom de tous les voyageurs que nous rencontrerons, sire.

— Et nous fouillerons toutes les hôtelleries.

— Une fois l'homme rencontré et reconnu, vous lui remettrez cette lettre.

Les deux jeunes gens tendaient la main ensemble.

Le roi demeura un instant embarrassé.

— Comment vous appelle-t-on? demanda-t-il à l'un d'eux.

— Ernauton de Carmainges, répondit-il.

— Et vous?

— René de Sainte-Maline.

— Monsieur de Carmainges, vous porterez la lettre, et monsieur de Sainte-Maline la remettra.

— Ernauton prit le précieux dépôt qu'il s'apprête à serrer dans son pourpoint.

Sainte-Maline arrêta son bras au moment où la lettre allait disparaître, et il en baisa respectueusement le scel.

Puis il remit la lettre à Ernauton.

Cette flatterie fit sourire Henri III.

— Allons, allons, messieurs, dit-il, je vois que je serai bien servi.

— Est-ce tout, sire? demanda Ernauton.

— Oui, messieurs; seulement une dernière recommandation.

Les jeunes gens s'inclinèrent et attendirent.

— Cette lettre, messieurs, dit Henri, est plus précieuse que la vie d'un homme. Sur votre tête, ne la perdez pas, remettez-la secrètement à l'Ombre, qui vous en donnera un reçu que vous me rapporterez, et surtout voyagez en gens qui voyagent pour leurs propres affaires. Allez.

Les deux jeunes gens sortirent du cabinet royal, Ernauton comblé de joie; Sainte-Maline gonflée de jalousie; l'un avec la flamme dans les yeux, l'autre avec un avide regard qui brûlait le pourpoint de son compagnon.

Monsieur d'Epernon les attendait : il voulut questionner.

— M. le duc, répondit Ernauton, le roi ne nous a point autorisés à parler.

Ils allèrent à l'instant même aux écuries, où le piqueur du roi leur délivra deux chevaux de route, vigoureux et bien équipés.

M. d'Epernon les eût suivis certainement pour en savoir davantage, s'il n'eût été prévenu, au moment où Carmainges et Sainte-Maline le quittaient, qu'un homme voulait lui parler à l'instant même et à tout prix.

— Quel homme? demanda le duc avec impatience.

— Le lieutenant de la prévôté de l'Ile-de-France.

— Eh! parfandious! s'écria-t-il, suis-je échevin, prévôt ou chevalier du guet?

— Non, monseigneur, mais vous êtes ami du roi, répondit une humble voix à sa gauche. Je vous en supplie, à ce titre écoutez-moi donc!

Le duc se retourna.

Près de lui, chapeau bas et oreilles basses, était un pauvre solliciteur qui passait à chaque seconde par une des nuances de l'arc-en-ciel.

— Qui êtes-vous? demanda brutalement le duc.

— Nicolas Poulain, pour vous servir, monseigneur.

— Et vous voulez me parler?

— Je demande cette grâce.

— Je n'ai pas le temps.

— Même pour entendre un secret, monseigneur?

— J'en écoute cent tous les jours, monsieur : le vôtre fera cent et un; ce serait un de trop.

— Même si celui-là intéressait la vie de Sa Majesté? dit Nicolas Poulain en se penchant à l'oreille de d'Epernon.

— Oh! oh! je vous écoute; venez dans mon cabinet.

Nicolas Poulain essuya son front ruisselant de sueur, et suivit le duc.

XXVIII

LA RÉVÉLATION

onsieur d'Epernon, en traversant son antichambre, s'adressa à l'un des gentilshommes qui s'y tenaient à demeure.

—Comment vous nommez - vous, monsieur? demanda-t-il à un visage inconnu.

— Pertinax de Montcrabeau, monseigneur, répondit le gentilhomme.

— Eh bien, monsieur de Montcrabeau, placez-vous à ma porte, et que personne n'entre.

— Oui, monsieur le duc.

— Personne, vous entendez?

— Parfaitement.

Et M. Pertinax, qui était somptueusement vêtu et qui faisait le beau dans des bas oranges, avec un pourpoint de satin bleu, obéit à l'ordre de d'Epernon. Il s'adossa en conséquence au mur et prit position, les bras croisés, le long de la tapisserie.

Nicolas Poulain suivit le duc qui passa dans son cabinet. Il vit la porte s'ouvrir et se refermer, puis la portière retomber sur la porte, et il commença sérieusement à trembler.

— Voyons votre conspiration, monsieur? dit sèchement le duc; mais, pour Dieu, qu'elle soit bonne, car j'avais aujourd'hui une multitude de choses agréables à faire, et si je perds mon temps à vous écouter, gare à vous!

— Eh! monsieur le duc, dit Nicolas Poulain, il s'agit tout simplement du plus épouvantable des forfaits.

— Alors, voyons le forfait.

— Monsieur le duc..

— On veut me tuer, n'est-ce pas? interrompit d'Epernon en se raidissant comme un Spartiate; eh bien! soit, ma vie est à Dieu et au roi : qu'on la prenne.

— Il ne s'agit pas de vous, monseigneur.

— Ah! cela m'étonne.

— Il s'agit du roi. On veut l'enlever, monsieur le duc.

— Oh! encore cette vieille affaire d'enlèvement! dit dédaigneusement d'Epernon.

— Cette fois la chose est assez sérieuse, monsieur le duc, si j'en crois les apparences.

— Et quel jour veut-on enlever Sa Majesté?

— Monseigneur, la première fois que Sa Majesté ira à Vincennes dans sa litière.

— Comment l'enlèvera-t-on?

— En tuant ses deux piqueurs.

— Et qui fera le coup?

— Madame de Montpensier.

D'Epernon se mit à rire.

— Cette pauvre duchesse, dit-il, que de choses on lui attribue!

— Moins qu'elle n'en projette, monseigneur.

— Et elle s'occupe de cela à Soissons?

— Madame la duchesse est à Paris.

— A Paris!

— J'en puis répondre à monseigneur.

— Vous l'avez vue?

— Oui.

— C'est-à-dire que vous avez cru la voir.

— J'ai eu l'honneur de lui parler.

— L'honneur?

— Je me trompe, monsieur le duc; le malheur.

— Mais, mon cher lieutenant de la prévôté, ce n'est point la duchesse qui enlèvera le roi?

Madame de Montpensier.

— Pardonnez-moi, monseigneur.

— Elle-même ?

— En personne, avec ses affidés, bien entendu.

— Et où se placera-t-elle pour présider à cet enlèvement?

— A une fenêtre du prieuré des Jacobins, qui est, comme vous le savez, sur la route de Vincennes.

— Que diable me contez-vous là?

— La vérité, monseigneur. Toutes les mesures sont prises pour que la litière soit arrêtée au moment où elle atteindra la façade du couvent.

— Et qui a pris ces mesures?

— Hélas !

— Achevez donc, que diable !

— Moi, monseigneur.

D'Epernon fit un bond en arrière.

— Vous? dit-il.

Poulain poussa un soupir.

— Vous en êtes, vous qui dénoncez? continua d'Epernon.

— Monseigneur, dit Poulain, un bon serviteur du roi doit tout risquer pour son service.

— En effet, mordieu ! vous risquez la corde.

— Je préfère la mort à l'avilissement ou à la mort du roi ; voilà pourquoi je suis venu.

— Ce sont de beaux sentiments, monsieur, et il vous faut de bien grandes raisons pour les avoir.

— J'ai pensé, monseigneur, que vous êtes l'ami du roi, que vous ne me trahiriez point, et que vous tourneriez au profit de tous la révélation que je viens faire.

Le duc regarda longtemps Poulain, et scruta profondément les linéaments de cette figure pâle.

— Il doit y avoir autre chose encore, dit-il ; la duchesse, toute résolue qu'elle soit, n'oserait pas tenter seule une pareille entreprise.

— Elle attend son frère, répondit Nicolas Poulain.

— Le duc Henri ! s'écria d'Epernon avec la terreur qu'on éprouverait à l'approche du lion.

— Non pas le duc Henri, monseigneur, le duc de Mayenne seulement.

— Ah ! fit d'Epernon respirant ; mais n'importe il faut aviser à tous ces beaux projets.

— Sans doute, monseigneur, fit Poulain, et c'est pour cela que je me suis hâté.

— Si vous avez dit vrai, monsieur le lieutenant, vous serez récompensé.

— Pourquoi mentirais-je, monseigneur ? Quel est mon intérêt, moi qui mange le pain du roi ? Lui dois-je, oui ou non, mes services ? J'irai donc jusqu'au roi, je vous en préviens, si vous ne me croyez pas, et je mourrai, s'il le faut, pour prouver mon dire.

— Non, parfandious ! vous n'irez pas au roi ; entendez-vous, maître Nicolas ? et c'est à moi seul que vous aurez affaire.

— Soit, monseigneur ; je n'ai dit cela que parce que vous paraissiez hésiter.

— Non, je n'hésite pas ; et d'abord ce sont mille écus que je vous dois.

— Monseigneur désire donc que ce soit à lui seul ?

— Oui, j'ai de l'émulation, du zèle, et je retiens le secret pour moi. Vous me le cédez, n'est-ce pas ?

— Oui, monseigneur.

— Avec garantie que c'est un vrai secret ?

— Oh ! avec toute garantie.

— Mille écus vous vont donc, sans compter l'avenir ?

— J'ai une famille, monseigneur.

— Eh bien ! mais, mille écus, parfandious !

— Et si l'on savait en Lorraine que j'ai fait une pareille révélation, chaque parole que j'ai prononcée me coûterait une pinte de sang.

— Pauvre cher homme !

— Il faut donc qu'en cas de malheur ma famille puisse vivre.

— Eh bien ?

— Eh bien ! voilà pourquoi j'accepte les mille écus.

— Au diable l'explication ! et que m'importe à moi pour quel motif vous les acceptez, du moment où vous ne les refusez pas ? Les mille écus sont donc à vous.

— Merci, monseigneur.

Et voyant le duc s'approcher d'un coffre où il plongea la main, Poulain s'avança derrière lui.

Mais le duc se contenta de tirer du coffre un petit livre sur lequel il écrivit d'une gigantesque et effrayante écriture :

« Trois mille livres à M. Nicolas Poulain. »

De sorte que l'on ne pouvait savoir s'il avait donné ces trois mille livres, ou s'il les devait.

— C'est comme si vous les teniez, dit-il.

Poulain, qui avait avancé la main et la jambe, retira sa jambe et sa main, ce qui le fit saluer.

— Ainsi, c'est convenu ? dit le duc.

— Qu'y a-t-il de convenu, monseigneur ?

— Vous continuerez à m'instruire ?

Poulain hésita : c'était un métier d'espion qu'on lui imposait.

— Eh bien ! dit le duc, ce suprême dévoûment est-il déjà évanoui ?

— Non, monseigneur.

— Je puis donc compter sur vous ?

Poulain fit un effort.

— Vous pouvez y compter, dit-il.

— Et, moi seul, je sais tout cela ?

— Vous seul ; oui, monseigneur.

— Allez, mon ami, allez ; parfandious ! que M. de Mayenne se tienne bien.

Il prononça ces mots en soulevant la tapisserie pour donner passage à Poulain ; puis lorsqu'il eut vu celui-ci traverser l'antichambre et disparaître, il repassa vivement chez le roi.

Le roi, fatigué d'avoir joué avec ses chiens, jouait au bilboquet.

D'Epernon prit un air affairé et soucieux, que

le roi, préoccupé d'une si importante besogne, ne remarqua même point.

Cependant, comme le duc gardait un silence obstiné, le roi leva la tête et le regarda un instant.

— Eh bien! dit-il, qu'avons-nous encore, Lavalette? voyons, es-tu mort?

— Plût au ciel, sire! répondit d'Epernon, je ne verrais pas ce que je vois.

— Quoi? mon bilboquet?

— Sire, dans les grands périls, un sujet peut s'alarmer de la sécurité de son maître.

— Encore des périls? le diable noir t'emporte, duc!

Et, avec une dextérité remarquable, le roi enfila la boule d'ivoire par le petit bout de son bilboquet.

— Mais vous ignorez donc ce qui se passe? lui demanda le duc.

— Ma foi, peut-être, dit le roi.

— Vos plus cruels ennemis vous entourent en ce moment, sire!

— Bah! qui donc?

— La duchesse de Montpensier, d'abord.

— Ah! oui, c'est vrai; elle regardait hier rouer Salcède.

— Comme Votre Majesté dit cela!

— Qu'est-ce que cela me fait, à moi?

— Vous le saviez donc?

— Tu vois bien que je le savais, puisque je te le dis.

— Mais que M. de Mayenne arrivât, le saviez-vous aussi?

— Depuis hier soir.

— Eh quoi! ce secret!... fit le duc avec une désagréable surprise.

— Est-ce qu'il y a des secrets pour le roi, mon cher? dit négligemment Henri.

— Mais qui a pu vous instruire?

— Ne sais-tu pas que, nous autres princes, nous avons des révélations?

— Ou une police.

— C'est la même chose.

— Ah! Votre Majesté a sa police et n'en dit rien, reprit d'Épernon piqué.

— Parbleu! qui donc m'aimera, si je ne m'aime?

— Vous me faites injure, sire!

— Si tu es zélé, mon cher Lavalette, ce qui est une grande qualité, tu es lent, ce qui est un grand défaut. Ta nouvelle eût été très bonne hier à quatre heures, mais aujourd'hui...

— Eh bien! sire, aujourd'hui?

— Elle arrive un peu tard, conviens-en.

— C'est encore trop tôt, sire, puisque je ne vous trouve pas disposé à m'entendre, dit d'Épernon.

— Moi, il y a une heure que je t'écoute.

— Quoi! vous êtes menacé, attaqué; l'on vous dresse des embûches, et vous ne vous remuez pas!

— Pourquoi faire, puisque tu m'as donné une garde, et qu'hier tu as prétendu que mon immortalité était assurée? Tu fronces les sourcils. Ah çà! mais tes quarante-cinq sont-ils retournés en Gascogne, ou ne valent-ils plus rien? En est-il de ces messieurs comme des mulets? le jour où on les essaie, c'est tout feu; les a-t-on achetés, ils reculent.

— C'est bien, Votre Majesté verra ce qu'ils sont.

— Je n'en serai point fâché; est-ce bientôt, duc, que je verrai cela?

— Plus tôt peut-être que vous ne le pensez, sire.

— Bon, tu vas me faire peur.

— Vous verrez, vous verrez, sire. A propos, quand allez-vous à la campagne?

— Au bois?

— Oui.

— Samedi.

— Dans trois jours alors?

— Dans trois jours.

— Il suffit, sire.

D'Épernon salua le roi et sortit.

Dans l'antichambre, il s'aperçut qu'il avait oublié de relever M. Pertinax de sa faction; mais M. Pertinax s'était relevé lui-même.

XXIX

DEUX AMIS

Maintenant, s'il plaît au lecteur, nous suivrons les deux jeunes gens que le roi, enchanté d'avoir ses petits secrets à lui, envoyait de son côté au messager Chicot.

A peine à cheval, Ernauton et Sainte-Maline, pour ne point se laisser prendre le pas l'un sur l'autre, faillirent s'étouffer en passant au guichet.

En effet, les deux chevaux, allant de front, broyèrent l'un contre l'autre les genoux de leurs deux cavaliers.

Le visage de Sainte-Maline devint pourpre, celui d'Ernauton devint pâle.

— Vous me faites mal, monsieur! cria le premier, lorsqu'ils eurent franchi la porte; voulez-vous donc m'écraser?

— Vous me faites mal aussi, dit Ernauton; seulement je ne me plains pas, moi.

— Vous voulez me donner une leçon, je crois?

— Je ne veux rien vous donner du tout.

— Ah çà! dit Sainte-Maline en poussant son cheval pour parler de plus près à son compagnon, répétez-moi un peu ce mot.

— Pourquoi faire?

— Parce que je ne le comprends pas.

— Vous me cherchez querelle, n'est-ce pas? dit flegmatiquement Ernauton; tant pis pour vous.

— Et à quel propos vous chercherais-je querelle? est-ce que je vous connais, moi? riposta dédaigneusement Sainte-Maline.

— Vous me connaissez parfaitement, monsieur, dit Ernauton. D'abord, parce que là-bas d'où nous venons, ma maison est à deux lieues de la vôtre, et que je suis connu dans le pays, étant de vieille souche; ensuite, parce que vous êtes furieux de me voir à Paris, quand vous croyiez y avoir été mandé seul; en dernier lieu, parce que le roi m'a donné sa lettre à porter.

— Eh bien! soit, s'écria Sainte-Maline blême de fureur, j'accepte tout cela pour vrai. Mais il en résulte une chose...

— Laquelle?

— C'est que je me trouve mal près de vous.

— Allez-vous-en si vous voulez; pardieu! ce n'est pas moi qui vous retiens.

— Vous faites semblant de ne me point comprendre.

— Au contraire, monsieur, je vous comprends à merveille. Vous aimeriez assez à me prendre la lettre pour la porter vous-même, malheureusement il faudrait me tuer pour cela.

— Qui vous dit que je n'en ai pas envie?

— Désirer et faire sont deux.

— Descendez avec moi jusqu'au bord de l'eau seulement, et vous verrez si, pour moi, désirer et faire sont plus d'un.

— Mon cher monsieur, quand le roi me donne à porter une lettre...

— Eh bien?

— Eh bien, je la porte.

— Je vous l'arracherai de force, fat que vous êtes!

— Vous ne me mettrez pas, je l'espère, dans la nécessité de vous casser la tête comme à un chien sauvage?

— Vous?

Sainte-Maline

— Sans doute, j'ai un grand pistolet, et vous n'en avez pas.

— Ah ! tu me paieras cela ! dit Sainte-Maline, en faisant faire un écart à son cheval.

— Je l'espère bien ; après ma commission faite.

— Schelme !

— Pour ce moment observez-vous, je vous en supplie, monsieur de Sainte-Maline ! car nous avons l'honneur d'appartenir au roi, et nous donnerions mauvaise opinion de la maison, en ameutant le peuple. Et puis, songez quel triomphe pour les ennemis de Sa Majesté, en voyant la discorde parmi les défenseurs du trône.

Sainte Maline mordait ses gants ; le sang coulait sous sa dent furibonde.

— Là, là, monsieur, dit Ernauton, gardez vos mains pour tenir l'épée quand nous y serons.

— Oh ! j'en crèverai ! cria Sainte-Maline.

— Alors ce sera une besogne toute faite pour moi, dit Ernauton.

On ne peut savoir où serait allée la rage toujours croissante de Sainte-Maline, quand tout à coup Ernauton, en traversant la rue Saint-Antoine, près de Saint-Paul, vit une litière, poussa un cri de surprise et s'arrêta pour regarder une femme à demi voilée.

— Mon page d'hier ! murmura-t-il.

La dame n'eut pas l'air de le reconnaître et passa sans sourciller, mais en se rejetant cependant au fond de sa litière.

— Cordieu ! vous me faites attendre, je crois, dit Sainte-Maline, et cela pour regarder des femmes !

— Je vous demande pardon, monsieur, dit Ernauton en reprenant sa course.

Les jeunes gens, à partir de ce moment, suivirent au grand trot la rue du Faubourg-Saint-Marceau : ils ne se parlaient plus, même pour quereller.

Sainte-Maline paraissait assez calme extérieurement ; mais, en réalité, tous les muscles de son corps frémissaient encore de colère.

En outre, il avait reconnu, et cette découverte ne l'avait aucunement adouci, comme on le comprendra facilement ; en outre, il avait reconnu que, tout bon cavalier qu'il était, il ne pourrait dans aucun cas donné suivre Ernauton, son cheval étant fort inférieur à celui de son compagnon, et suant déjà sans avoir couru.

Cela le préoccupait fort ; aussi, comme pour se rendre positivement compte de ce que pourrait faire sa monture, la tourmentait-il de la houssine et de l'éperon.

Cette insistance amena une querelle entre son cheval et lui. Cela se passait aux environs de la Bièvre. La bête ne se mit point en frais d'éloquence, comme avait fait Ernauton ; mais, se souvenant de son origine (elle était Normande), elle fit à son cavalier un procès que celui-ci perdit.

Elle débuta par un écart, puis se cabra, puis fit un saut de mouton et se déroba jusqu'à la Bièvre où elle se débarrassa de son cavalier, en roulant avec lui jusque dans la rivière, où ils se séparèrent.

On eût entendu d'une lieue les imprécations de Sainte-Maline, quoiqu'à moitié étouffées par l'eau. Quand il fut parvenu à se mettre sur ses jambes, les yeux lui sortaient de la tête, et quelques gouttes de sang, coulant de son front écorché, sillonnaient sa figure.

Moulu comme il l'était, couvert de boue, trempé jusqu'aux os, tout saignant et tout contusionné, Sainte-Maline comprenait l'impossibilité de rattraper sa bête ; l'essayer même était une tentative ridicule.

Ce fut alors que les paroles qu'il avait dites à Ernauton lui revinrent à l'esprit : s'il n'avait pas voulu attendre son compagnon une seconde rue Saint-Antoine, pourquoi son compagnon aurait-il l'obligeance de l'attendre une ou deux heures sur la route ?

Cette réflexion conduisit Sainte-Maline de la colère au plus violent désespoir, surtout lorsqu'il vit, du fond de son encaissement, le silencieux Ernauton piquer des deux en obliquant par quelque chemin qu'il jugeait sans doute le plus court.

Chez les hommes véritablement irascibles, le point culminant de la colère est un éclair de folie, quelques-uns n'arrivent qu'au délire ; d'autres vont jusqu'à la prostration totale des forces et de l'intelligence.

Sainte-Maline tira machinalement son poignard ; un instant il eut l'idée de se le planter jusqu'à la garde dans la poitrine. Ce qu'il souffrit en ce moment, nul ne pourrait le dire, pas même lui. On meurt d'une pareille crise, ou, si on la supporte, on y vieillit de dix ans.

Il remonta le talus de la rivière, s'aidant de ses mains et de ses genoux jusqu'à ce qu'il fût arrivé au sommet : arrivé là, son œil égaré interrogea la route ; on n'y voyait plus rien. A droite, Ernauton avait disparu, se portant sans doute en avant ; au fond, son propre cheval était disparu également.

Tandis que Sainte-Maline roulait dans son esprit exaspéré mille pensées sinistres contre les autres et contre lui-même, le galop d'un cheval retentit à son oreille, et il vit déboucher de cette route de droite, choisie par Ernauton, un cheval et un cavalier.

Ce cavalier tenait un autre cheval en main.

C'était le résultat de la course de M. de Carmainges : il avait coupé vers la droite, sachant bien que, poursuivre un cheval, c'était doubler son activité par la peur.

Il avait donc fait un détour et coupé le passage au Bas-Normand, en l'attendant en travers d'une rue étroite.

A cette vue, le cœur de Sainte-Maline déborda de joie : il ressentit un mouvement d'effusion et de reconnaissance qui donna une suave expression à son regard, puis tout à coup son visage s'assombrit; il avait compris toute la supériorité d'Ernauton sur lui, car il s'avouait qu'à la place de son compagnon, il n'eût pas même eu l'idée d'agir comme lui.

La noblesse du procédé le terrassait: il la sentait pour la mesurer et en souffrir.

Il balbutia un remercîment auquel Ernauton ne fit pas attention, ressaisit furieusement la bride de son cheval, et, malgré la douleur, se remit en selle.

Ernauton, sans dire un seul mot, avait pris les devants au pas en caressant son cheval.

Sainte-Maline, nous l'avons dit, était excellent cavalier; l'accident dont il avait été victime était une surprise; au bout d'un instant de lutte dans laquelle cette fois il eut l'avantage, redevenu maître de sa monture, il lui fit prendre le trot.

— Merci, monsieur, vint-il dire une seconde fois à Ernauton, après avoir consulté cent fois son orgueil et les convenances.

Ernauton se contenta de s'incliner de son côté, en touchant son chapeau de la main.

La route parut longue à Sainte-Maline.

Vers deux heures et demie environ, ils aperçurent un homme qui marchait, escorté d'un chien : il était grand, avait une épée au côté ; il n'était pas Chicot, mais il avait des bras et des jambes dignes de lui.

Sainte-Maline, encore tout fangeux, ne put se tenir ; il vit qu'Ernauton passait et ne prenait pas même garde à cet homme. L'idée de trouver son compagnon en faute passa comme un méchant éclair dans l'esprit du Gascon ; il poussa vers l'homme et l'aborda.

— Voyageur, demanda-t-il, n'attendez-vous point quelque chose?

Le voyageur regarda Sainte-Maline dont en ce moment, il faut l'avouer, l'aspect n'était point agréable. La figure décomposée par la colère récente, cette boue mal séchée sur ses habits, ce sang mal séché sur ses joues, de gros sourcils noirs froncés, une main fiévreuse étendue vers lui, avec un geste de menace bien plus que d'interrogation, tout cela parut sinistre au piéton.

— Si j'attends quelque chose, dit-il, ce n'est pas quelqu'un : et si j'attends quelqu'un, à coup sûr ce quelqu'un n'est pas vous.

— Vous êtes fort impoli, mon maître, dit Sainte-Maline enchanté de trouver enfin une occasion de lâcher la bride à sa colère, et furieux en outre de voir qu'il venait, en se trompant, de fournir un nouveau triomphe à son adversaire.

Et en même temps qu'il parlait, il leva sa main armée de la houssine pour frapper le voyageur; mais celui-ci leva son bâton et en asséna un coup sur l'épaule de Sainte-Maline, puis il siffla son chien qui bondit aux jarrets du cheval et à la cuisse de l'homme, et emporta de chaque endroit un lambeau de chair et un morceau d'étoffe.

Le cheval, irrité par la douleur, prit une seconde fois sa course en avant, il est vrai, mais sans pouvoir être retenu par Sainte-Maline qui, malgré tous ses efforts, demeura en selle.

Il passa ainsi emporté devant Ernauton, qui le vit passer sans même sourire de sa mésaventure.

Lorsqu'il eut réussi à calmer son cheval, lorsque M. de Carmainges l'eut rejoint, son orgueil commençait, non pas à diminuer, mais à entrer en composition.

— Allons ! allons ! dit-il en s'efforçant de sourire, je suis dans mon jour malheureux, à ce qu'il paraît. Cet homme ressemblait fort cependant au portrait que nous avait fait Sa Majesté de celui à qui nous avons affaire.

Ernauton garda le silence.

— Je vous parle, monsieur, dit Sainte-Maline exaspéré par ce sang-froid qu'il regardait avec raison comme une preuve de mépris, et qu'il voulait faire cesser par quelque éclat définitif, dût-il lui en coûter la vie ; je vous parle, n'entendez-vous pas?

— Celui que Sa Majesté nous avait désigné, répondit Ernauton, n'avait pas de bâton et n'avait pas de chien.

— C'est vrai, répondit Sainte-Maline, et si j'avais réfléchi, j'aurais une contusion de moins à l'épaule, et deux crocs de moins sur la cuisse. Il fait bon être sage et calme, à ce que je vois.

Ernauton ne répondit point ; mais se haussant sur les étriers et mettant la main au-dessus de ses yeux en manière de garde-vue :

— Voilà là-bas, dit-il, celui que nous cherchons et qui nous attend.

— Peste ! monsieur, dit sourdement Sainte-Maline, jaloux de ce nouvel avantage de son compagnon, vous avez une bonne vue; moi je ne distingue qu'un point noir, et encore est ce à peine.

Ernauton, sans répondre, continua d'avancer;

Sainte-Maline serra convulsivement les poings. — **Page 147.**

bientôt Sainte-Maline put voir et reconnaître à son tour l'homme désigné par le roi. Un mauvais mouvement le prit, il poussa son cheval en avant pour arriver le premier.

Ernauton s'y attendait : il le regarda sans menace et sans intention apparente : ce coup d'œil fit rentrer Sainte-Maline en lui-même, et il remit son cheval au pas.

XXX

SAINTE-MALINE

Ernauton ne s'était point trompé, l'homme désigné était bien Chicot.

Il avait, de son côté, bonne vue et bonne oreille; il avait vu et entendu les cavaliers de fort loin. Il s'était douté que c'était à lui qu'ils avaient affaire, de sorte qu'il les attendait.

Quand il n'eut plus aucun doute à cet égard, et qu'il eût vu que les deux cavaliers se dirigeaient bien vers lui, il posa sans affectation sa main sur la poignée de sa longue épée, comme pour prendre une attitude noble.

Ernauton et Sainte-Maline se regardèrent tous deux une seconde, muets tous deux.

— A vous, monsieur, si vous le voulez bien, dit en s'inclinant Ernauton à son adversaire; car, en cette circonstance, le mot adversaire est plus convenable que celui de compagnon.

Sainte-Maline fut suffoqué; la surprise de cette courtoisie lui serrait la gorge; il ne répondit qu'en baissant la tête.

Ernauton vit qu'il gardait le silence, et prit alors la parole.

— Monsieur, dit-il à Chicot, nous sommes, monsieur et moi, vos serviteurs.

Chicot salua avec son plus gracieux sourire.

— Serait-il indiscret, continua le jeune homme, de vous demander votre nom?

— Je m'appelle l'Ombre, monsieur, répondit Chicot.

— Oui, monsieur.

— Vous serez assez bon, n'est-ce pas, pour nous dire ce que vous attendez?

— J'attends une lettre.

— Vous comprenez notre curiosité, monsieur, et elle n'a rien d'offensant pour vous.

Chicot s'inclina toujours, et avec un sourire de plus en plus gracieux.

— De quel endroit attendez-vous cette lettre? continua Ernauton.

— Du Louvre.

— Scellée de quel sceau?

— Du sceau royal.

Ernauton mit sa main dans sa poitrine.

— Vous reconnaîtriez sans doute cette lettre? dit-il.

— Oui, si je la voyais.

Ernauton tira la lettre de sa poitrine.

— La voici, dit Chicot, et, pour plus grande sûreté, vous savez, n'est-ce pas, que je dois vous donner quelque chose en échange?

— Un reçu?

— C'est cela.

— Monsieur, reprit Ernauton, j'étais chargé par le roi de vous porter cette lettre; mais c'est monsieur que voici qui est chargé de vous la remettre.

Et il tendit la lettre à Sainte-Maline, qui la prit et la déposa aux mains de Chicot.

— Merci, messieurs, dit ce dernier.

— Vous voyez, ajouta Ernauton, que nous avons fidèlement rempli notre mission. Il n'y a personne sur la route, personne ne nous a donc vus vous parler ou vous donner la lettre.

— C'est juste, monsieur, je le reconnais, et j'en ferai foi au besoin. Maintenant à mon tour.

— Le reçu, dirent ensemble les deux jeunes gens.

— Auquel des deux dois-je le remettre?

— Le roi ne l'a point dit! s'écria Sainte-Maline en regardant son compagnon d'un air menaçant.

— Faites le reçu par duplicata, monsieur, reprit Ernauton, et donnez-en un à chacun de nous ; il y a loin d'ici au Louvre, et sur la route il peut arriver malheur à moi ou à monsieur.

Et en disant ces mots, les yeux d'Ernauton s'illuminaient à leur tour d'un éclair.

— Vous êtes un homme sage, monsieur, dit Chicot à Ernauton.

Et il tira des tablettes de sa poche, en déchira deux pages, et sur chacune d'elles il écrivit :

« Reçu des mains de M. René de Sainte-Maline la lettre apportée par M. Ernauton de Carmainges.

« L'OMBRE. »

— Adieu, monsieur, dit Sainte-Maline en s'emparant de son reçu.

— Adieu, monsieur, et bon voyage, ajouta Ernauton : avez-vous autre chose à transmettre au Louvre?

— Absolument rien, messieurs ; grand merci, dit Chicot.

Ernauton et Sainte-Maline tournèrent la tête de leurs chevaux vers Paris, et Chicot s'éloigna d'un pas que le meilleur mulet eût envié.

Lorsque Chicot eut disparu, Ernauton, qui avait fait cent pas à peine, arrêta court son cheval, et s'adressant à Sainte-Maline :

— Maintenant, monsieur, dit-il, pied à terre, si vous le voulez bien.

— Et pourquoi cela, monsieur? fit Sainte-Maline avec étonnement.

— Notre tâche est accomplie, et nous avons à causer. L'endroit me paraît excellent pour une conversation du genre de la nôtre.

— A votre aise, monsieur, dit Sainte-Maline en descendant de cheval comme l'avait déjà fait son compagnon.

Lorsqu'il eut mis pied à terre, Ernauton s'approcha et lui dit :

— Vous savez, monsieur, que, sans appel de ma part et sans mesure de la vôtre, sans cause aucune enfin, vous m'avez, durant toute la route, offensé grièvement. Il y a plus : vous avez voulu me faire mettre l'épée à la main dans un moment inopportun, et j'ai refusé. Mais à cette heure le moment est devenu bon, et je suis votre homme.

Sainte-Maline écouta ces mots d'un visage sombre et avec les sourcils froncés; mais, chose étrange ! Sainte-Maline n'était plus dans ce courant de colère qui l'avait entraîné au-delà de toutes les bornes, Sainte-Maline ne voulait plus se battre; la réflexion lui avait rendu le bon sens; il jugeait toute l'infériorité de sa position.

— Monsieur, répondit-il après un instant de silence, vous m'avez, quand je vous insultais, répondu par des services ; je ne saurais donc maintenant vous tenir le langage que je vous tenais tout à l'heure.

Ernauton fronça le sourcil.

— Non, monsieur, mais vous pensez encore maintenant ce que vous disiez tantôt.

— Qui vous dit cela?

— Parce que toutes vos paroles étaient dictées par la haine et par l'envie, et que, depuis deux heures que vous les avez prononcées, cette haine et cette envie ne peuvent être éteintes dans votre cœur.

Sainte-Maline rougit, mais ne répondit point.

Ernauton attendit un instant et reprit :

— Si le roi m'a préféré à vous, c'est parce que ma figure lui revient plus que la vôtre ; si je ne me suis pas jeté dans la Bièvre, c'est que je monte mieux à cheval que vous; si je n'ai pas accepté votre défi au moment où il vous a plu de le faire, c'est que j'ai plus de sagesse ; si je ne me suis pas fait mordre par le chien de l'homme, c'est que j'ai plus de sagacité ; enfin si je vous somme à cette heure de me rendre raison et de tirer l'épée, c'est que j'ai plus de réel honneur; si vous hésitez, je vais dire plus de courage.

Sainte-Maline frissonnait, et ses yeux lançaient des éclairs : toutes les passions mauvaises que signalait Ernauton avaient tour à tour imprimé leurs stigmates sur sa figure livide ; au dernier mot du jeune homme, il tira son épée comme un furieux.

Ernauton avait déjà la sienne à la main.

— Tenez, monsieur, dit Sainte-Maline, retirez le dernier mot que vous avez dit ; il est de trop, vous l'avouerez, vous qui me connaissez parfaitement, puisque, comme vous l'avez dit, nous demeurons à deux lieues l'un de l'autre ; retirez-le, vous devez avoir assez de mon humiliation ; ne me déshonorez pas.

— Monsieur, dit Ernauton, comme je ne me mets jamais en colère, je ne dis jamais que ce que je veux dire ; par conséquent je ne retirerai rien du tout. Je suis susceptible aussi, moi, et nouveau à la cour, je ne veux donc pas avoir à rougir chaque fois que je vous rencontrerai. Un coup d'épée, s'il vous plaît, monsieur, c'est pour ma satisfaction autant que pour la vôtre.

— Oh! monsieur, je me suis battu onze fois, dit Sainte-Maline avec un sombre sourire, et sur mes onze adversaires deux sont morts. Vous savez encore cela, je présume ?

— Et moi, monsieur, je ne me suis jamais battu, répliqua Ernauton, car l'occasion ne s'en est jamais présentée; je la trouve à ma guise, venant à moi quand je n'allais pas à elle, et je la saisis aux cheveux. J'attends votre bon plaisir, monsieur.

— Tenez, dit Sainte-Maline en secouant la tête, nous sommes compatriotes, nous sommes au service du roi, ne nous querellons plus, je vous tiens pour un brave homme ; je vous offrirais même la main, si cela ne m'était pas presque impossible. Que voulez-vous, je me montre à vous comme je suis, ulcéré jusqu'au fond du cœur, ce n'est point ma faute. Je suis envieux, que voulez-vous que j'y fasse? la nature m'a créé dans un mauvais jour. M. de Chalabre, ou M. de Montcrabeau, ou M. de Pincorney ne m'eussent point mis en colère, c'est votre mérite qui cause mon chagrin; consolez-vous-en, puisque mon envie ne peut rien contre vous, et qu'à mon grand regret votre mérite vous reste. Ainsi nous en demeurons là, n'est-ce pas, monsieur? je souffrirais trop, en vérité, quand vous diriez le motif de notre querelle.

— Notre querelle, personne ne la saura, monsieur.

— Personne ?

— Non, monsieur, attendu que si nous nous battons, je vous tuerai ou me ferai tuer. Je ne suis pas de ceux qui font peu de cas de la vie ; au contraire, j'y tiens fort. J'ai vingt-trois ans ; un beau nom, je ne suis pas tout à fait pauvre; j'espère en moi et dans l'avenir, et soyez tranquille, je me défendrai comme un lion.

— Eh bien! moi, tout au contraire de vous, monsieur, j'ai déjà trente ans et suis assez dégoûté de la vie, car je ne crois ni en l'avenir ni en moi ; mais tout dégoûté de la vie, tout incrédule au bonheur que je suis, j'aime mieux ne pas me battre avec vous.

— Alors, vous m'allez faire des excuses ? dit Ernauton.

— Non, j'en ai assez fait et assez dit. Si vous n'êtes pas content, tant mieux. Alors vous cesserez de m'être supérieur.

— Je vous rappellerai, monsieur, que l'on ne termine point ainsi une querelle sans s'exposer à faire rire, quand on est Gascons l'un et l'autre.

— Voilà précisément ce que j'attends, dit Sainte-Maline.

— Vous attendez?...

— Un rieur. Oh! l'excellent moment que celui-là me fera passer.

— Vous refusez donc le combat?

— Je désire ne pas me battre, avec vous, s'entend.

— Après m'avoir provoqué?

— J'en conviens.

— Mais enfin, monsieur, si la patience m'échappe et que je vous charge à grands coups d'épée?

Sainte-Maline serra convulsivement les poings.

— Alors, dit-il, tant mieux, je jetterai mon épée à dix pas.

— Prenez garde, monsieur, car en ce cas je ne vous frapperai pas de la pointe.

— Bien, car alors j'aurai une raison de vous haïr, et je vous haïrai mortellement; puis un jour, un jour de faiblesse de votre part, je vous rattraperai comme vous venez de le faire, et je vous tuerai désespéré.

Ernauton remit son épée au fourreau.

— Vous êtes un homme étrange, dit-il, et je vous plains du plus profond de mon cœur.

— Vous me plaignez?

— Oui, car vous devez horriblement souffrir.

— Horriblement.

— Vous ne devez jamais aimer?

— Jamais.

— Mais vous avez des passions, au moins?

— Une seule.

— La jalousie, vous me l'avez dit.

— Oui, ce qui fait que je les ai toutes à un degré de honte et de malheur indicible : j'adore une femme dès qu'elle aime un autre que moi; j'aime l'or quand c'est une autre main qui le touche ; je suis orgueilleux toujours par comparaison ; je bois pour échauffer en moi la colère, c'est-à-dire pour la rendre aiguë quand elle n'est pas chronique, c'est-à-dire pour la faire éclater et brûler comme un tonnerre. Oh!

oui, oui, vous l'avez dit, monsieur de Carmainges, je suis malheureux.

— Vous n'avez jamais essayé de devenir bon?
demanda Ernauton.

— Je n'ai pas réussi.

— Qu'espérez-vous? que comptez-vous faire
alors?

— Que fait la plante vénéneuse? elle a des
fleurs comme les autres, et certaines gens savent en tirer une utilité. Que font l'ours et l'oi-
seau de proie? ils mordent, mais certains éle-
veurs savent les dresser à la chasse; voilà ce
que je suis et ce que je serai probablement entre les mains de M. d'Épernon et de M. de
Loignac jusqu'au jour où l'on dira: Cette plante
est nuisible, arrachons-la; cette bête est en-
ragée, tuons-la.

Ernauton s'était calmé peu à peu. Sainte-Maline n'était plus pour lui un objet de colère,
mais d'étude; il ressentait presque de la pitié
pour cet homme que les circonstances avaient
entraîné à lui faire de si singuliers aveux.

— Une grande fortune, et vous pouvez la faire
ayant de grandes qualités, vous guérira, dit-il;
développez-vous dans le sens de vos instincts,
monsieur de Sainte-Maline, et vous réussirez à
la guerre ou dans l'intrigue; alors, pouvant
dominer, vous haïrez moins.

— Si haut que je m'élève, si profondément

que je prenne racine, il y aura toujours au-dessus de moi des fortunes supérieures qui me
blesseront; au-dessous, des rires sardoniques
qui me déchireront les oreilles.

— Je vous plains, répéta Ernauton.

Et ce fut tout.

Ernauton alla à son cheval qu'il avait attaché à un arbre, et, le détachant, il se remit en
selle.

Sainte-Maline n'avait pas quitté la bride du
sien.

Tous deux reprirent la route de Paris, l'un
muet et sombre de ce qu'il avait entendu, l'autre de ce qu'il avait dit.

Tout à coup Ernauton tendit la main à Sainte-
Maline.

— Voulez-vous que j'essaie de vous guérir,
lui dit-il, voyons?

— Pas un mot de plus, monsieur, dit Sainte-
Maline; non, ne tentez pas cela, vous y échoue-
riez. Haïssez-moi, au contraire, et ce sera le
moyen que je vous admire.

—Encore une fois, je vous plains, monsieur,
dit Ernauton.

Une heure après, les deux cavaliers rentraient
au Louvre et se dirigeaient vers le logis des
quarante-cinq.

Le roi était sorti et ne devait rentrer que le
soir.

XXXI

COMMENT M. DE LOIGNAC FIT UNE ALLOCUTION AUX QUARANTE-CINQ

hacun des deux jeunes gens se mit à la fenêtre de son petit logis pour guetter le retour du roi.

Chacun d'eux s'y établit avec des idées bien différentes.

Sainte-Maline, tout à sa haine, tout à sa honte, tout à son ambition, le sourcil froncé, le cœur ardent.

Ernauton, oublieux déjà de ce qui s'était passé et préoccupé d'une seule chose, c'est-à-dire de ce que pouvait être cette femme qu'il avait introduite dans Paris sous un costume de page, et qu'il venait de retrouver dans une riche litière.

Il y avait là ample matière à réflexion pour un cœur plus disposé aux aventures amoureuses qu'aux calculs de l'ambition.

Aussi Ernauton s'ensevelit-il peu à peu dans ses réflexions, et cela si profondément que ce ne fut qu'en levant la tête qu'il s'aperçut que Sainte-Maline n'était plus là.

Un éclair lui traversa l'esprit. Moins préoccupé que lui, Sainte-Maline avait guetté le retour du roi; le roi était rentré, et Sainte-Maline était chez le roi.

Il se leva vivement, traversa la galerie et arriva chez le roi juste au moment où Sainte-Maline en sortait.

— Tenez, dit-il, radieux, à Ernauton, voici ce que le roi m'a donné.

Et il lui montra une chaîne d'or.

— Je vous fais mon compliment, monsieur, dit Ernauton, sans que sa voix trahît la moindre émotion.

Et il entra à son tour chez le roi.

Sainte-Maline s'attendait à quelque manifestation de jalousie de la part de M. de Carmainges. Il demeura en conséquence tout stupéfait de ce calme, attendant que Ernauton sortît à son tour.

Ernauton demeura dix minutes à peu près chez Henri : ces dix minutes furent des siècles pour Sainte-Maline.

Il sortit enfin : Sainte-Maline était à la même place; d'un regard rapide il enveloppa son compagnon, puis son cœur se dilata. Ernauton ne rapportait rien, rien de visible du moins.

— Et à vous, demanda Sainte-Maline, poursuivant sa pensée, quelle chose le roi vous a-t-il donnée, monsieur?

— Sa main à baiser, répondit Ernauton.

Sainte-Maline froissa sa chaîne entre ses mains, de manière qu'il en brisa un anneau.

Tous deux s'acheminèrent en silence vers le logis.

Au moment où ils entraient dans la salle, la trompette retentissait : à ce signal d'appel, les quarante-cinq sortirent chacun de son logis, comme les abeilles de leurs alvéoles.

Chacun se demandait ce qui était survenu de nouveau, tout en profitant de cet instant de réunion générale pour admirer le changement qui s'était opéré dans la personne et les habits de ses compagnons.

La plupart avaient affiché un grand luxe, de mauvais goût peut-être, mais qui compensait l'élégance par l'éclat.

D'ailleurs, ils avaient ce qu'avait cherché d'Epernon, assez adroit politique s'il était mauvais soldat : les uns la jeunesse, les autres la vigueur, d'autres l'expérience, et cela rectifiait chez tous au moins une imperfection.

En somme, ils ressemblaient à un corps d'officiers en habits de ville, la tournure militaire étant, à très peu d'exception près, celle qu'ils avaient le plus ambitionnée.

Ainsi, de longues épées, des éperons sonnants, des moustaches aux ambitieux crochets, des bottes et des gants de daim ou de buffle; le tout bien doré, bien pommadé ou bien enrubanné, *pour paraistre*, comme on disait alors, voilà la tenue d'instinct adoptée par le plus grand nombre.

Les plus discrets se reconnaissaient aux couleurs sombres; les plus avares, aux draps solides; les fringants, aux dentelles et aux satins roses ou blancs.

Perducas de Pincorney avait trouvé, chez quelque juif, une chaîne de cuivre doré, grosse comme une chaîne de prison.

Pertinax de Montcrabeau n'était que faveurs et broderies; il avait acheté son costume d'un marchand de la rue des Haudriettes, lequel avait recueilli un gentilhomme blessé par des voleurs. Le gentilhomme avait fait venir un autre vêtement de chez lui, et, reconnaissant de l'hospitalité reçue, il avait laissé au marchand son habit, quelque peu souillé de fange et de sang; mais le marchand avait fait détacher l'habit, qui était demeuré fort présentable : restaient bien deux trous, traces de deux coups de poignard; mais Pertinax avait fait broder d'or ces deux endroits, ce qui remplaçait un défaut par un ornement.

Eustache de Miradoux ne brillait pas; il lui avait fallu habiller Lardille, Militor et les deux enfants. Lardille avait choisi un costume aussi riche que les lois somptuaires permettaient aux femmes de le porter à cette époque; Militor s'était couvert de velours et de damas, s'était orné d'une chaîne d'argent, d'un toquet à plumes et de bas brodés; de sorte qu'il n'était plus resté au pauvre Eustache qu'une somme à peine suffisante pour n'être pas déguenillé.

M. de Chalabre avait conservé son pourpoint gris de fer, qu'un tailleur avait rafraîchi et doublé à neuf : quelques bandes de velours habilement semées çà et là donnaient un relief nouveau à ce vêtement inusable. M. de Chalabre prétendait qu'il n'avait pas demandé mieux que de changer de pourpoint; mais que, malgré les recherches les plus minutieuses, il lui avait été impossible de trouver un drap mieux fait et plus avantageux.

Du reste, il avait fait la dépense d'un haut-de-chausse ponceau, de bottes, manteau et chapeau; le tout harmonieux à l'œil, comme cela arrive toujours dans le vêtement de l'avare.

Quant à ses armes, elles étaient irréprochables; vieil homme de guerre, il avait su trouver une excellente épée espagnole, une dague du bon faiseur et un hausse-col parfait.

C'était encore une économie de cols gaudronnés et de fraises.

Ces messieurs s'admiraient donc réciproquement quand M. de Loignac entra, le sourcil froncé. Il fit former le cercle et se plaça au milieu de ce cercle, avec une contenance qui n'annonçait rien d'agréable.

Il est inutile de dire que tous les yeux se fixèrent sur le chef.

— Messieurs, demanda-t-il, êtes-vous tous ici?

— Tous, répondirent quarante-cinq voix, avec un ensemble plein de promesses pour les manœuvres à venir.

— Messieurs, continua Loignac, vous avez été mandés ici pour servir de garde particulière au roi; c'est un titre honorable, mais qui engage beaucoup.

Loignac fit une pause qui fut occupée par un doux murmure de satisfaction.

— Cependant plusieurs d'entre vous me paraissent n'avoir point parfaitement compris leurs devoirs; je vais les leur rappeler.

Chacun tendit l'oreille : il était évident que l'on était ardent à connaître ses devoirs, sinon empressé à les accomplir.

— Il ne faudrait pas vous figurer, messieurs, que le roi vous enrégimente et vous paie pour agir en étourneaux, et distribuer çà et là, à votre caprice, des coups de bec et des coups d'ongle; la discipline est d'urgence, quoiqu'elle demeure secrète, et vous êtes une réunion de gentilshommes, lesquels doivent être les premiers obéissants et les premiers dévoués du royaume.

L'assemblée ne soufflait pas; en effet, il était

facile de comprendre, à la solennité de ce début, que la suite serait grave.

— A partir d'aujourd'hui, vous vivez dans l'intimité du Louvre, c'est-à-dire dans le laboratoire même du gouvernement : si vous n'assistez pas à toutes les délibérations, souvent vous serez choisis pour en exécuter la teneur; vous êtes donc dans le cas de ces officiers qui portent en eux, non-seulement la responsabilité d'un secret, mais encore la puissance du pouvoir exécutant.

Un second murmure de satisfaction courut dans les rangs des Gascons : on voyait les têtes se redresser comme si l'orgueil eût grandi ces hommes de plusieurs pouces.

— Supposez maintenant, continua Loignac, qu'un de ces officiers sur lequel repose parfois la sûreté de l'Etat ou la tranquillité de la couronne, supposez, dis-je, qu'un officier trahisse le secret des conseils, ou qu'un soldat chargé d'une consigne ne l'exécute pas, il y va de la mort; vous savez cela?

— Sans doute, répondirent plusieurs voix.

— Eh bien! messieurs, poursuivit Loignac avec un accent terrible, ici même, aujourd'hui, on a trahi un conseil du roi, et rendu impossible peut-être une mesure que Sa Majesté voulait prendre.

La terreur commença de remplacer l'orgueil et l'admiration; les quarante-cinq se regardèrent les uns les autres avec défiance et inquiétude.

— Deux de vous, messieurs, ont été surpris en pleine rue, caquetant comme deux vieilles femmes, et jetant au brouillard des paroles si graves que chacune d'elles maintenant peut aller frapper un homme et le tuer.

Sainte-Maline s'avança aussitôt vers M. de Loignac et lui dit :

— Monsieur, je crois avoir l'honneur de vous parler ici au nom de mes camarades : il importe que vous ne laissiez point planer plus longtemps le soupçon sur tous les serviteurs du roi; parlez vite, s'il vous plaît; que nous sachions à quoi nous en tenir, et que les bons ne soient point confondus avec les mauvais.

— Ceci est facile, répondit Loignac.

L'attention redoubla.

— Le roi a reçu avis aujourd'hui qu'un de ses ennemis, un de ceux précisément que vous êtes appelés à combattre, arrivait à Paris pour le braver ou conspirer contre lui.

Le nom de cet ennemi a été prononcé secrètement, mais entendu d'une sentinelle, c'est-à-dire d'un homme qu'on eût dû regarder comme une muraille, et qui, comme elle, eût dû être sourd, muet et inébranlable; cependant, ce même homme, tantôt, en pleine rue, a été répéter le nom de cet ennemi du roi avec des fanfaronnades et des éclats qui ont attiré l'attention des passants et soulevé une sorte d'émotion: je le sais, moi, qui suivais le même chemin que cet homme, et qui ai tout entendu de mes oreilles; moi qui lui ai posé la main sur l'épaule pour l'empêcher de continuer; car, au train dont il allait, il eût, avec quelques paroles de plus, compromis tant d'intérêts sacrés que j'eusse été forcé de le poignarder sur la place, si à mon premier avertissement il ne fût demeuré muet.

On vit en ce moment Pertinax de Montcrabeau et Perducas de Pincorney pâlir 'et se renverser presque défaillants l'un sur l'autre.

Montcrabeau, tout en chancelant, essaya de balbutier quelques excuses.

Aussitôt que, par leur trouble, les deux coupables se furent dénoncés, tous les regards se tournèrent vers eux.

— Rien ne peut vous justifier, monsieur, dit Loignac à Montcrabeau ; si vous étiez ivre, vous devez être puni d'avoir bu ; si vous n'étiez que vantard et orgueilleux, vous devez être puni encore.

Il se fit un silence terrible. M. de Loignac avait, on se le rappelle, en commençant, annoncé une sévérité qui promettait de sinistres résultats.

— En conséquence, continua Loignac, monsieur de Montcrabeau et vous aussi, monsieur de Pincorney, vous serez punis.

— Pardon, monsieur, répondit Pertinax ; mais nous arrivons de province, nous sommes nouveaux à la cour, et nous ignorons l'art de vivre dans la politique.

— Il ne fallait pas accepter cet honneur d'être au service de Sa Majesté, sans peser les charges de ce service.

— Nous serons à l'avenir muets comme des sépulcres, nous vous le jurons.

— Tout cela est bon, messieurs ; mais réparerez-vous demain le mal que vous avez fait aujourd'hui?

— Nous tâcherons.

— Impossible, je vous dis, impossible!

— Alors pour cette fois, monsieur, pardonnez-nous.

— Vous vivez, reprit Loignac sans répondre directement à la prière des deux coupables, dans une apparente licence que je veux réprimer, moi, par une stricte discipline : entendez-vous bien cela, messieurs? Ceux qui trouveront la condition dure la quitteront; je ne suis pas embarrassé de volontaires qui les remplaceront.

Nul ne répondit; mais beaucoup de fronts se plissèrent.

— En conséquence, messieurs, reprit Loignac, il est bon que vous soyez prévenus de cela : la justice se fera parmi nous secrètement, expéditivement, sans écritures, sans procès; les traîtres seront punis de mort, et sur-le-champ. Il y a toutes sortes de prétextes à cela, et personne n'aura rien à y voir. Supposons, par exemple, que M. de Montcrabeau et M. de Pincorney, au lieu de causer amicalement dans la rue de choses qu'ils eussent dû oublier, eussent eu une dispute à propos de choses dont ils avaient le droit de se souvenir; eh bien! cette dispute ne peut-elle pas amener un duel entre M. de Pincorney et M. de Montcrabeau? Dans un duel il arrive parfois qu'on se fend en même temps et que l'on s'enferre en se fendant; le lendemain de cette dispute, on trouve ces deux messieurs morts au Pré-aux-Clercs, comme on a trouvé MM. de Quélus, de Schomberg et de Maugiron morts aux Tournelles : la chose a le retentissement qu'un duel doit avoir, et voilà tout.

Je ferai donc tuer, vous entendez bien cela, n'est-ce pas, messieurs? je ferai donc tuer en duel ou autrement quiconque aura trahi le secret du roi.

Montcrabeau défaillit tout à fait et s'appuya sur son compagnon, dont la pâleur devenait de plus en plus livide, et dont les dents étaient serrées à se rompre.

— J'aurai, reprit Loignac, pour les fautes moins graves, de moins graves punitions, la prison, par exemple, et j'en userai lorsqu'elle punira plus sévèrement le coupable qu'elle ne privera le roi.

Aujourd'hui je fais grâce de la vie à M. de Montcrabeau qui a parlé, et à M. de Pincorney qui a écouté; je leur pardonne, dis-je, parce qu'ils ont pu se tromper et qu'ils ignoraient; je ne les punis point de la prison, parce que je puis avoir besoin d'eux ce soir ou demain : je leur garde en conséquence la troisième peine que je veux employer contre les délinquants, l'amende.

A ce mot amende, la figure de M. de Chalabre s'allongea comme un museau de fouine.

— Vous avez reçu mille livres, messieurs, vous en rendrez cent; et cet argent sera employé par moi à récompenser, selon leurs mérites, ceux à qui je n'aurai rien à reprocher.

— Cent livres! murmura Pincorney; mais, cap de bious! je ne les ai plus, je les ai employées à mes équipages.

— Vous vendrez votre chaîne, dit Loignac.

— Je veux bien l'abandonner au service du roi, répondit Pincorney.

— Non pas, monsieur; le roi n'achète point les effets de ses sujets pour payer leurs amendes; vendez vous-même et payez vous-même. J'avais un mot à ajouter, continua Loignac.

J'ai remarqué divers germes d'irritation entre divers membres de cette compagnie : chaque fois qu'un différend s'élèvera, je veux qu'on me le soumette, et seul j'aurai le droit de juger de la gravité de ce différend et d'ordonner le combat, si je trouve que le combat soit nécessaire. On se tue beaucoup en duel de nos jours, c'est la mode; et je ne me soucie pas que, pour suivre la mode, ma compagnie se trouve incessamment dégarnie et insuffisante. Le premier combat, la première provocation qui aura lieu sans mon aveu, sera puni d'une rigoureuse prison, d'une amende très forte, ou même d'une peine plus sévère encore, si le cas amenait un grave dommage pour le service.

Que ceux qui peuvent s'appliquer ces dispositions, se les appliquent; allez, messieurs.

A propos, quinze d'entre vous se tiendront ce soir au pied de l'escalier de Sa Majesté quand elle recevra, et, au premier signe, se dissémineront, si besoin est, dans les antichambres; quinze se tiendront en dehors, sans mission ostensible, et se mêlant à la suite des gens qui viendront au Louvre; quinze autres enfin demeureront au logis.

— Monsieur, dit Sainte-Maline en s'approchant, permettez-moi, non pas de donner un avis, Dieu m'en garde! mais de demander un éclaircissement; toute bonne troupe a besoin d'être bien commandée : comment agirons-nous avec ensemble si nous n'avons pas de chef?

— Et moi, que suis-je donc? demanda Loignac.

— Monsieur, vous êtes notre général, vous.

— Non pas moi, monsieur, vous vous trompez, mais M. le duc d'Épernon.

— Vous êtes donc notre brigadier? en ce cas ce n'est point assez, monsieur, et il nous faudrait un officier par escouade de quinze.

— C'est juste, répondit Loignac, et je ne puis chaque jour me diviser en trois; et cependant je ne veux entre vous d'autre supériorité que celle du mérite.

— Oh! quant à celle-là, monsieur, dussiez-vous la nier, elle se fera bien jour toute seule, et à l'œuvre vous connaîtrez des différences, si dans l'ensemble il n'en est pas.

— J'instituerai donc des chefs volants, dit Loignac après avoir rêvé un instant aux paroles de Sainte-Maline; avec le mot d'ordre je donnerai le nom du chef : par ce moyen, chacun à son tour saura obéir et commander; mais je ne connais encore les capacités de personne : il faut que ces capacités se développent pour fixer mon choix. Je regarderai et je jugerai.

Sainte-Maline s'inclina et rentra dans les rangs.

— Or, vous entendez, reprit Loignac, je vous ai divisés par escouades de quinze; vous connaissez vos numéros : la première à l'escalier, la seconde dans la cour, la troisième au logis; cette dernière, demi-vêtue et l'épée au chevet, c'est-à-dire prête à marcher au premier signal. Maintenant, allez, messieurs.

— Monsieur de Montcrabeau et monsieur de Pincorney, à demain le paiement de votre amende; je suis trésorier. Allez.

Tous sortirent : Ernauton de Carmainges resta seul.

— Vous désirez quelque chose, monsieur? demanda Loignac.

— Oui, monsieur, dit Ernauton en s'inclinant; il me semble que vous avez oublié de préciser ce que nous aurons à faire. Être au service du roi est un glorieux mot sans doute, mais j'eusse bien désiré savoir jusqu'où entraîne ce service.

— Cela, monsieur, répliqua Loignac, constitue une question délicate et à laquelle je ne saurai catégoriquement répondre.

— Oserai-je vous demander pourquoi, monsieur?

Toutes ces paroles étaient adressées à M. de Loignac avec une si exquise politesse que, contre son habitude, M. de Loignac cherchait en vain une réponse sévère.

— Parce que moi-même j'ignore souvent le matin ce que j'aurai à faire le soir.

— Monsieur, dit Carmainges, vous êtes si haut placé, relativement à nous, que vous devez savoir beaucoup de choses que nous ignorons.

— Faites comme j'ai fait, monsieur de Carmainges; apprenez ces choses sans qu'on vous les dise : je ne vous en empêche point.

— J'en appelle à vos lumières, monsieur, dit Ernauton, parce qu'arrivé à la cour sans amitié ni haine, et n'étant guidé par aucune passion, je puis, sans valoir mieux, vous être cependant plus utile qu'un autre.

— Vous n'avez ni amitiés ni haines?

— Non, monsieur.

— Vous aimez le roi cependant, à ce que je suppose, du moins?

— Je le dois, et je le veux, monsieur de Loignac, comme serviteur, comme sujet et comme gentilhomme.

— Eh bien, c'est un des points cardinaux sur lesquels vous devez vous régler; si vous êtes un habile homme, il doit vous servir à trouver celui qui est à l'opposite.

— Très bien, monsieur, répliqua Ernauton en s'inclinant, et me voilà fixé; reste un point cependant qui m'inquiète fort.

— Lequel, monsieur?

— L'obéissance passive.

— C'est la première condition.

— J'ai parfaitement entendu, monsieur. L'obéissance passive est quelquefois difficile pour des gens délicats sur l'honneur.

— Cela ne me regarde point, monsieur de Carmainges, dit Loignac.

— Cependant, monsieur, lorsqu'un ordre vous déplaît?

— Je lis la signature de M. d'Epernon, et cela me console.

— Et M. d'Epernon?

— M. d'Epernon lit la signature de Sa Majesté, et se console comme moi.

— Vous avez raison, monsieur, dit Ernauton, et je suis votre humble serviteur.

Ernauton fit un pas pour se retirer ; ce fut Loignac qui le retint.

— Vous venez cependant d'éveiller en moi certaines idées, fit-il, et je vous dirai à vous des choses que je ne dirais point à d'autres, parce que ces autres-là n'ont eu ni le courage ni la convenance de me parler comme vous.

Ernauton s'inclina.

—Monsieur, dit Loignac en se rapprochant du jeune homme, peut-être viendra-t-il ce soir quelqu'un de grand : ne le perdez pas de vue, et suivez-le partout où il ira en sortant du Louvre.

— Monsieur, permettez-moi de vous le dire, mais il me semble que c'est espionner, cela ?

— Espionner ! croyez-vous ? fit froidement Loignac ; c'est possible, mais tenez...

Il tira de son pourpoint un papier qu'il tendit à Carmainges ; celui-ci le déploya et lut :

« Faites suivre ce soir M. de Mayenne, s'il « osait par hasard se présenter au Louvre. »

— Signé ? demanda Loignac.

— Signé d'Epernon, lut Carmainges.

— Eh bien ! monsieur ?

— C'est juste, répliqua Ernauton en saluant profondément, je suivrai M. de Mayenne.

Et il se retira.

FIN DE LA PREMIÈRE PARTIE

TABLE DES MATIÈRES.

www.ingramcontent.com/pod-product-compliance
Lightning Source LLC
Chambersburg PA
CBHW050018100426

42739CB00011B/2692